广西民族民间文化

吴烨　吴丽萍　主编
李超　王雅娴　陈维兰　张临　副主编

北京·旅游教育出版社

策　　划：何　玲
责任编辑：何　玲
出版管字［2018］669号

图书在版编目（CIP）数据

广西民族民间文化 / 吴烨，吴丽萍主编. -- 北京 ：旅游教育出版社，2019.6（2024.1 重印）
ISBN 978-7-5637-3973-8

Ⅰ. ①广… Ⅱ. ①吴… ②吴… Ⅲ. ①少数民族一民族文化一研究一广西 Ⅳ. ①K280.67

中国版本图书馆CIP数据核字(2019)第118202号

广西民族民间文化

Guangxi Minzu Minjian Wenhua

吴　烨　吴丽萍　主　编

李　超　王雅娴　陈维兰　张　临　副主编

出版单位	旅游教育出版社
地　　址	北京市朝阳区定福庄南里 1 号
邮　　编	100024
发行电话	（010）65778403　65728372　65767462（传真）
本社网址	www.tepcb.com
E - mail	tepfx@163.com
排版单位	北京旅教文化传播有限公司
印刷单位	北京虎彩文化传播有限公司
经销单位	新华书店
开　　本	710 毫米 × 1000 毫米　1/16
印　　张	18.25
字　　数	212 千字
版　　次	2019 年 6 月第 1 版
印　　次	2024 年 1 月第 5 次印刷
定　　价	45.00 元

（图书如有装订差错请与发行部联系）

前言

为了适应中等职业教育发展的趋势，适应社会对人才的多样化需求和学生对文化教育的不同期待，中职学校文化课程必须体现时代性、基础性和选择性，既要在义务教育的基础上，使学生的文化素养普遍获得进一步的提高，同时也要为具有不同需求的学生提供更大的发展空间。

《广西民族民间文化》作为中职工艺美术专业文化教材，旨在让学生立足广西了解中国民族民间文化，获取更多的创作养料，从而创作出更多有文化内涵的作品，也引导学生进一步开阔视野，培养学生热爱中华民族优秀传统文化的感情和爱国主义精神；进一步贯彻落实“以服务为宗旨，以就业为导向”的职业教育办学指导思想，为培养合格的工艺美术专业人才打下坚实的文化基础。

目 录

第一章

广西民族民间文化概述

广西壮族自治区是我国5个少数民族自治区之一，位于华南地区西部，是唯一一个沿海自治区；自治区南濒北部湾，面向东南亚，西南与越南毗邻，这种地理环境，造就了广西独特的人文风貌。

历史上的广西地区由于地处一隅，基本上没有像北方内陆一样遭受连绵的战火侵扰，因此，每当中原战乱之际，便会有大批饱受战火之苦的平民背井离乡，来到广西这片土地上谋求生活。在中原的和平时期，政府为了开发南方和巩固国防，也会动用国家力量，将各地一些百姓迁往广西，加上派遣驻军，于是形成了广西地区多民族大杂居、小聚居的现象。

2010年，据第六次全国人口普查登记，广西常住人口4603万人，居全国大陆各省、自治区、直辖市第11位，有壮、汉、瑶、苗、侗、仫佬、毛南、回、京、彝、水、仡佬等12个世居民族及满、蒙古、朝鲜、白、藏、黎、土家等40多个其他民族成分。非世居民族一般都是在中华人民共和国成立后，尤其是改革开放后自行迁入广西的，人数较少，没有形成规模，因此广西的人口组成还是以12个世居民族为主。

每个民族都有着自己的悠久历史和传统文化，而这些历史和文化在世代传承之下都带有鲜明的民族特色。由于生活环境的原因，再加上随着民族大融合的进程，在同一区域内生活的民族之间，传统文化和生活习俗也互相影响、渗透、融合，从而使得这一区域的民族文化也带有地方特色。这就是广西文化有别于全国其他大多数地方文化的原因。

以壮族为主体的广西少数民族有着许多共同的特征。这些体现在他们的服饰、建筑、生活习俗、传统节日等各方面。

一、服饰

广西各民族的服饰看起来差异很大，既有锦绣华美的苗族服饰，也有素朴典雅的壮族服饰。但在材质上却大同小异。

广西的服饰很多都采用蓝靛为染料。由于广西的气候温暖而湿润，适合这种爵床科植物马蓝的生长。而且用蓝靛染色的服饰不仅耐脏、耐晒、不易褪色，越经水洗越鲜艳，还具有药用价值，对于刺挂草割引起的皮肤伤痛以及虫咬烂疮等皮肤疾病，都可起到消炎止痒的作用。因此，广西人民的服饰尤其是男性服饰大多以青色为主。

二、建筑

在广西，最常见的民居建筑形式为干栏式建筑，也就是我们常说的吊脚楼。

广西气候湿润，易滋生虫蛇等危害到人体健康的动物，而吊脚楼正好避免了这种情况的出现。

吊脚楼分上下两层，在平地上用木柱撑起，上层通风、干燥、防潮，被当作居室使用；下层关牲口或用来堆放杂物。房屋规模根据各民族的习惯和经济条件不同有所差别，一般人家为一栋 4 排扇 3 间屋或 6 排扇 5 间屋，中等人家 5 柱 2 骑、5 柱 4 骑，大户人家则 7 柱 4 骑、四合天井大院。4 排扇 3 间屋结构的，中间为堂屋，左右两边称为饶间，作居住、做饭之用。饶间以中柱为界分为两半，前面作火炕，后面作卧室。吊脚楼上有绕楼的曲廊，曲廊还配有栏杆。

三、饮食

广西境内日常饮食基本以清淡为主，但南北也略有不同。在南部的南宁、北海、钦州等以清淡为主，北部的柳州、桂林等部分地区有吃辣习惯。

广西属粤菜菜系，近年也有桂菜菜系的提出，因为饮食文化交流，非常多的广东著名厨师为广西人，而且两广语言、饮食口味接近，所以粤菜在广西境内很受欢迎。

据史料记载，广西境内很早就有种食稻谷和蔬菜以及腌菜、饮茶、行酒礼等习惯。传统食品以南宁老友粉、柳州螺蛳粉、桂林米粉、梧州龟苓膏、巴马香猪、玉林牛巴、玉林馄饨、贵港酸料以及各地的米粉、切粉、滤粉、猪脚粉等为代表。

四、民歌

广西的各个民族，都能歌善舞。尤其是他们的民歌，全国闻名。虽然各民族的民歌有所不同，但总结起来有以下三个特点。

1. 与社会生活有着最直接最紧密的联系

广西民歌的作者多是普通百姓，民歌是他们在长期的劳动、生活实践中为了表现自己的生活、抒发自己的感情、表达自己的意志和愿望而创作的。过去的劳动人民几乎没有接受过文化教育，不认字不识谱，只能用口口相传的方式编唱歌曲，因此，民歌所表现的思想感情最真实、最深切。

2. 即兴编作、口头传唱

从古流传至今的广西民歌是无数人智慧的结晶。它的创作过程和演唱过程、流传过程合而为一，在传唱的过程中即兴创作，在编创的过程中演唱、流传。

3. 音乐形式简明朴实、平易近人、生动灵活

广西民歌的音乐形式短小精干，大多以乐段为基本结构单位，单乐段反复而构成分节歌的结构形式在民歌中占有很大的比例。其音乐材料和表现手法都很经济、洗练；音调大多具有浓郁的乡土气息和地方色彩，与方言语音结合紧密；音乐表现很生活化，形式灵活、生动，没有固定的格律，善于变化；对各种不同的内容、唱词、演唱场合与条件有很强的适应能力。

五、传统节日

由于各民族的历史、宗教信仰不同，各民族在自己的传统节日上也有所差别。但居住在同一区域中的民族，因为民族融合的缘故，也产生了相同的节日文化。

一月：春节。

二月：春社节。在二月初二那天，县郊的农民杀鸡、鸭过节，祈求一年风调雨顺，五谷丰登，全村平安。

三月：三月三歌圩。

四月：糍粑节。

五月：端午节。人们用苇叶把糯米包成羊角粽，叫凉粽。还有在邕江举行龙舟竞赛，分男女组对阵，观者如潮，胜者则得到一头烤猪的奖赏。

六月：吃新节。六月初六当天，乡间各家各户用新米做米粉、煮饭，叫“吃新”。亦有叫“六月六，晒红绿”晒衣节的，时已大热天气，人们把冬衣翻晒，以备收藏。

七月：中元节。七月十四，县郊乡村杀鸡、鸭过节，用纸制成钱物、冥府用品，祭送祖先。

八月：中秋节。八月十五，家家户户都买水果、月饼，在明月下团聚，共同观灯赏月。

九月：重阳节。九月初九，广西有重阳登高的习俗。

十月：寒衣节。十月初十，乡下有些地方杀鸡、鸭，备酒肉，制作冥衣，在祖先墓前祭祀焚化，叫“送寒衣”。

十一月：冬至节。这是广西各族人民普遍过的节日，有“冬大过年”之说。各家做汤圆，包肉粽，备酒菜，举家欢饮。

十二月：灶王节。十二月二十三，乡村各家打扫一年积下的灰尘，并备酒肉祭送“灶王爷”。除夕之夜，各家各户包粽子、做粉利、蒸年粽，尽情畅饮，通宵达旦，称为“守岁”。

物华天宝，人杰地灵。数千年的历史造就了广西独特的人文环境；12个民族的融合造就了广西特有的文化传统。但是，近年来，随着经济的发展，时代的进步，让一些带有民族特色的传统文化出现了式微的趋势，甚至有很多传统工艺已经到了后继无人的地步。因此，需要我们每个人都重视起来，继承和发扬祖辈留下的宝贵财产，并将之作为中华民族的瑰宝，发扬光大。

第二章

相同的称谓　不同的习俗

——广西汉族的民间风情

汉族是中国56个民族中人口最多的民族，也是世界上人口最多的民族。在我国所有地区都有分布。据2007年统计数字显示，广西的汉族人口为3100万人，约占广西全区总人口的62%，主要分布在玉林市、贵港市、桂林市、梧州市、贺州、钦州各大城市。在这些城市汉族占总人口的80%以上（柳州地区汉族约占50%）。南宁、百色、河池地区也广泛分布有汉族，但多居住在城镇；西林、隆林、凌云、乐业、天峨、东兰、凤山、巴马等县（自治县），有部分汉族散居于高山区，称“高山汉族”。

广西的汉族并不是该地的原住民，在秦汉以前，包括广西在内的岭南地区全是百越人的居地，汉人进入较少。秦以后的2000多年，中原地区战火连绵，汉人为避战乱不断向岭南迁移进入广西，再加上几个大统一的时代，政府为了开发广西这片沃土，也以国家行为将汉人迁入此地，并逐渐流布全境。

虽然汉族是我国人口最多的、分布最广泛的民族，但由于我国地域辽阔，古时因交通不便导致交流不畅，也使得各地的汉族都带有自己独特的生活习俗。广西的汉族也不例外。

第一节　民族服饰

由于汉族人是陆续从各地迁入广西的，因此即使是同一民族，由于居住环境的不同，所穿的传统服装也大不相同。

一、蒙布装

蒙布装是过去广西汉族农村妇女的节日套装。这种衣服由头巾、上衣、下裙三件组成一套，三件相配，色彩纷呈，极具节日喜庆气氛。

蒙布装的头巾为长1.7米、宽0.28米并折叠成7层的黑色头布，沿额头缠绕。上衣为天蓝色，襟开右衽，开襟处绣有3道彩色图案；长袖，并在袖口绣着8条不同色彩花纹作点缀。下身为一条裙子，裙分上、下不同色彩的两段：上段用净白色表示纯洁，下段绣花表示心灵手巧。

这种套装虽然穿起来好看，但制作工艺十分复杂。既要表现具体人的个性特征，又要显示其素质修养。一剪一裁都必精工细作，一针一刺均须色彩搭配得体，整幅画面也要布局统一。制作十分费工耗时，制作完成后仿佛是一件艺术品。然而，随着生活节奏的加快，会这种工艺的年轻人十分罕见，因此也很少有人穿蒙布装了。

二、梧州人服饰

梧州人服饰流行于富川、钟山一带部分操粤语方言的汉族聚居区，是妇女的一种特殊穿着打扮。这些地方的妇女都梳盘头辫，从脑后编一长辫经前额盘于头上，辫尾所系饰带绕在辫子外围，刘海呈梳子状在眉上1~2厘米处剪平；修柳叶细眉；爱戴耳环；节日喜庆则涂脂抹粉。

衣裤鞋一般由妇女们自己动手制作。上身为白线镶边的阴丹士林布满襟唐装，内衬白衬衣，下穿中裆黑裤。常年如此。只在冬天头上围自制彩巾。外出时习惯在肩上钩一把黑色晴雨大伞。

脚上穿粉红色袜子和黑布鞋。鞋面两侧绣铜钱大小图案及“心”“福”“富”等字样。纳白千层鞋底，钉白色鞋扣。

这种服饰的稳定性强，距今已有几百年历史，仍没有发生大的变化。文化表征浓厚，如钩伞和辫前斜插银簪表示会唱山歌；戴耳环表示有教养、守贞节；饰带、彩巾颜色的不同则表示自己婚否；白色鞋扣表示婚后忠诚。

当地妇女对这种服饰特别青睐，家庭条件富裕者，拥有多达数十件的服饰，近百双鞋。

相对而言，这些地方的男子在习俗和服饰上仅存某些特色，如不蓄发、不留胡子、喜穿白衬衣，其余的与大多数汉人没什么区别了。

三、右衽大襟装

右衽大襟装是过去桂北汉族农村妇女服装。此装具有衽开右侧（城市妇女同类服装都衽开左侧），袖窄，长至手掌，衣下摆齐腰，襟附有衣袋等特点。纽扣用同色布盘结，坚实耐用。服色多为蓝靛、青、黑等；用料价廉，容易清洗。手工缝制，款式简单美观，便于日常劳作。不过现在已经没人穿了。

四、无领开胸对襟装

无领开胸对襟装是过去广西汉族农村男子的服装，襟开于胸部，沿胸纽扣，用同色布料盘结，坚实耐用。该服装的上衣下摆与腰齐，袖窄，长至手掌。左、右胸部和左、右腹部各缝一衣袋，衣袋外开，胸部衣袋略小于腹部衣袋。无衣领，仅在平肩处滚圆边。经济耐穿，裁制简易，穿着舒适，特别方便在田间、山野劳作。而且这也是当地男子在节日和串亲访友时常穿的衣服，不过在此时，他们一般还头缠长巾，腰束布带，膝下缠绑腿，展现出山村男子的刚勇之气。

五、右开襟装

右开襟装流行于广西日照短的高寒山区，是当地农村妇女的日常服装，具有襟开右侧、圆形矮领的特点。这类服装的衣、袖均比一般服装宽大而长，下摆均在臀部以下，甚至平膝。没有衣袋，束布质腰带。服色一般青、蓝或黑色。用料为粗、厚布料，剪裁也较简便，虽然耗料较多，但保暖性强，穿着舒适大方。

第二节　建筑风情

随着经济的日益发展，现在广西的汉族，尤其是城市居民，基本上都住上了现代化的高楼，那些传统的民居很少见了。

一、七门房

七门房是主要流行于广西汉族农家的传统住宅。之所以叫七门房，是因为该建筑门开七面，即大门，中门，后门和大、中门间东西两侧各一房一门，中、后门间东西两侧各一房一门。

这种住宅只要关闭中门便会成为两套两室一厅、互无影响的两单元住宅，便于父子、兄弟分居，互不打搅。打开中门，又成为四室两厅的一单元房间。其建筑材料一般为木或砖。

二、三合院

三合式房屋建筑是汉代岭南一带民居建筑类型之一。其建筑的基本材料为土坯、砖石、木料。

这种建筑主要由三幢房子组成一个“凹”字形平面，前面一幢作横的长方形，其余两幢对称于背面的两侧，当中用矮墙连接，构成后院。房屋两侧（或一侧）有走廊，在此设斜梯通往后屋。后面的两间屋一间作为厕所，一间当作畜舍，有的畜舍和院落沟通。

三合院设有正房三间，中间为堂屋，东西为厢房二到三间。正房前方屋檐外伸，可用来吃饭、歇脚。厢房开间比正房小，两端有围墙相连，墙中间朝南开门。

三、四扇屋

四扇屋是20世纪广西汉族比较普遍的民居形式。虽然现在新建的楼房多以钢筋、砖混结构的平顶楼房为主，但保留下来的旧四扇屋仍然有很多。主屋都是以宽敞的屋厅（客厅）为中心，一般有上下两层，下层左右两边各有一房、两房或四房作卧室，靠厅前门两间卧室作为年轻夫妇的卧室，而且一般长子长媳居左房；上层中厅一般用作供神，两侧房间则作为粮仓，储存稻谷、玉米、花生、豆类等，使用竹制或木制的梯子上下楼，外人和小孩一般不允许随便上楼；主屋两侧附设灶房和餐厅。主屋前面有宽阔的天井，前左、前右和正前方有一侧为大门，其余则以围墙圈起或建杂物房放农具、作鸡鸭舍等。

四、广西汉族戏台

在广西汉族地区，建于明清时期的古戏台装饰华美，传承历史文脉，体现地域性特点。

1. 构件

广西汉族戏台建筑多为木构架，在正脊、戗脊、角脊有灰塑、琉璃等装饰构件。这些装饰构件有两个方面的作用。一方面，打破屋面单调的线条，屋面富有起伏变化，增加层次感；另一方面，装饰神兽有一定的象征意义，如鸱吻、鳌鱼、龙在古神话中会喷水，放置在屋脊上，具有象征性防火意义，而另一种常见的脊兽狮子则象征守卫、平安。

2. 屋顶

戏台建筑的屋顶样式以歇山顶为主，有重檐歇山顶和单檐歇山顶。也有部分修缮过的戏台，没有保持原来的屋顶形制，存在少量的悬山顶与硬山顶。飞檐翘角是桂北戏台屋顶的一大特色，屋顶的四角，向上翘起，出檐深远，形如展翅的飞鸟，活泼轻盈，这种屋顶形式使建筑的形象变得轻盈、舒展，富有变化，在功能上也增大了采光面，有利于屋面排水，保护屋檐下的木构架。

3. 藻井

戏台顶部还设有天花藻井。天花藻井俗称“鸡笼罩”，常见于宫殿、坛庙、寺院建筑中，为了烘托庄严肃穆的空间气氛，在庄严的地王宝座上方或神圣的佛堂佛像上方，将中央的一片天花向上抬高，形成一个较高的空间，从而强调此空间地位的崇高。藻井的形式有方形、矩形、八角形、六角形等。

藻井有两方面的作用。一是在古代没有现代发达的灯光和音响设备，没有扩音器，只能运用围护结构本身对声音起反射、吸收、扩散作用，藻井能起到聚拢声音的作用，使演员的唱腔显得更加珠圆玉润。二是让原本单调的戏台子增加了天花面的空间层次，藻井内部一般有精致的彩绘和雕刻，不仅增加了戏台的文化内涵，还使戏台显得雍容美观，对看戏的观众来说，多了几分视觉享受。

4. 山墙

广西的湘赣式建筑的山墙特征，在桂北如灵川、全州等地区体现得比较明显。砖砌的外墙保护着内部的木构架不受火灾的危害，外墙呈门字形，向戏台的观演方向开口，其两侧山墙的天际线以马头墙或人字山墙以及瓦檐作为收束，墙体大部分不抹灰，露出青砖。

而在桂东和桂东北地区，如恭城、富川、钟山、贺州等地，则出现了广府建筑典型的镬耳式和湘赣建筑典型的马头墙式相结合的特点。镬耳山墙是一种穹形的山墙，因貌似镬这一古时大锅的耳朵而得名。

5. 柱础

桂北戏台的柱础柱式丰富，工艺精湛。其造型有鼓形、方形、圆台形、八方形、六方形、腰鼓形等多种形式，雕刻荷叶、葵花、缠枝莲花等纹样，柱础上圆下方，象征天圆地方。柱础一方面将柱身集中的荷载分摊到较大的面积，减小压强，另一方面柱础可防潮，也可避免柱脚受到腐蚀或碰损。

第三节　民间习俗

一、语言文字

广西汉族人通用的语言是汉语，通用的文字是汉字，这点是毋庸置疑的。不过广西的汉语方言却多达 6 种。这就使得广西汉族的语言显得丰富多彩。

1. 西南官话

西南官话于明代传入广西，主要通行于以柳州、桂林为中心的桂中桂北地区，所以在广西，人们又把西南官话俗称为“桂柳话”。西南官话又分为桂林官话和柳州官话。

（1）桂林官话。桂林官话属汉语北方方言的西南官话。主要流行于桂林市（含郊县）及桂北一些地区。鼻化韵的鼻音成分明显比柳州官话浓，声母中 n 与 l 不分，词汇有特点，如“热水”称为“lái 水”。

（2）柳州官话。柳州官话属汉语北方方言的西南官话。流行地域及影响相当广泛。以柳州市为代表，语言主要特征是音系简单，词汇与语法上古今、南北兼收并蓄，并以通用语为主，明显特征是有鼻化韵、夹杂入声塞音尾。

2. 粤语

粤语是广西汉语中流行最广的一种方言，俗称白话。主要分布桂东南，以桂东北的贺州至沿海的钦州为分界线。分界线的东南主要说粤语，占广西壮族自治区总面积的 30%；线的另一侧说粤语的不多，分布也较分散。其中广府片、钦廉片的钦州粤语部分有更多的共同点，与广州话相近，互相能听懂。勾漏片和钦廉片主要分布在广大乡村，在历史的积累中，形成如勾漏粤语等与广州话相异较大的土语。

（1）广府粤语。广府粤语的使用群体主要分布在梧州市城区，旧苍梧县城（现梧州市龙圩区城区），藤县城区，岑溪市，贺州市八步区城区及附近，平南县大安、丹竹、武林3镇的镇上及附近，内部差异很小。此片在广西粤语中与广州话最接近。以梧州话作代表，语音系统声母21个，韵母56个，声调8个。

（2）邕浔粤语。邕浔粤语与广府话比较相近，能互相听懂。主要流行于邕州、浔州两岸交通便利的城镇，以南宁市、桂平市为代表。

（3）勾漏粤语。勾漏粤语是广西粤语中使用人口最多的方言，主要分布在玉林及梧州两地区13个县市，与广州话差别大。音系复杂，声调有8~10个，是广西壮族自治区汉语方言中声调最多的方言之一。但是由于勾漏粤语的使用居民多为农村或者中小城镇，音系复杂，因此其流通度不高。

（4）钦廉粤语。钦廉粤语主要分布于包括钦州市、北海市、合浦县（旧称廉州）、浦北县、灵山县、防城港市、东兴市等7个县市。以钦州粤语和廉州话为代表。

3. 平话

平话主要使用区域在广西南、北各地和湖南与广西壮族自治区毗连的道县、宁远、蓝山和通道侗族自治县等10多个县的集镇和部分农村中。以柳州市为界分为桂北平话和桂南平话，两者差异较大，互相听不懂。

（1）桂南平话。桂南平话主要使用于宾阳、邕宁、横县、贵港、上林、马山等县和南宁市郊区以及左江、右江流域的一些集镇和部分村庄中。桂南平话语音系统与西南官话、桂北湘方言、客家语、粤语、闽方言均不像，混合程度高，通用程度低。在语音、词汇及语法等方面受粤语影响较大，内部差异不大。以南宁市亭子平话为代表的桂南平话语音系统声母22个，韵母43个。

（2）桂北平话。桂北平话主要使用于桂林市郊区和临桂、灵川、永福、龙胜、富川、钟山、贺州、融安、融水、罗城、柳江、柳城等地的集镇和村庄中。桂北平话内部的一致性比较大。灵川、龙胜等地的平话因受湘方言和西南官话的影响，跟融安、柳城等及桂南平话的语音差别比较大。

4. 客家语

客家语是广西汉族中第三大方言，分布相当广泛。在陆川、博白、浦北、合浦、防城港、钦州、灵山、贵港、宾阳、贺州、昭平等县市，客家语是当地的主要交际语言。其内部差别不大，互相能听懂，语音系统受粤语影响较复杂，与梅州市区（梅江区、梅县区）梅城口音的梅州话差异较大，词汇和语法与普通话大体相同。客家语以陆川话为代表，语音系统声母 23 个，韵母 48 个。

5. 湘语

广西湘语使用区域主要分布在桂北全州、灌阳、资源、兴安四个县，在贺州等地还零星分布着人数不多的湘语方言岛。内部差异不大，彼此可通话。

广西的湘方言属老派湘方言，语音上突出的特点是古全浊音（全浊音是古汉语里的一类读音，其声母声带振动。普通话里已没有全浊音）声母保留浊音读法，保留中古全浊声母约 80%。保留《广韵》声母分清浊的格局，也显示出中古浊声母的分化情况。

6. 闽语

广西的闽方言属汉语闽方言闽南次方言，又称福建话。主要使用区域分布在西江上游各支流两岸及南流江两岸的平南县、藤县、桂平市、苍梧县、柳州市、贺州市、罗城县、来宾市、邕宁区、博白县、陆川县、玉林市、北流市等地，并散居桂林地区、河池地区、百色地区、钦州地区各县市。内部差异不大，基本上能互相听懂。广西闽方言与福建厦门话大致可以通话。

二、礼仪禁忌

（一）礼仪

受儒家思想的影响，汉族的礼仪在全国范围内大致相同。在广西，也有一些带有地方特色的礼仪。

1. 过寿礼仪

汉族地区“大寿”期一般是60、70、80等“逢十”的年数，平时每年做的则为小寿小贺。宾阳、来宾、武宣、贺州等地汉族是60岁开始做寿。南河片的汉族受壮族影响而“逢一”为大寿。

桂中、桂西南的部分汉族客家、蔗园人51岁以上才能做寿，61岁以上叫上寿，从此每年逢生日就可祝寿。若父母健在，51岁还不能做寿，要到61岁才可以做寿。父母在，或直系长辈健在，晚辈不做寿或推迟做寿日期，中华人民共和国成立前在汉族地区这是比较普遍的习俗。

乐业幼平乡汉族做寿有两个条件：一必须父母已去世，二要有了孙子或外孙，两个条件缺一不可。

中华人民共和国成立前，桂东汉族流行拜寿，拜寿的当天还要先祭天地和先祖。经济宽裕的家庭，在老人做第一个生日大寿时为其“创红寿”。祝寿当天，厅内点红烛，挂寿帐，并将大红寿字摆于厅堂中，做寿诞的老人坐在红寿前，待前来祝寿的人向他拜寿，以祈长寿百岁。

苍梧汉族的拜寿在寿日当天早上举行，寿者坐在椅上，拜寿者从幼至长、由亲到疏轮流向老者跪拜祝寿。玉林汉族也是此俗，寿者还要给每个拜寿者一个红包。

中华人民共和国成立后仍流行拜寿。邕宁汉族则有为大病过后的老人择吉日办“添粮补斗酒”的风俗。老人端坐寿台后，台上放一斗稻谷，谷里插有鲜花、柏枝，焚香烛，子、孙、女、婿、外孙等前来叩拜，祝老人补粮添寿。

贺州汉族老人过寿时，主家常贴红联于门外，以示喜事。厅堂加以布置，贺客到来，敬茶奉烟，共坐攀谈。贺客的礼品要标上姓名，展示于堂上。客人去时，要逐一还礼，不能令客人空手返回。

全州一带汉族，贺客远道而来必须放鞭炮迎接。桂北地区汉族，女婿要请唢呐去送礼拜寿，主家则杀三牲待客。

中华人民共和国成立前阳朔汉族地方上德高望重的老者寿辰，四邻乡亲还要集股为之祝贺，迎请狮子队、彩调队前来舞狮舞龙，唱戏祝寿，以壮祝寿气氛。中华人民共和国成立后集股祝寿已停止，但祝寿习惯仍保留了下来。

2. 出生礼仪

汉族妇女产前一个月家婆即为媳妇酿制甜酒，养好鸡，准备产妇补品。孕妇则用旧衣洗净晾干为小孩做衣服。临产时请接生婆帮接生。小孩脐带一般用剪刀或瓦片割断。中华人民共和国成立后多由卫生员接生。

小孩生下后须在大门边挂茅草或插桃枝、柚叶为标记。在象州石龙，还有男左女右的规定，即生男，插标于大门左侧；生女则插于右侧，以示区别。

小孩出生后，主家要以鸡为号，通报外家。在永福，生男用公鸡，生女用母鸡。外家一看到报讯鸡，便知外孙性别。于是赶忙备制衣物及产妇营养补品，由外婆及族中女亲戚前往问候祝贺。在巴马，是三朝报喜，不过生男是带母鸡报喜，生女则带公鸡。

汉族三朝赴宴礼物有鸡、鸭、蛋、布料、红包。外婆送背带、风披、婴儿全身衣物。富裕者还赠送项圈、“长命富贵”牌、“八仙”帽花等吉利礼品。

柳江汉族婴儿满岁时，家里要杀猪杀鸡请客做“对岁”（刚好满一岁）、祭祖宗，请算命先生到家给小孩登记生辰年月八字，俗称“入命簿”“安花名”，并进行“抓周”。桂北汉族对岁也兴“抓周”，并且在婴儿周岁时要做“对岁酒”，俗称“做对”。

3. 成人礼

中华人民共和国成立前，桂平等桂东南地区汉族的男女成人礼被称为“坐花”，其礼仪于婚前一日举行，设宴筵宾，新郎西南而坐，随即以红纸书其字悬于堂之右侧，这就是所谓“成人而字”。女子“坐花”在女家堂屋设筵，男家用红盒送来簪珥饰物，由有福之老妇为新娘梳头簪饰着衣，然后新娘出堂与女宾相见，礼即成。

中华人民共和国成立后，部分农村还有新郎新娘披红之礼仪，改髻之俗已少见；城镇结婚，新郎新娘多戴红花以示吉庆，已无冠礼之仪。

合浦等地汉族在中华人民共和国成立前流行“脱契”仪式。男子新婚前一天晚上，往往要“脱契”，解除小时候父母或别人为他起的“契名”（乳名），认为第二天他就要成家立业，正式加入成年人的行列。脱契的当天，男子家要宰一头猪，将全猪祭供祖先。脱契者在父母、亲戚簇拥下坐在祭台前，脖子上系一条打着若干结、里面夹有钱和蓖麻子的长布带子。经过一番仪式后，母亲出来为他“解契”，把带子上所有的结都打开，取出里面的钱和蓖麻子。其母帮解了一些结后，男子的舅母、姨、姑、嫂等女亲戚一个个地接着帮解结，直到长带上所有的结都解完，仪式才告结束。

（二）禁忌

广西汉族的禁忌大体上与其他地区的汉族禁忌相同，只是由于地域的原因，还带有一些具有地域特色的禁忌。

1. 年节禁忌

大年三十晚以前须将债务还清，忌欠债务过年。

除夕至正月初一，忌灭灶火。正月初一忌扫地、忌打骂小孩和毁坏东西，忌在别家留宿。正月初一至十五不理发，忌讲老鼠。

正月初四忌老鼠，不许用尖刀。

正月初六忌蚂蚁，不许进园。

正月初七忌吵架和打骂人。

正月二十忌大风，各家门前用草标压大风。

春节不讲不吉利的话、不打骂人、不吵架、不杀生、不借钱、不讨债；忌“借”、忌扫地、忌用针、忌敲房柱。

二月二忌讲鸟仔。

三月初三忌蛇，不许上高山。

四月初八忌讲蚊子，忌用牛。

夏至忌讲脏话、小孩忌坐门槛。

端午忌讲蛇。

中元节忌下水、忌爬树、忌探亲访友。

冬至、过年和清明节日已出嫁的女儿忌在娘家过夜。

2. 生产禁忌

船民新船下水忌讲“下水”，应讲“起水”。

在船上吃饭时，不允许把碗碟瓢筷掉落或搞坏，筷子忌搁在碗碟边上，饭瓢一定要仰放，象征船行顺利。

餐桌上忌给鱼翻身。

河池等地外人上船，必须光着脚，否则船主认为不吉利，甚至仇视客人。

商人则对“蚀”“干”字及其谐音都很忌讳，改称“猪舌”为“猪利”、“猪肝”为“猪湿”。

南宁商贩忌早上开店时与人争吵，小贩早上开张时，忌与人讨价还价，就是顾客还价低些也卖出，谓之“开秤”或“发市”。

藤县农历三、六、九忌出门做生意，俗谚：“三、六、九，找钱不到手。”

经营棺材铺的大年三十、初二、十六不能在门口烧香求财。

恭城读书人禁忌乱丢写有字的纸，以示尊重知识，因此村里专建有字厨。

浦北等地木匠忌杀鸭吃或用鸭祭神，认为鸭是鲁班先师造船的启示者。

烧窑人烧窑时从开始放火至大火上顶之前，生人不得走近，钟山等地对违者还罚烧茅草 20 把。

三、趣味婚俗

1. 求亲

中华人民共和国成立前，广西的汉人习惯早婚。刚满月甚至刚出生的婴儿便在父母的安排下与亲朋好友家的孩子进行联姻。虽然现在这种情况并不多见，但父母做主子女婚姻大事的现象仍然存在。只要爹妈相中某家人的闺女，就不必听取儿子的意见，直接请媒人带上一封红包、一件新衣、一包喜糖登门求亲，如果女方父母认可，并征求族老同意，一个月之内就会回复男方，定下这门亲事，约定烧香吉期；如果女方家长不同意，便退回红包和礼品，表示拒绝。

2. 烧香

烧香是广西汉人定亲的第二步礼仪。烧香的日子由女方父母来确定，礼品常由男方量力而行，也有由女方决定礼品和数量的情况。

按规模大小或时间，烧香分为烧小香、烧大香两种。

烧小香即互改称谓，互称“亲家”，所送礼物有五六斤猪肉、两件新衣、十余斤米酒和若干糖食果饼。

烧大香即为定亲的日子，以表示各守定约，互不反悔。礼品要比烧小香增加数倍，需要 24 斤以上的猪肉，多的要达到 80 斤；4~6 件衣服；25 斤左右的米酒；2~3 担糖食果饼，每担 30 斤或 60 斤；米花和糍粑各 36 个，多者要各达 120 个；大小花烛各 1 对，喜香 5 炷，几封鞭炮和烧香纸钱。礼品备齐后，按女方约定之吉日，由族老或同辈三四十人送去，媒人做证，在女方堂屋神龛上，烧香摆礼认亲，并设晚宴，彼此再次互称“亲家”，小伙子则尊称女方父母为亲爷、亲娘，订婚之事至此算是圆满完成。

3. 讨庚

讨庚也就要女方的生辰八字。这种传统流行于凌云汉族之间。

取八字时必须选择一个良辰吉日，彩礼与烧大香差不多。讨庚者必备两瓶黑墨水、两支毛笔和一封红喜书，红书封面右边写上“天长地久”和男子的生辰八字，然后按照选择的吉日，挑着礼品至亲家作礼讨庚。

当天晚间，女方父母请一位儿孙满堂又有文墨的老者，点香烧纸，正坐中堂，于男方送来的红喜书封面左边写上“地久天长”和姑娘的生辰八字。

次日，女方家庭将红喜书和一支毛笔、一瓶黑墨水退给男方，示八字已合，永结良缘。有的地方女方家在中堂神桌上放 12 碗盛满的米酒，预先将女方生辰八字放在其中一碗酒之碗底，让男方老者或同辈去猜女方生辰八字在何碗酒之碗底，如果猜得不对，就要将此碗米酒一饮而尽，然后接着猜，直至猜中为止。如果第一次就猜中，男方老者就将这碗米酒高兴地喝掉。

讨庚之后，姑娘不得另求别爱。婚礼吉期确定后，媒人和小伙子带上简单礼品到姑娘家，告诉女方父母，称作“报期”。若“八字”相克，虽经烧香认亲，这门亲事也得告吹。

4.迎亲

广西汉族结婚的礼仪繁多。婚期一经确定，男方须备足彩礼，女方置办陪嫁之物，一般视其双方家庭经济状况确定规模。

迎亲当天，男方要请来四五十人，由吹八仙（唢呐）、长号、乐师（锣鼓或锣钹师傅）为先导，抬着花轿，挑着彩礼，一路吹吹打打去迎亲。女方邻里和亲戚拥到姑娘家，争看新娘哭嫁。

接亲队伍入村时鞭炮齐鸣，八仙、长号吹奏，鼓锣（锣钹）喧天，新娘哭嫁更紧。哭嫁有哭语、声调、姿态，多表达新娘临别亲人依恋之情。

随着乐声、哭声交织之际，两位礼管先生依次摆上礼品，点花烛，请姑娘拈盐茶，接着点香烧纸，交彩礼，女方收礼品等。进行每步礼仪程序时，男方礼管先生都有赞词，女方客管先生也有回礼词。

次日凌晨，新娘一边哭嫁，一边由伯母、婶娘或嫂嫂为其梳妆打扮。父母点清陪嫁礼物，交与礼管先生。吉时到的时候，新娘由其兄长或嫂嫂背出闺房，于堂前叩拜三次，告别祖宗、父母、长辈和亲戚，礼毕方出大门。

快到夫家时，新娘更衣换鞋，并将其精心制作给新郎的踩堂（拜堂）鞋交与女伴，代转给新郎。这时，预先守候在路旁的老人，点香烧纸，口念咒语，宰一只公鸡抛过新娘伞顶，示意“驱邪”。

临进夫家堂屋，新娘须拉下头巾遮住脸，不许见火光，不露其真容，以示日后守妇规，不抛头露面，不多舌多嘴。然后，由一对福禄双全的夫妇引入堂中拜堂，礼毕，送亲客方得进屋，按亲论辈列坐，新郎上前递烟、敬茶。新郎父母预先聘请的一位能说会道的行礼先生代表主家出堂叩谢。

晚上，大摆宴席，款待参加婚礼的亲朋好友。于堂屋正中摆设两台酒席（每台酒席用两张八仙桌并拢，谓之撞席），主台（上面一台）为媒人、男送亲客、八仙、乐师、缘亲爷、礼管先生入席；次台（下面一台）为媒婆、女送亲客、缘亲娘（伯母、婶母、舅妈之类）和其他亲戚女友。为助酒兴，朝台官（主持酒宴的长者）递红封包给媒人，敬请下达酒令，讲一些吉庆话，媒人将红封包回请朝台官主持宴席。

次日晨，办两桌酒席为送亲客辞行，送亲客将新郎家的米酒作为借花献佛之礼仪，向新郎的父母、长辈和五亲六戚一一道谢。饭后，送红封包给八仙和乐师，敬请吹吹打打，欢送一程。

5. 回门

婚后第三天，新娘要带着丈夫，并邀小妹一道回娘家。五更启程，当晚返回，不留宿。若遇特殊情况，于第五或第七日回门者，则可分别留宿一两夜。回门要早去，天亮前务必到娘家（若路途较远，是日赶到即可），象征夫妻团结和睦，丁财两旺，白头偕老。

四、饮食习俗

（一）饮食习惯

1. 喝早茶

喝早茶这一习俗主要集中在广西各大中城市以及桂南、桂东南特别是梧州到南宁以南的汉族地区。开始基本沿袭广东习惯，后来茶点向多样化发展，近年来品种多达50个以上。

茶市、茶楼档次高低不同，茶、茶点及服务质量也各有千秋。时间一般从天刚亮开始，延续到上午10点左右。因体面、实惠、方便，流行日益普遍，在社交场合已有普遍取代吃早点的趋势。

2. 酸品

粤语地区流行用果蔬腌制而成的四季酸品小吃。这种小吃遍布广西全境汉族地区。桂北以腌制时间长、辣烈、酸浓、品陈为特色。桂南以生冷、新鲜、淡酸、微甜、带辣为特色，尤以南宁最为著名，已有300年历史。

南宁酸品一般以木瓜、杧果、扁桃、菠萝、桃子、梨子、豆角、萝卜、黄瓜、莲藕、阳桃、椰菜、芥菜、头菜、生姜、大蒜等新鲜果蔬，佐以食醋食盐腌制一小时即成。有的配以适量的白糖和辣椒粉。

（二）特色佳肴

1. 梧州纸包鸡

梧州纸包鸡是一道广西传统名菜。制作时，将玉扣纸裁成每张25厘米正方形纸片，用花生油炸至有一定硬度待用；将三黄鸡肉切成75克左右的块，并放入老抽酱油、食盐、白糖、粉酒、麻油、胡椒粉、五香粉、葱白粒等调料，拌匀腌透；然后将每块鸡肉置于一张玉扣纸内，包成日字形，严密封口，放入六成熟的油锅内，先炸单层的一面，再炸另一面，炸至鸡肉刚熟，沥干炸油，装碟上席。这道菜原汁原味，肉嫩鲜美，甘香可口，滑而不腻。

2. 狗肉火锅

狗肉火锅是广西汉族秋冬喜爱的佳肴。玉林市每年夏至都有民间举办的荔枝狗肉节。

广西民间的狗肉吃法很多，可以红烧、红扣、清炖、白切、火锅等，以灵川红烧狗肉、宾阳白切狗肉和狗肉火锅最为有名，其中又以狗肉火锅最有风味。玉林人拿荔枝和狗肉一起吃，有狗肉的香浓与味美，又有荔枝的甜口新鲜。

狗肉火锅的做法是，将带皮狗肉切为750克左右的大块，拌水、姜、酒、橘皮、八角等配料煮至八成熟时，捞起放入油锅中爆至皮色焦黄，加入酱油、酒、腐乳等焖熟，再放入原汤中炖熟，切为小块配水豆腐、蔬菜、蒜等，边煮边吃。有御寒、补身之功效。

3. 米粉

米粉是广西汉族和各少数民族的传统食品，流行于广西全境，有圆形、扁形或片状的。按其制法和形状不同，有以下几种类型：

（1）切粉。将大米加水磨成浆放入金属托盘，蒸成大块薄片，切成细条。桂南一带一般叫“河粉”。

（2）肠粉。将大块薄片卷成筒。主要流行于桂南粤语地区。

（3）滤粉。将米浆在筛眼中滤下滚水锅，烫熟成线，为滤粉。如果将粉团于筛眼中榨下滚水锅，煮熟成线，则为榨粉。

（4）干粉。干的线状粉。

各种米粉在食用时，一般放滚水中烫热、烫软，并加热汤，称汤粉；不加菜肴的称素粉，加菜肴的以菜肴的不同而称为肉粉、猪肝粉、鸡肉粉、鸡杂粉、牛肉粉、牛腩粉、叉烧粉等；不烫而加菜肴、佐料凉拌的称凉拌粉；在滚水中烫热，不加热汤而加菜肴、佐料的称干捞粉或冒热粉；将米粉、菜肴用小锅煮的称煮粉；用油炒的称炒粉。

4. 油茶

主要在恭城和灌阳两县盛行。一般将老叶红茶用油炒至微焦而香，放入食盐加水煮沸，多数加生姜同煮，味浓而涩，涩中带辣。配料有炒米花、油炸花生米、油果、酸辣椒、青菜等。一年四季，一天早、中、晚都可以喝。

第四节　传统节日

广西汉族的传统节日与其他地区的汉族传统节日相同，都有春节、清明节、端午节、中秋节、小年夜等，特点也相差无几；都有燃放烟花爆竹、扫尘、贴春联、贴门神、贴年画、吃年夜饭、守岁、拜年等习俗。此外，还有少数带有当地传统特色的节日。

一、社日

（1）时间。汉族社日在农历二月初二（春社）和八月初二（秋社）。

（2）地位及流行区域。汉族社日是祈祷幸福的节日，流行于广西全境。

（3）特点。在广西农村汉族和其他少数民族认为土地公是一村之主，所以每个村寨都在村头建有土地庙，内设有土地公之位，供人们祭拜。

社日一年两次。春天祭拜土地公，祈求保佑一年风调雨顺，五谷丰登，六畜兴旺；秋天祭拜土地公，报答土地公的恩典。

一般年份以户为单位祭祀，重要年份，全村各户主要在春秋社日杀鸡宰鸭，做各种供品举行联祭，非常隆重。此外，每月初一、十五和一些喜庆日子，也有到土地庙进香祭拜的。

二、中元节

（1）时间。汉族中元节在桂北地区为农历七月初八到十四，桂南及桂东北地区为农历七月初十到十四。

（2）地位及流行区域。中元节是广西汉族较大的节日，流行于广西全境。

（3）特点。节前，各家各户就用纸或布做成房子、牛、马、驴、衣服、元宝等供于厅堂，七月初八开始“接祖”，七月十二以前要把祖宗“接”回家，一日三餐点香供祭。七月十四进行大祭。

七月十四这天，家家户户要宰鸭，故又称“鸭儿节”。此外还要做米粽、糍粑、肉菜等祭祖。有新近逝去亲属的人家，过这个节就更显得隆重，亲戚要带上各种祭品到家里来祭拜。

七月十四晚到十五早上为“送祖”日。十四晚，人们除祭祖先外，要携带香、烛、纸钱、菜、肉、酒、果品等祭品到村头和附近的山脚祭祀各路野魂。祭毕全家才能享用这丰盛的晚餐。晚饭后，将供于厅堂的纸、布等所制供物烧掉，边烧边念祭词及祖先的名字，以示给祖先享用，祈求祖先保佑。

三、冬至节

（1）时间。汉族冬至节在每年冬至日。

（2）地位及流行区域。汉族冬至节是家庭团聚和拜祭祖先的日子，流行于广西全境。

（3）特点。冬至这一天，广西各族都要吃汤圆、鱼生、豆腐酿、南瓜饭，并腌制腊味食品和酿酒。因事外出者要返家与家人团聚和祭拜祖先。

四、花灯节

（1）时间。汉族花灯节在正月初十。

（2）地位及流行区域。汉族花灯节为广西儿童节，流行于桂东岑溪、富川等县市。

（3）特点。花灯节这天，凡是上一年生了男孩的家庭，要到社庙挂花灯。灯用竹篾扎架，外糊花纹纸，上写吉祥谜语，内点油灯，逐日添油。挂灯者众，社庙自然形成灯棚。添丁之家同日饮花灯酒，外公外婆给小宝宝送去衣服、背带、玩具，亲友、邻居赠衣服和红包致贺，共饮同欢。直到正月十六方才把灯取下。

第五节　民间传说

一、百鸟衣

从前有一个幼年丧父的孩子名叫张亚原，与母亲相依为命，家境十分贫寒。

12 岁那年，为了帮母亲分担压力，张亚原上山打柴挑到圩上卖。然而天公不作美，一连几天大雨不断，山路被山洪冲垮，张亚原无法砍柴，只得到二叔家借了 300 文钱，买了一些油、糖、糯米炸油堆，挑到圩上去卖。这些东西很受人们喜欢，很快便卖完了。

正当张亚原挑空筐往家走，经过一座桥时，有一只公鸡突然跳进筐里。无论他怎么赶，公鸡就是不走。无奈之下，他只好把鸡带回了家。

到了家中，母亲让他把鸡送回原地，可他连送了两天，每次都是自己还没到家，公鸡先到家了。母亲自己去送也是一样。只好把鸡养在家里。

过了半年，公鸡突然变成了一个美女，并与张亚原结为夫妻。

又过了几年，三口之家日益贫寒，妻子便让张亚原在圩上租个铺面开店，并宣传称：“大官家百货无，小亚原逢货有”。

这天，新科状元从京城来到广西履职，发现了张家的铺子，见铺里根本没有什么货物可卖，便故意刁难他们，连续三天派卫兵到铺里买货，分别要买1000把雨伞、1000双鞋和1000只500克重的鸟。可无论要求多么苛刻，每次卫兵都能如数买到。状元感到非常奇怪，经过一番打探，得知是张亚原的妻子所为，便派卫兵强抢其妻带回京城献给皇帝。

妻子临走之际，让张亚原造弓箭打鸟，3年打满100只，将其羽毛做成羽衣，再买一鼓一锣，身着羽毛衣去京城。

3年时间很快过去。入宫后的张亚原妻子从未露出过笑脸。

这一天，她听到宫外有鼓锣的响声，知道是张亚原来找自己，开心地笑了起来。

皇帝为了讨张亚原妻子的欢心，下令把穿着羽毛衣的人带进宫来。皇帝以为张妻喜欢穿百鸟衣的人，就把龙袍脱下与张亚原换穿。张妻笑得更开心了。

皇上更加得意，穿着百鸟衣开始跳舞，谁知道鸟衣越舞越紧，想脱也脱不了，急得皇帝双手用力乱扯。张妻马上叫来侍卫，说这个穿百鸟衣的人太无礼，赶紧把他打出宫去。此时的皇帝已经不能发出人言，急得满地乱蹦也无济于事，在侍卫的乱棒之下，皇帝突然变成了一只山鸡飞出皇宫。而张亚原则偷着脱下龙袍，带着妻子回家了。

二、桂林城的来历

很早以前，有一对夫妇的家乡遇到了旱灾，无奈之下他们只得背井离乡。

两口子越走越远，身体状况越来越差。

一天，这对夫妇发现了一眼清泉。正口干舌燥的他们喝了泉水之后，身体马上变得硬朗起来。他们知道这是一眼带有神奇力量的泉，于是便在泉边开了一块地，用泉水来浇种五谷。

结果头一天刚浇完地，第二天地上便长出高粱、粟子、苞谷，山上长出香草、桂花、梭柏，山脚围转着六畜。两人大喜过望，便在此地安居。

一年之后，他们的儿子桂娃出生了。夫妇两人便用桂花和梭柏熬水给他洗澡。出生三天就会喊爸妈，九天就能走路跑跳，跟父母下地种五谷，上山护林。

这时，天上的玉帝发现了人间的异状，命巡天大圣下界察看。得知具体情况后，玉帝派火斗星君下人间取梭柏和桂花树。

火斗星君变成一个红衣道人，要将桂花树和梭柏全买走，桂娃爸妈不卖。红衣道人便在半夜放火烧树。前去救火的夫妇二人被神火烧死，化为一对火凤凰，在桂娃头上转了三圈，带着桂娃飞往后山，并让他在岩洞口种下两颗芦瓜子。

没过几天，种下的种子长出两蔸瓜秧，一蔸结个大葫芦，一蔸高不见顶，直插蓝天。

桂娃用葫芦盛满桂花泡的水，顺着瓜藤爬上南天门，喝了一些桂花水，增添了力量，找到一根光而直的梭柏。

桂娃私闯南天门惊动了天神，把他打落凡间。幸好她父母化成的火凤凰救了他。

回到人间，桂娃解下身上的葫芦，把桂花汁倒在梭柏上，梭柏变成了石柱，这就是独秀峰。他把桂花汁喷往四周山岭，到处长出桂花树，成了一片桂花林。桂树飘香，物产丰饶，吸引了越来越多的人到这里。从此这里便被称为桂林城。

第三章

山歌一曲迎客来

——广西壮族的民间风情

壮族是岭南土著，是百越人的直系后裔。早在夏商之际，百越人便形成了有别于中原的独特的文化传统以及生活习俗。百越其实是先秦时期对诸多少数民族的统称，自古以来便生活在今天浙、闽、粤、桂等地。秦始皇统一六国后，为消除南方对中原政权的威胁，自公元前 219 年起三征岭南。经过 5 年血战，百越之地实力最为强大的两个国家南越和西瓯臣服于秦王朝，从此百越人独立发展的进程被打断，开始了与中原民族大融合。待到东汉三国之际，原来的百越人渐渐融合、演化成了新的民族，其中的一支便是壮族。“僮”与“依”均曾是壮人自称，1965 年以后改用与“僮”同音的“壮”作为统一族称。

从人口数量上来看，壮族是仅次于汉族的民族，也是少数民族中人口数量最多的民族。据 2007 年末统计数字，广西约有壮族 1650 万，占壮族总人数的 90% 以上。可以说，想要领略最原汁原味的壮族文化，还要来到广西。

在广西壮族自治区中，壮族的人口数占据总人口的 31.39%，遍布全区。其中南宁市、崇左市、百色市、河池市、柳州市、桂林市、来宾市、贵港市、防城港市等地是壮族的主要聚居地。

聚居地的集中，更容易使民族特有的文化传统得以保留。因此，壮族的传统文化在广西岭南的这片沃土上得到了相对完整的保留。

第一节　民族服饰

地处中、南亚热带季风气候区的广西壮族自治区气候温暖，四季如春，世代生活在这里的人们也因为气候的原因形成了以短衣襟为主的独特的民族服饰文化。

一、服装和发式

1. 男装

由于没有冷空气的侵扰，壮族的男士一般穿着用当地土布制作的破胸对襟的唐装，也用不到长裤；上衣是短领对襟，缝一排六到八对的布结纽扣，胸前有一对小兜，腹部有两个大兜，下摆向内折成宽边，并在下沿左右两侧开对称裂口。下身穿着到膝盖以下的宽大短裤，有的缠绑腿。夏天光头不戴帽子，平时也不穿鞋，光着脚走路。到节日或走亲戚时才穿上云头布底鞋或双钩头鸭嘴鞋。冬天则要穿鞋戴帽或包上黑头巾，劳动时穿草鞋。

2. 女装

相对于男装来说，壮族的女装更具有民族特色。从总体上看，壮族女装端庄得体，朴素大方。由于广西的气候适合马蓝这种植物生长，而从马蓝的叶子里提取出来的蓝靛又恰恰是做染料的上佳材料，因此，壮族女装一般的服饰以蓝黑色为主，上衣着藏青或深蓝色短领右衽偏襟上衣，有的在颈口、袖口、襟底均绣有彩色花边，分为对襟和偏襟两种，有无领和有领的区别。衣服腹部前襟里面藏着一个暗兜，随襟边缝制数对布结纽扣。裤脚稍宽，头上包着彩色印花或提花毛巾，腰间系着精致的围裙。

在边远山区，壮族妇女还穿着破胸对襟衣，无领，绣五色花纹，镶上阑干。下穿宽肥黑裤，也有的在裤脚沿口镶两道异色彩条，腰扎围裙，裤脚膝盖处镶上蓝、红、绿色的丝织或棉织阑干。劳动时穿草鞋，并戴垫肩。在赶圩、歌场或节日时穿绣花鞋。

随着经济的发展及民族的融合，壮族的服装也在发生着变化，壮族地区的城镇居民、政府机关工作人员、在校学生等，服装紧跟全国的流行趋势，与当地汉族已没什么差别。近年来随着经济的发展，人们甚至可以在边远的山区看到壮族同胞也穿着西装革履，各色流行款式。但传统服装仍然是节日期间不可或缺的装饰。

3. 花鞋

花鞋是壮族的刺绣工艺之一，又称“绣鞋”，是妇女们的专用鞋，流行于广西龙州等地。这种鞋，按照有无后跟分为两种。鞋子前头有钩，与龙船的形状差不多；鞋底较厚。针法有齐针、拖针、混针、盘针、堆绣、压绣等。在色彩上，年轻人喜欢用亮底起白花，常用石榴红、深红、青黄、绿等艳丽的颜色，文着龙凤、双狮滚球、蝶花、雀等；老年人多用黑色、浅红、深红等厚重的颜色，文着云、龙、天地、狮兽等。

4. 发式

人们的发式因地、因时而异，壮族男女不同的历史时期也有不同的发型。清政府被推翻后，民国政府摈弃了历史上对人们发式尤其是男性发式的硬性规定，壮族人的发式又带上了鲜明的传统特征。中华人民共和国成立后，对少数民族的保护政策达到了空前的高度，因此，壮族各地妇女的发饰仍保持一定特色。

在广西龙胜，女孩子的头发先需要剃光，戴上外婆送的银饰帽，长大才留顶心发；青年女子在头顶留长发，四周剪成披衽，把顶心长发翻到前额，用白布扎好，插上银梳；老年妇女把长发翻过头顶，打旋，然后用四尺长黑布包好。

天峨女子也是留长发而不打辫，已婚的结髻，或梳顺后由左向右绕，用头巾扎上；未婚的反过来由右向左，用白印花或提花毛巾包扎。因此，从发式上便可看出这名女子的婚姻状况了。

桂南不大相同，有的地方少女是一条长辫加刘海；少妇则梳双辫；中年老年结髻，垂于脑后。

二、饰品

除了服装和发式以外，壮族人的饰品也别具特色。其首饰以银质为主，并根据地区的不同各有特色。百色的女子饰品里有发箍、簪及戒指、手镯等；

恩降的妇女装饰，城镇里一般喜欢穿金戴玉，乡下则习惯采用玉和银的材质。

壮族银饰的种类主要有银梳、银簪、耳环、项圈、项链、胸排、戒指、银镯、脚环等。不同地方的佩戴喜好也不尽相同。

安平妇女最多戴 4 个银项圈，10 多个戒指（有的手指头上戴几个），加起来有一斤多重。

桂北的壮族妇女项链和项圈共达 9 个之多，胸排长方形，透雕，打成鸟兽花卉，下沿有小链穗，以银链挂在脖子上。

壮族的银镯式样比较丰富，有的打成一指宽的薄片，有的打成一根藤，有打成多根相互缠绕，有的还嵌上绿色的小珠。这些饰品显示出壮族的银饰艺术已经达到了一定的高度。

1. 凿齿

壮族不仅在服饰上有着传统特色，对自己身体也有着独特的装饰艺术。

产生于血缘婚末期和族外婚初期的神话《布伯》中，曾提到过凿齿，即将自己的牙拔掉。这则神话可以表明，凿齿的风俗很古老，而且此传统习俗和延续后代有关。

在古代，百越人曾把凿齿当成成人礼。认为凡是可以凿齿的男女就表示自己已经成熟，并且享有过性生活的权利。久而久之，凿齿成了一种习俗，并以此为美。

后来条件改善，凿齿又与镶牙结合起来。至今广西龙州等地壮族男女青年仍以镶牙为美。逢人一笑，露出几颗光灿灿的金牙来，显示出生活的富足。红水流域一些地区的男子也有镶牙的风俗。

2. 文身

文身在壮族由来已久，而且相当普遍。壮族人文身的部位以面部为主，因为这是最先被别人看到的部位。其次是前胸，再次为两臂及背部，最后是双膝以上至小腹。

至于文身的内容，则与壮族不同部落的习俗有关，也就是和不同氏族的标志——图腾挂上钩，再后来则与人们的某种观念有关，例如不同的审美观念等。

一般来说，壮族文身有鳄鱼、鳄鳞、虎纹、蛇、云雷纹、蛾、蝴蝶、花草、鸟、蜻蜓等常见的事物。有些地方的男子浑身虎纹，表现出一种威武的男子气概。与衣服的颜色一样，所用颜色全为青黑色。

三、壮锦工艺

壮族服装的出众，离不开工艺的精致。与服装紧密相连的，是与云锦、蜀锦、宋锦并称中国四大名锦的壮锦。相传，壮锦起源于宋代，是中华民族的文化瑰宝。这种利用棉线或丝线编织而成的精美工艺品，图案生动，结构严谨，色彩斑斓，充满热烈、开朗的民族格调。

1. 壮锦的传说

关于壮锦，有两个民间传说。

宋朝时期，一位名叫达尼妹的壮族姑娘，偶然间看到蜘蛛网上的露珠在阳光照耀下闪烁着七彩光芒，十分绚丽。她从中得到启示，用多彩的丝线为纬，原色细纱为经，精心纺织成一匹锦布。从此就产生了瑰丽的壮锦。

另一个传说是说在很久以前，有一位壮族老婆婆与三个儿子居住在大山脚下。老婆婆心灵手巧，手艺精湛，她所织出来的壮锦十分漂亮。

有一天，老婆婆耗费了很长时间织好的壮锦被一阵大风卷向了东方的天边。老婆婆很伤心，因为这幅绣着房屋、花园、田地、果园、菜园、鱼塘和鸡、鸭、牛、羊的壮锦耗费了她很大的心血。

为了找回壮锦，老婆婆先后派出了两个年龄稍长的儿子出发去寻找。但他们都畏惧路途艰辛，拿着老婆婆给的路费到城里享福去了。

后来，老婆婆的三儿子，在大石马的帮助下，越过火山和大海，历尽千辛万苦，终于找到了壮锦。原来是那里的一群仙女拿壮锦做样子去了。

这时，壮锦正在一位红衣仙女手中，老三趁其不备，拿走了自己家的壮锦，骑马回到老婆婆的身边。老三回到家中，壮锦在阳光下渐渐地伸展，变成了美丽的家园。但让老三没想到的是，红衣仙女实在是太喜欢老婆婆的壮锦了，便偷偷在壮锦上绣下了自己的像，被老三带回家中。于是老三就跟她结为夫妻，过上了幸福生活。

从民间传说中我们可以看出，壮锦是多么受人欢迎。

2. 工艺特点

传统的壮锦以棉、麻线做地经、地纬，平纹交织，常用于制作被面、褥面、背带心、背包、挂包、围裙等。壮锦图案生动，结构严谨，色彩斑斓，常见的花纹有大万字、小万字以及较复杂的双凤朝阳、凤栖牡丹、狮子滚球等。

壮锦所用的原料主要是蚕丝和棉纱，依靠手工生产。

蚕丝：从种桑养蚕，到拣、夹、纺、漂、染，均由织锦者自己完成。

棉纱：从种棉到纺纱，经过去籽、弹花、纺、染、浆等工序。可由自家种植或购买。

染料：利用当地植物和有色土来制作。红色用土朱、胭脂花、苏木，黄色用黄泥、姜黄，蓝色用蓝靛，绿色用树皮、绿草，灰色则用黑土、草灰。多种染料混合后又可以生成其他颜色。

与古代手工制作不同的是，100 多年前，聪明的壮族人民便发明了壮锦的织机，如今使用的是经过不断改良的小木机，结构简单，机织轻便，易于操作，使用方便。织锦时，织工需按照设计好的图案，用挑花尺将花纹挑出，再用一条条编花竹和大综线编排在花笼上。织造时，就按照花笼上的编花竹一条条地逐次转移，通过纵线牵引，如此往复，便把花纹体现在锦面上。

但这种织机的效率很低，因此，使得壮锦的编织成了一门枯燥而复杂的工艺。虽然它对操作者的文化素质并没有太高的要求，然而每天数万次机械的动作确实是对织锦人极大的考验。

3. 艺术品牌

历过 1000 多年的发展，以壮锦艺术为典型代表的广西民族织锦艺术已成为我国传统民间艺术的重要组成部分。壮锦在广西各族人民长期的劳动实践中，产生了许多丰富而精彩的纹样，强烈地反映了他们对生活、大自然和民族文化的热爱和崇敬，渗透着民族文化的乐观精神，凝聚着人们的美好向往，表达出真诚的情感。壮锦在满足生活基本需要的同时，把物质的实用功能与精神需求紧密结合，已成为承载民族文化记忆的“活化石”。

由于历史和现实等多方面的原因，壮锦面临着严峻的传承危机，已经到了急需抢救和保护的时候。然而，民间传统文化的传承延续大都靠口传身授，艰难的生存困境使得年轻一代望而却步，织锦技艺面临着后继乏人的境地。

第二节 建筑风情

如果说服饰代表着一个民族给世人展示的外在美感，那么民族传统建筑的风格就是这个民族对自我认知的一种体现。我们常常把造型优美的建筑形容成一曲美妙的音乐，壮族的传统建筑，就像一曲《高山流水》般优雅。

今天，尤其是在城镇里，壮族人民同其他民族人民一样，大多数都居住在现代化的社区之中。四四方方、高耸入云的楼房，虽然扩大了人们生活的空间，但缺少了传统文化的那种韵味。

想要看到真正富有民族风情的壮族建筑要到坝区和城镇附近。那里的房屋多为砖木结构，外墙用白灰粉刷，屋檐绘有装饰图案。居住在边远山区的壮族，其房屋则多数是土木结构的瓦房或草房，建筑样式以吊脚楼为主。

吊脚楼，也叫木楼、干栏，壮、侗、瑶、苗、汉都有。多数为两层。上层一般为 3 开间或 5 开间，用来居住。下层为木楼柱脚，一般用竹片、木板镶拼为墙，既可以在里面饲养家畜，也可以用来堆放农具、柴火、杂物等，起到仓库的作用。家庭条件好的还建有阁楼及附属建筑。

一般吊脚楼都依山傍水，面向田野。一个寨子一个群落，既雄伟又壮观。有些村寨家家相通，连成一体，就像一个大家庭。

居室格局没有统一的规格，各处有不同特点。

龙胜县龙脊乡的壮族吊脚楼以神龛为中心，神龛后面的居中位置是家公卧室，左角是家婆卧室，有小门与家公卧室相通。主妇卧室在右角，丈夫卧室在厅堂右侧外。客房在前庭左角，姑娘的闺房在右角楼梯旁，便于她们与小伙子们交往。这种布局的最大特点是夫妻异室，沿袭了古代风俗。现在的吊脚楼，内部结构略有变化，但基本格局未变。

田东县壮族的吊脚楼一般都是竹木结构的瓦房或茅草房，三层楼，每层三间房。一楼壮语叫“腊梁”，用来饲养猪、牛、羊和鸡等家畜家禽。二楼叫作“艮兰”，铺木板，分厅、间。房子正中间的屋檐下用石梯砌至二楼，石梯约一米宽，通常是七级或九级，每一块石材都是请石匠精工制作。二楼的两边厢房住人，中间以中轴为线隔开，留门，前边叫“中堂”，即“客厅”。“中堂”后面是生活区。屋内的生活以火塘为中心，每日三餐都在火塘边进行。“中堂”上方是个小“吉楼”，专门安放“神龛”。三楼名为“艮角”，一般用来放粮食和杂物，人口多的家庭，二楼住不下了，就住到三楼去。三楼大多住未娶的小伙子和未出阁的姑娘。

吊脚楼一般都是倚山而卧，为的是方便立灶生火做饭，后门往往就是“开门上山”。若在平地起的吊脚楼，立灶生火做饭的地方就用石头从平地砌起一个与二楼一样高的正方形，中间填上土。

吊脚楼的主柱（直径25厘米以上的大木头）底下都要垫上石墩，石墩上边圆，下边呈四方形，约67厘米高，17厘米宽，都是请石匠精工凿好的大小相同的“精品”。石墩四方形的那半埋在地下，圆的那半露在地上。把木柱安放在石墩上，不碰土，既可以防白蚁，又可以保数十年不腐烂。

第三节　壮族山歌

1960年拍摄的中国大陆第一部风光音乐故事片《刘三姐》，让壮族的山歌响彻了大江南北。从此，壮族山歌走出了广西，唱遍了全国。人们也从山歌中，认识到了这个能歌好客的民族。

壮族山歌简称为“壮歌”，又称“壮族民歌”，一般指壮族人民用壮话演唱的民间歌谣。壮歌最早可以追溯到壮族原始社会时代狩猎时的呐喊，虽然呐喊不能算是歌，但无疑孕育出了壮歌的种子。

无论男女，壮族人从四五岁的童年时代就开始学唱山歌，父教子，母教女，形成幼年学歌、青年唱歌、老年教歌的传帮带习俗。在农村，无论下地种田，上山砍柴，婚丧嫁娶，逢年过节或青年男女间的社交恋爱等，都用山歌来表达情意。有些地方甚至家庭成员之间的对话、吵架有时也以歌代言。唱歌几乎成为壮族人民生活中不可缺少的内容。因此，广阔的壮乡，素有“歌海”的美誉。

1. 壮歌曲调

由于南北部方言的不同，对山歌的曲调也有不同的称呼，即欢、西、加、比、论等五种。在壮族地区，每一个区或乡都有好几个调子，包括叙事用的平调、抒发欢快情绪的喜调等。山歌的演唱方法有独唱、重唱、领唱、合唱等方式，无论是支声式、和声式或者复调式，都丰富多彩，别具一格，其中以富宁皈朝山歌调、靖西马隘及汉隆山歌调、田阳古眉山歌调、马山山歌调、环江山歌调等尤为著名。

山歌旋律与歌词相结合，能在听众中产生强烈的感染力。除了单声部壮歌，还有双声部和三声部壮歌。独特风格的二声部和三声部山歌，各部之间围绕着主旋律，时而平行，时而交叉，高低相衬，跌宕起伏，悦耳动听。广西境内的壮族多声部山歌遍及广西六个地区 30 多个县，其中以百色、柳州、河池、南宁等几个地区流传最广泛。壮族多声部山歌具有高度的思想性和深刻的人民性，在艺术形式上比较成熟和完美，它是壮族人民在长期生活实践中所创造的精神文明的一种形态，被视为壮族民间音乐史上的一座高峰。

2. 歌词特色

从歌词上看，广西壮歌按地域可划分为东、南、西、北部壮歌，四部壮歌各有特色。

以南部壮歌为例，其特色主要是高腔嘹亮，缠绵悱恻，特别是情歌，更是别具一格。情歌最风趣的莫过于“逗、惹、贬、赞、吹、捧、求、厌、拒、思、恋、爱、别”这13个字的内容。

情歌的这些表现手法把壮族青年独特的性格充分展示了出来，表现了青年人在自由恋爱中的浪漫，把青年人在对歌场上的那种敢逗、敢亲、敢爱的激情与率真充分显露出来。

南部壮歌在情歌的这种艺术表现上最具特色。南部壮歌大多数以五言和七言山歌为主，地域上以隆安、上林、马山、大化、宾阳、天等、邕宁、武鸣等县的壮歌为代表。而武鸣区的壮歌又分为南部山歌和西部山歌，但都是以领唱山歌为主，由一人主唱后众人来和声；隆安县的壮族“高腔山歌”，其调子极高且很悠扬；马山县的壮歌最为出名的是“三声部山歌”；宾阳、上林、横县的壮歌又各有自己不同特色的腔调。

3. 艺术特点

概括而言，壮族山歌的艺术形式美和特点在于：具有令人回味无穷、叹为观止的比喻、比兴美，比喻、比兴手法在壮歌中得以普遍运用；具有一挥而就、出口成章的特点，对答如流，对唱几天几夜而不重复的唱功令人叫绝、叫人惊奇；具有整齐严谨、朗朗上口的辞藻美和押韵美。以下面一首壮歌为例：

壮族山歌特出名，
条条山歌有妹名。
条条山歌有妹份，
一条无妹唱唔成。
河唇洗衫刘三妹，
借问先生哪里来？
自古山歌从口出，
哪有山歌船载来？
山歌又好声又靓，
画眉难比妹歌声。

上岗过坳唱一首，
百斤担子也变轻。
一朵红花路边生，
花又红来叶又青。
甘好红花哥唔识，
手攀花树问花名。

从这首壮歌的节选部分我们便可看出，壮歌的歌词轻松活泼，韵味十足。大量使用口语话的语言，使得歌词浅显易懂。而多种修辞手法的灵活运用，又为壮歌增添了浓郁的文学气息。

4. 歌圩活动

壮族人民对于壮歌有着特殊的爱。每年都会举办歌圩活动。歌圩是节日性的群体会唱活动形式，多在春秋两季举行，尤以三月三歌圩最为隆重。大的歌圩场人山人海，场面壮阔，人们以歌会友，以歌交情，依歌择偶，赛歌赏歌；同时，还举行抢花炮、抛绣球、斗鸡、碰彩蛋、演壮戏等各种游艺文体活动，成为展示壮族传统文化的盛会。

邕宁区还盛行一种还球歌圩，即由一村庄向另一村庄送去彩球，相约对方还球，至期举行山歌比赛，如还球一方唱不赢，彩球就还不过来，只好待来年再赛。歌圩流传到近代，增加了买卖生意等经济活动，以及打篮球、赛跑等体育项目。

壮族歌圩有着多方面的社会功能。但历史上一直以青年男女通过公开聚唱来选择婚配为主。每到歌圩日，青年男女们便盛装艳服，三五成群地来到歌圩场，通过歌唱显示才能，披露心声，交流思想，找寻自己的意中人。

歌圩上，对唱是主要的活动方式。对唱是一对一对进行的。当一对男女青年对唱的时候，双方的朋友都围在身旁相助，甚至还有歌师在旁出谋划策。

对唱的程序非常复杂而严格。一般来说，从初交到初步确定恋爱关系，要经过下列对唱阶段：引歌、初会歌、大话歌、初问歌、盘歌、赞美歌、追求歌、初恋歌、结交歌、定情歌、赠礼歌、嘱别歌等。各个环节相对独立，又环环相扣，紧密相连。每个环节的歌都很长、很丰富，好的歌手可以唱几天几夜。

对于壮族人来说，唱壮歌是一件神圣的事情。壮乡山歌开唱时，必须遵守约定俗成的礼仪规范，不能瞎唱乱唱。特别是时政歌、仪式歌和情歌，在什么场合唱是有传统规矩的。例如情歌，在野歌圩里可以尽情地唱，而在家里、在父母面前不能唱。风俗歌中，祭祀唱什么，婚嫁唱什么，丧礼唱什么，皆不能颠倒乱唱。连迎接不同的客人都有不同的迎客歌。因此，当你来到广西的时候，可能就会遇到好客的壮族人为你专门演唱的歌曲。

第四节　民间习俗

1. 壮语特点

最优美的壮歌是用壮语来唱。作为我国人口最多的少数民族，壮族的民族语言壮语也成了中国的大语言之一，使用人口大约 2000 万以上（包括布依语、岱侬语）。壮语属于台 – 加岱语系侗台语族（壮侗语族）台语支（壮傣语支），与泰国语、老挝语、傣族语、掸族语等语言有着十分密切的亲缘关系。在广西，其他少数民族的语言也均在壮语的基础上融入自身的文化特色，形成了各自民族的语言。而且，壮语还是一门跨境语言，越南北部地区也在使用着这门语言。

壮语为分析语，有声调。在 1957 年以前的文字系统中，壮语采用的是古壮字，是一种借用汉字的音、意和偏旁部首创造的一种文字系统，主要用于宗教人员记录经书和山歌手记录山歌等。1957 年，新中国政府主持创造了一套用拉丁字母书写，并加上数个特殊字符去标示壮族特有的发音和音调的壮文方案。但随着信息时代的到来，壮文的特殊字符对壮文信息化造成了妨害，1981 年政府制定修改后，最终形成了以 26 个拉丁字母书写的《壮文方案（修订案)》。

壮语是壮族人民最为通用的语言，90%的壮族人都在用壮语进行沟通交流。但随着国家经济发展各地交流增多，汉语使用频率增加，短短几十年岁月，壮语在城市地区逐渐衰退。2000年后，壮语保留较完好的村镇等区域也受到极大冲击。保护壮语已成为一项刻不容缓的课题。

2. 好客的民族

在壮歌声中来到壮家人中去做客，是在广西旅游时必选的一个环节。同我国其他民风淳朴的民族一样，壮族也是个好客的民族。过去到壮族村寨任何一家做客的客人，都被认为是全寨的客人，往往几家轮流请吃饭，有时一餐饭要吃五六家。

就算没有客人到来，邻居之间在平时也有相互做客的习惯，比如一家杀猪，必定请全村各户每家来一人共吃一餐。招待客人的餐桌上务必备酒，方显隆重。敬酒的习俗为“喝交杯”，其实并不用杯，而是用白瓷汤匙舀起一勺一饮而尽。

尊敬老人是壮族的传统美德。路遇老人要主动打招呼、让路，在老人面前要给予尊称；遇到老人或负重者，要主动让路；若遇负重的长者同行，要主动帮助并送到分手处。

3. 民族禁忌

当然，再好客的民族也有自己的禁忌。如果触犯了他们的禁忌，即使嘴上不说，心里也会将你当成不受欢迎的人。

壮族忌讳农历正月初一这天杀生；有的地区的青年妇女忌食牛肉和狗肉；妇女生孩子的头三天（有的是头七天）忌讳外人入内；忌讳生孩子尚未满月的妇女到家里串门；登上壮族人家的竹楼，一般都要脱鞋。

壮族忌讳戴着斗笠和扛着锄头或其他农具的人进入自己家中，所以到了壮家门外要放下农具，脱掉斗笠、帽子。火塘、灶塘是壮族家庭最神圣的地方，禁止用脚踩踏火塘上的三脚架以及灶台。

壮族青年结婚，忌讳怀孕妇女参加，怀孕妇女尤其不能看新娘。特别是怀孕妇女不能进入产妇家。家有产妇，要在门上悬挂柚子枝条或插一把刀，以示禁忌。不慎闯入产妇家者，必须给婴儿取一个名字，送婴儿一套衣服、一只鸡或相应的礼物，做孩子的干爹或干妈。

壮族是稻作民族，十分爱护青蛙，有些地方的壮族有专门的“敬蛙仪”，所以到壮族地区，严禁捕杀青蛙，也不要吃蛙肉。每逢水灾或其他重大灾害时，壮族都要举行安龙祭祖活动，祈求神龙赈灾。仪式结束后，于寨口立碑。

4. 趣味婚恋习俗

壮族青年男女一般是自由恋爱成婚的，主要有以下几种恋爱方式：抛绣球、隔街对望、打木槽、碰鸡蛋等。

抛绣球。在每年春节、三月三、中秋节等传统佳节的歌圩上，男女青年相邀聚集在地头、河畔，他们分成男女两方，拉开适当距离，互相引吭高歌，用歌声来表达问候和增进了解。对歌有问有答，丝丝入扣，声音此起彼落，娓娓动听，姑娘们情不自禁地拿起手中精致的绣球，抛向意中人。小伙子眼疾手快地接住绣球后，再向姑娘抛回去。经过数次往返抛接，如果小伙子看上哪一位姑娘，就在绣球上系上自己的小礼物（例如银首饰或钱袋），抛回馈赠女方，馈赠愈重说明小伙子对姑娘情意愈深。姑娘接住小伙子的礼物时，若收下，就说明她接受了小伙子的追求。这时，两人或继续对歌表达情意，或相约到僻静处聚会。

隔街对望。每到节日聚会那一天，青年男女一早就来到街口，男的站一边，女的站在另一边，仅相隔几步，相互对望。一直站到太阳落山。双方眉目传情，如果有意，就示意对方离开大家。在相望过程中，双方阵营中的同伴有商有量，相互参谋，十分有趣。

打木槽。一般在农历年初举行，开始由青年女子以木棍来击打木槽，使之发出各种不同的声响，随后由几个女子边击打木槽数棍边唱山歌，这时就会引来许多青年男子拿着木棍，跑到木槽边来共同敲击。就这样，边敲击木槽边对唱山歌，表达男女之间的爱慕。

碰鸡蛋。广西都安棉山的壮族在“三月三”节日中有一项特别有趣的“碰鸡蛋”的活动。在节日的前一天晚上，青年们特意准备好十几个染红的熟蛋。游戏开始时，男女双方各握一个蛋，相对而立，然后手握红蛋相互对碰。如果双方红蛋同时破裂，则被认为两人的命运相连，有缘分，便将红蛋互赠吃掉。如果只是单方面的红蛋破裂，则表示双方没有缘分，只好自己将红蛋吃掉。

在广西田阳县玉风等壮村流行着一个很有趣味的婚俗：迎亲那天新娘要经过“炮火”的洗礼后才能进门入房。新娘来到新郎家以前，要稍停片刻，做好“冲锋”进门的准备，因为在门口、厅堂、洞房等三个地方分别由七八个男青年组成“炮火”组，手拿着串串鞭炮等着新娘过来。当新娘将要靠近门口时，“炮手”们点响鞭炮，形成道道“火墙”，挡住新娘的进路。如果是胆小的新娘，这时只好退却在门外，再等第二次“冲锋”。

“炮手”们也总结胜利的经验，做好第二次的“阻击”准备。可以说，新娘不经过两三次的“冲锋”是进不了门的。围观的客人，里三层外三层，好不热闹。新娘经过苦战跃进门口，来到洞房门前，这是难通过的最后一关，因为“炮手”要放“火炮”。这时，聪明的伴娘和迎娘左右“侦察”，乘“炮火”稀疏时夹着新娘跳到洞房里。此时，围观人群便会欢声雷动，祝贺新娘“旗开得胜”。

婚宴后到掌灯时分，客人们还要观看新娘在迎娘的指引下摸黑出门“挑水”。新娘将把水缸挑满，这是在考验新娘是否吃得了苦。就这样，直到夜深了新娘才能入洞房。

5. 饮食习惯

由于广西地处南方，因此壮族人的主食是稻米。此外有玉米、芋头、红薯、木薯和荞麦，辅以黑饭豆、白饭豆和绿豆等。糯米是壮族培育的优良品种之一，可以用来做粽子和糍粑。壮族地区的平峒及富裕家庭，以稻米为主；山区及贫寒之家，以玉米和薯类为主。糙米的脱粒在历史上用木槽，脱壳用水碾或石臼。磨玉米面用石磨。稻米的做法是焖饭、蒸饭、烫饭或煮粥。壮族的节日特殊主食，代表了食品的民族特色。有色、味、香俱全的五色饭、糍粑、油堆和沙糕，有外形奇特的各种粽子，有吃法与众不同的包生饭，有金灿灿的黏小米饭，还有无论是节日或平时都受欢迎的米粉。壮族不论是吃稻米，还是食玉米，吃干饭还是喝粥，一天均三餐，即早、中、晚餐；农家则一天吃四餐。

壮族的传统肉食有猪肉、鸡肉、鸭肉、鹅肉、羊肉、牛肉、马肉以及山禽野兽等。在这些肉食中，较有特色的是白斩鸡、烤猪和鱼生。白斩鸡是将没下过蛋的母鸡宰杀后拔毛，洗净掏出内脏，腹腔内抹少许盐，放入一团生姜，入清水锅中，煮到八九成熟捞起，切成一寸长的肉块，蘸以姜、蒜、葱、香菜、生抽、盐、鸡油等调成的佐料吃，鲜美嫩脆，味香可口，是壮族待上客的佳肴。烤猪是将当地产的一种重一二十千克、肉质细嫩、不长肥膘的肉猪宰后去内脏，在皮上涂上各种香料，用铁条或竹子将整只猪穿起，架在炭火上，慢慢转动烤烘，待皮黄脆、肉熟透时，便拿来切成方块，装碗上席。有些地方将整只猪上席，主客用餐刀切割，各取所需。鱼生是将1500克至2500克重的鲤鱼或草鱼刮鳞洗净，去内脏，拔去鱼骨，再用纱纸把鱼抹干，切成薄片，装入大盘子里，加入麻油、香菜、花生、姜、葱、蒜、糖、醋、盐等，拌匀后稍腌即吃，味鲜香甜可口。

壮族的蔬菜四季新鲜，种类繁多，有青菜、萝卜、豆、瓜、竹笋、蘑菇、木耳等类。青菜又分为白菜、芥菜、包菜、空心菜、芥蓝菜等。豆类、瓜类品种也很多。因气候的关系，壮族喜爱吃炒菜，炒菜稍熟即可吃，味道新鲜，又有营养，很少吃炖菜。壮族还特别喜欢吃山货，其中以竹笋、银耳、木耳、菌类最为名贵。

壮族人过去的酒水主要是自家熬酿的米酒、白薯酒和木薯酒，度数不高。其中米酒是过节及待客的主要酒水。做甜酒，壮族已有上千年历史。壮族人习惯于客人到来先敬甜酒，以示欢迎。壮族的其他酒，如蛤蚧酒、三蛇酒等，都属于药酒，蛤蚧酒用蛤蚧、当归浸泡好酒而成，有补肾、壮阳、润肺等功效。三蛇酒用去毒的过山龙、金环蛇或银环蛇浸泡好酒而成，其中也加入一些草药，是一种名贵的药酒。

壮族传统的夏天清凉饮料是凉粉果汁。凉粉果是一种小灌木丛的果实，大如鸭蛋，皮青绿色，里边有白色液体，经过加水和加热，形成一种透明的半流体，加些红糖水作饮料，清凉甜爽。

随着经济的发展，各种现代饮料也进入了壮族的家庭生活，他们的餐桌上除了传统的美酒，更多的则是桂林三花、茅台和金奖白兰地。夏天里，气温高达 30 多度的壮乡，也可以享受到冰镇汽水、冰激凌这样的清凉饮料。

第五节　传统节日

壮族是多节日的民族，几乎每个月都有节日。除了中华民族的传统节日外，壮族人民还有不少带有民族特色的传统节日。

1. 春社节

（1）时间。壮族春社节在农历二月初二，又称“保阳节”，含有“春祈”之意。

（2）流行区域。壮族春社节流行于宜州市洛东一带。

（3）特点。这一天，各村或宗族合资杀猪宰羊，到社坛或土地庙祭祀社王或土地公，祈求神灵保佑全村平安、风调雨顺、人畜兴旺，祭社活动各家派一人作为代表参加，一般都是男性（即各家家长）。祭毕便在社坛前聚餐，或按户平分祭品回家祭祖先。

2. 花炮节

（1）时间。壮族花炮节为农历二月初二。

（2）流行区域。壮族花炮节流行于邕宁区中和乡一带。

（3）特点。这一天各村派出强壮的小伙子组成队伍，聚集在花炮场地进行抢花炮比赛。获胜的村队，即意味着为本村争得了吉祥、幸福和丰收的好年景。

3. 花王节

（1）时间。壮族花王节为农历二月二十九。

（2）流行区域。壮族花王节流行于壮族各地。花王又称花婆，是壮族人民敬奉的一位女神。

（3）特点。传说中，花婆神专管人类生育，是儿童的保护神。所以婴儿出世后，就要在卧室的床头边立一花王圣母神位，供奉上一束从野外摘回的花或以红纸剪扎成的花。每逢初一或十五，都要焚香敬拜；孩子生病，也要祭拜求平安。农历二月二十九这一天则要集体祭祀。已婚妇女们相互结拜为姐妹，杀鸡供奉花婆神，祈求生儿育女，孩儿健康。祭毕，妇女们做米粉聚餐。

4. 清明节

（1）时间。壮族的清明节从农历三月初三开始，要一直延续到谷雨期间。

（2）流行区域。壮族清明节流行于壮族各地。

（3）特点。清明节期间各家各户都要带着五色糯米饭、熟肉、鸡、酒、纸钱、香烛、鞭炮、纸、锄和铲，去祭扫自家的祖坟。一天没祭扫完，第二天继续。晚上回家后再祭祀家中祖先的神坛。

三月初三当天，那龙、双定乡镇一带的壮族有举行庙会的传统习俗，参加者均为已婚妇女，一般以村或族自发组织。这天早晨，妇女们携带煮熟的猪头、鸡、五色糯米饭和纸人纸马，聚集到祠庙里，祭拜神灵，祈求保佑。有的还请道公或巫师来跳唱、占卜，并进行对歌活动。晚上回来再聚餐。拜庙活动一般为期一天，有的时候也进行两三天。

5. 三月三歌节

（1）时间。壮族三月三歌节在农历三月初三。

（2）流行区域。壮族三月三歌节流行于壮族各地。

（3）特点。本来这个节日是为了纪念壮乡英雄韦达桂的，后来演化为唱歌、赶歌圩。壮族人民能歌善唱，因此，许多地方在这一天都要举行歌圩活动。活动期间，男女老少聚集在村边的山坡、草坪、晒场、树下，互用山歌对答，歌声此起彼落，热闹非凡。参加者多为未婚的男女青年。大家以歌代言，以歌会友，以歌择偶，以歌倾诉衷情。许多青年或歌技出众的人，在歌圩上找到意中人。

6. 尝新节

（1）时间。壮族尝新节在农历六月初六。

（2）流行区域及地位。壮族尝新节流行于壮族各地。这一天是土地公的诞辰，故以牲肉祭祀土地神，以求村寨平安，风调雨顺，五谷丰收。

（3）特点。当天，如果风和日丽，就是好年景的征兆；人们还把衣物拿到太阳下曝晒，以防虫蛀和霉变。之所以称为尝新节，是因为农家在这一天要品尝新米，届时具牲醴，备香烛，以祭田祖，以祈丰收，称田祖为田头亚公。田中遍插纸旗，以驱害虫。

7. 庆丰节

（1）时间。壮族庆丰节在农历十月初十（各地时间不一，有的为初七、初十、十一或十二）。

（2）流行区域。壮族庆丰节流行于壮族各地。

（3）特点。十月是稻谷收割进仓的季节，为庆祝丰收，酬谢神祇，各家各户都杀鸡、打鱼、做糯米饭，祭祀祖先诸神。

8. 冬至节

（1）时间。壮族冬至节也就是每年的公历 12 月 21、22 或 23 日的冬至节气这一天。

（2）流行区域。壮族冬至节是壮乡普遍过的一个节日。

（3）特点。这一天，各家都准备牲醴祭奉祖先，举家欢饮，名“吃冬”或“过小年节”。有的则合祭宗祠。

9. 陀螺节

（1）时间。壮族陀螺节在除夕前两三天至农历正月十六，历时半个多月。

（2）流行区域。壮族陀螺节流行于壮族各地。

（3）特点。在广西壮族聚居的地方，每年这个时间都要举行一次有名的体育盛会——陀螺节。陀螺，壮语叫“勒江”，它有大有小，有轻有重。有大如河田柚的，重 500 克左右，有小如鹅蛋的，也有 100 多克。制作陀螺一定要选用质地优良的坚木。它的“头”要圆滑。“打”的时候，用两三尺长的麻绳一圈一圈往上缠，一直缠到自己认为适当的地方，再用右手的无名指和小指夹住麻绳的尾端，迅速往地面一旋，陀螺就“呼呼”地转动起来。质量好的陀螺，再加上旋的技术高明，转起来长达七八分钟才倒下来。比赛打陀螺更是热闹非凡，获第一名者荣称“陀螺王”。据说打陀螺自兴起至今，已有300多年的历史了。

10. 吃立节

（1）时间。壮族吃立节在农历正月三十。

（2）流行区域。壮族吃立节流行于龙州县、凭祥市一带。

（3）特点。“吃立”壮语意为“欢庆”。壮族人民素有欢度春节的传统，但在1894年春节来临之际，法国侵略者犯我边境，为了打击侵略者，青壮年奔赴战场，英勇杀敌，保卫了家园。正月三十，出征的将士凯旋，乡亲们杀鸡宰羊，做糯米粑，盛情款待，共同欢庆胜利，补过春节。从此以后逐渐形成吃立节。节日期间，人们舞狮子、耍龙灯、唱歌跳舞，热闹非凡。

11. 壮族新年

（1）时间。壮年以农历十二月为岁首，十一月的最后一天为除夕，习惯叫“崴谊久”，意为过二九（不管月大月小，都如此称谓）。壮年在壮语中叫“将也益”，春节叫“将昆”，即汉族节。

（2）流行区域。壮族新年流行于壮族各地。

（3）特点。这一天，全寨集资买猪，（有的村寨按户轮流专门喂养社猪）宰杀敬祀社王，祈求保佑五谷丰登。

相传古时曾杀人祭社，后来用猪代替。社王棚一般设于村边大树脚下，祭时，由魔公主持，妇女和家有孕妇的男子都不能参加。在社棚前宰猪敬供，集体叩拜，庄严肃穆，不许喧哗说笑，忌穿白色、花衣，否则当年收成不好，禽兽为患。祭毕，将煮熟的猪肉按户均分，各得一串，带回家里作“接魂”敬祖主要供品。从除夕到初三，即敬土地公之前，严禁内外人出入。

过年十天之内为节日活动期间，村村寨寨敲锣打鼓，吹笛弹琴，纵情欢娱。亲友互访道贺，青年玩山串寨对歌作乐。有的还给周围兄弟民族送年礼，近邻的苗、侗、瑶、汉等族，前来做客，有的还鸣炮、击鼓、吹笙，表示庆贺，到处喜气洋洋，充满着民族团结气氛。

12. 牛王节

（1）时间。壮族牛王节在农历四月初八。

（2）流行区域。壮族牛王节流行于岭南西部。

（3）特点。这个节日据说是为了纪念牛对主人的忠诚，家家在这一天做"乌饭"（用几种树叶煮水做成的糯米饭）和腊肉慰劳耕牛，清洁耕牛和牛栏，让所有的牛吃食后休息一整天。

13. 青蛙节

（1）时间。壮族青蛙节在农历正月初一到三十。

（2）流行区域。壮族青蛙节流行于壮族各地。

（3）特点。首先，在初一的清早到田野请青蛙，最先请到青蛙的叫"青蛙郎"（年轻人）或"青蛙父"（老人）。接着，把青蛙放到青蛙亭供着，男女老少通宵达旦地进行歌舞游戏，白天孩子们抬着青蛙挨家挨户贺喜收赠品，"青蛙郎"或"青蛙父"将赠品中的熟食或粮食分给孩子们带回家，寓意为吃"百家粮"。到了正月底，要举行葬青蛙的仪式。送葬归来，"青蛙郎"或"青蛙父"用各家赠款举办百家宴，各家派长者参加。

第六节　民间故事

1. 布伯的传说

每个民族都有自己的神话故事和民间传说。这些自古流传至今的传说代表着一个民族与大自然的竞争或者与恶势力的抗争。壮族最有名的神话传说是《布伯》。

在这个神话中，布伯和雷王是两个对立的人物。布伯代表正义，雷王代表邪恶。邪恶的雷王专横跋扈、凶残暴虐而又十分狡猾。他贪婪成性，住在天上却仍不满足于人们供祭的香火，还要掠夺人间的一切劳动果实，达不到目的，就“补天河，糊天池”，制造天下大旱。

一次，雷王又致使天下大旱。布伯非常生气，上天找他算账，警告他若再不下雨，就置他于死地。

雷王表面上假意应允，过后却磨刀霍霍，准备下来劈死布伯。然而，虽然雷王气势汹汹，但还是没有打过布伯，反而被布伯擒住。

这时，雷王又极力装出一副可怜的样子，趁布伯离家之际，骗布伯的两个孩子伏依兄妹给他蓝靛水喝，然后夺路逃回天上。临走时，他拔下一颗牙齿给伏依兄妹，说：“作为对你们的报答，我把这颗牙送给你们，你们赶紧把它种到地里。过几天就要发大水，天下的人都会死。只有你们兄妹能靠着我这颗牙活下去。”

雷王之所以留下伏依兄妹的命，并不是出于报恩，而是要留下人给他供奉香火。要是没人给他上香，他也过不上快活的日子。

逃回天界后没过几天，雷王便开始兴风作浪，在人间掀起漫天洪水，把除了伏依兄妹的其他人都淹死了。

因为雷王的胡作非为，人间陷入灭顶之灾。为了使人类能够延续下去，“启明星”下凡人间，要伏依兄妹结婚，为人类传宗接代。在民间传说中，还有说是别的神仙或精灵（如仙人、乌龟、竹子等）出面来劝他们结婚。伏依兄妹听从了“启明星”的劝告，结为夫妻，使人类繁衍了下来。

这个神话故事与汉族的伏羲和女娲的神话十分相似。伏羲和女娲也是兄妹成婚，繁衍出华夏民族；而大洪水的内容又与大禹治水的传说不谋而合。如果我们把伏羲和女娲看作是两个不同的部落，那么这种兄妹之间的成婚其实是两个具有较强实力的部落之间的联姻。因此，我们可以得知，在上古时期，曾经发生过一起很有影响力的部落融合事件。至于大洪水，则早已被科学家证明为第四代冰期结束时发生的全球性大洪水，这个在东西方神话中都有体现。从中可以看出，民族的神话传说也是我们研究上古历史时的一个凭借。

2. 颠公的故事

除了布伯以外，壮族还有个类似于阿凡提的人物——颠公。下面就为大家介绍几个颠公的故事。

（1）舔盘

穷人家的孩子颠公有一个长得非常漂亮的姐姐叫田花，被村里地主的驼背儿子虾公看中了，非要娶她为妻不可。颠公家虽然穷，但很有志气，不愿意把女儿嫁到声名狼藉的地主家里。地主便以不允许明年继续租种他家的地，并且要颠公家马上还清所欠的20两银子为威胁，要强娶颠公的姐姐。颠公父母无奈，只得将女儿的生辰八字给了地主，当作订婚的信物。田花不愿意嫁给虾公，整日以泪洗面。颠公便自告奋勇去地主家要回姐姐的八字。

在地主家，颠公假意说田花答应嫁给虾公，让他们做好迎亲的准备。地主一家非常高兴，盛情款待颠公。颠公在吃饭时故意表现得十分粗鲁，不仅胡吃海喝，还在饭菜都吃光后拿起盘子来挨个添，看得地主一家目瞪口呆。

地主对颠公的这种无礼之举表示十分不满。颠公却不以为然地说："这算什么，我姐吃饭的时候可是连锅都要舔干净的。"

地主一听大惊失色，拿出田花的生辰八字扔给了颠公，把他赶出家门。颠公如愿以偿地替姐姐解除了婚约。

（2）挖棉田

颠公在给地主当长工的时候经常受到压迫，他一直想找个机会报复一下。

一天，地主让颠公去棉花地里挖一块一件衣服的棉花。颠公来到地里，把外套铺在地上，用棍子绕着衣服划出轮廓。没用几分钟就挖出了形状像衣服那样的一块棉花地。然后他就和小伙伴们痛快地玩了一天。

晚上地主来检查颠公的工作时，看到颠公只挖了小孩衣服那么大的一块地，非常生气，要以不允许吃晚饭来惩罚他。

颠公说："是你让我挖一件衣服的地的。"地主生气地说："我说的是挖一块能做一件衣服的地。”

颠公问地主做一件衣服要用多少棉花，地主答不上来，颠公便说：“所以我今天按照你的要求挖了一块衣服的地。”

地主没有办法，只得吃了个哑巴亏。

（3）卖石头

一天，颠公的父母都生了重病，急需用钱买药。然而自己却是家徒四壁，没有一点儿可以换成钱的东西。颠公灵机一动，想出了一个办法。

颠公跟父母打了声招呼，挑起一对油篓便出了门。来到镇上，找了个无人的角落，往篓里装了 50 千克多的石头，并遮盖得严严实实。然后，他把油篓挑到了经常压榨穷人的收茶油的铺子里。颠公对老板说，因为着急给东家去买药，请先预支一些钱，等买了药回来再结账。老板很高兴，因为颠公一走，他就可以说这些油有多少千克就是多少千克了。而且这担“油”看起来就有 50 千克，到时候可以说只有 25 千克。反正油倒进了大缸里，颠公也说不出什么来。

颠公拿了老板预支的钱转身就走，给父母买了药和一些酒肉，连夜赶回家里。

油铺老板见颠公走了，马上让伙计把篓里的“油”倒进油缸里。新油旧油一混，颠公也说不出到底自己挑来的有多重。剩下的便宜可就都让老板赚去了。

天色已晚，伙计们也看不出篓里装的是啥。只听到咣当几声巨响，油缸变成了碎片，油缸里的油淌得满屋都是。老板一看顿时傻了眼，这才知道上了颠公的当。

第四章

大山的子孙

——广西瑶族的民间风情

瑶族是一支古老的民族，民族历史可以追溯到上古时期。相传，其祖先为上古时期高辛帝所饲养的神犬盘瓠。当时，因犬戎吴将军作乱，高辛答应谁能斩下吴将军之首级，就能得到封邑赏金，并把公主许配给他。大战之中，盘瓠咬下吴将军首级而归。高辛帝也没有食言，把公主嫁给了他。随后，盘瓠的后代便繁衍开来，被中原人称为“蛮夷”。其中的一支，便演化成了今天的瑶族。现在看来，瑶族的祖先应该是以犬为图腾的一个部落。因此，也形成了瑶族人民善良淳朴、民风剽悍的特色。

瑶族主要分布在我国广西壮族自治区和广东、湖南、云南等省。此外，在东南亚的越南、老挝、泰国、缅甸等国家也有瑶族。在欧美的一些国家如美国、法国、加拿大、瑞典等国也有与中国瑶族生活习俗相同的瑶族后裔。据2010年的统计数据显示，中国的瑶族人口为279.60万，其中171万生活在广西壮族自治区，占瑶族总人数的61.2%。广西瑶族主要聚居在金秀、巴马、都安、富川、大化、恭城等6个瑶族自治县，其余散居在灌阳、龙胜、三江、防城港、全州、贺州、南丹、凌云、西林等60多个县（市、区）。我们在广西能够领略到原汁原味的瑶族传统文化。

第一节　民族服饰

勤劳、智慧的瑶族人民在漫长的历史发展过程中创造了丰富多彩的文化艺术。而文化艺术最直观的体现便是在民族服饰上。瑶族的服饰最大的特点就是五彩斑斓、绚丽多姿。汉代的史书上便有对瑶族的先人们“好五色衣裳”和“衣裳斑斓”的记载。经过数千年的民族融合与迁徙漂泊，瑶族的服饰仍然保持鲜明的民族特色。款式繁多、色彩夺目、图案古朴、工艺精美的服饰，不仅是瑶族人民展现自己民族风情的最佳代表，也是深受其他民族人民欣赏的一种文化。

一、服装

1. 男装

瑶族的服饰样式繁多，据统计，有六七十种，而且还带有鲜明的地域特色。

从总体来说，瑶族的男子一般穿着对襟或右衽、铜扣上衣，有的穿圆领花边Y字形衣，下身一般穿宽脚长裤，腰和小腿一般扎布带。

广西金秀自称“拉枷”的瑶族，男子上穿对襟布扣短衣，下穿宽裤脚长裤。而在广西南丹县八好、里湖两个瑶族乡的瑶族，男子服装有五大件：白布包头巾，Y字形上衣，白色紧腿短裤，腰带和绑腿。裤子的裆部特别肥大，便于爬山越岭，短而紧腿的裤管便于狩猎。最明显的特征是，白色的男裤上，左右两侧各绣有五条垂直红线条，传说用来纪念先祖为了保卫民族尊严带伤奋战的十指血痕。

2. 女装

相对于男装来说，瑶族的女装更加丰富多彩。

女装一般是圆领花边对襟或右衽长衣，下身则是挑花长裤或百榴花裙，扎绣花腰带、围裙和绑腿。服装一般都用青布制作，喜欢用黄、蓝、绿、白、红等色进行点缀，运用绣、挑、织、染等工艺进行装饰。瑶族的服饰工艺以挑花最为精美别致。与别处的挑花不同的是，瑶族的挑花工艺不需要事先在布料上绘制图案，而是完全凭借着瑶族妇女的心灵手巧，在家织土布的经纬交织处，一针一线地挑出各种色泽饱满、形象生动的花纹图案来。

瑶族服装的图案取材于生活，内容极为广泛，人物、动物、植物、生产工具、日月天象以及民族历史传说等都可以作为衣服上的装饰。在瑶族妇女的巧手下，这些图案色彩鲜明，线条简练古朴，庄重大方，不仅展现了瑶族妇女的艺术才华，也反映了瑶族人民耿直敦厚的思想感情和强悍的民族性格。

与男装一样，不同地域的瑶族女装在细节上也有着很大的不同。

广西田林县瑶族妇女的服装采用蓝靛染成黑色土布制成，纱粗布厚，穿着格外暖和。外衣长过膝盖，几与裤脚相平，对开襟，腰部以上的两边衣襟绣有 8 至 10 种图案。衣服上不缝扣子，用两丈多长的腰带系在腰上。内衣实际上只是一块布挡着前胸，但布的正胸为红布底，边缘镶上红、黄、蓝、白布条，十分醒目。

广西融水瑶族姑娘的衣袖镶上彩色布条，菱形围裙下吊，榴裙嵌上深红色的长布帕，打裹腿，着花鞋，衣饰上的几何图形较多。

广西桂平瑶族服饰具有朴实、丰富而又千姿百态的自然美。披肩不仅起到保护肌肤的作用，还是一种精巧的装饰，其色彩的丰富和制作的精细，并不亚于其他衣饰。

广西金秀瑶族自治县的瑶族妇女十分爱美，即便是老年人，也要在逢年过节或遇其他喜事时，找出最为精美的服饰，精心打扮自己。她们一般穿黑色、深蓝色的大领对襟花衫，下身为短裤。金秀拉伽瑶族，妇女着右衽无扣花边衣，腰扎两端绣花、穿缀银珠和彩絮的腰带，下穿过膝短裤，小腿着以制作精美、形似绑腿的脚套。

广西全州县东山瑶族妇女衣饰多为青色，常用白色棉纱布作头巾；上衣右开襟绣花边，长及小腿；配上绣花长围裙，扎织锦腰带，风姿朴实，十分大方。

广西南丹县八好、里湖两个瑶族乡的瑶族，服饰简洁而朴实。与男装一样，女子服装也是五大件：无领无袖无扣衣（冬季穿右衽有袖衣），花背牌，蜡染百褶花裙，腰带和绑腿。其中花背牌最为别致独特，上面有一个方形图案，据说是用来纪念当年被土官夺走了的瑶王印章。

广西都安瑶族自治县瑶族的女子着青色右衽花边衣，下着百褶裙或长裤，佩戴耳环，挂项圈，系响铃、丝须方形银块和数条彩色珠链，显得花枝招展。

广西金秀圣堂山周围的瑶族衣服上面挑绣各种花纹图案，称“花篮瑶”。妇女穿大领 Y 字形花衫和短裤，衣背亦绣大块彩色图案。腰带白色。巾带扎在鬓发上，外表呈梯形。

二、头饰

瑶族男女均以绣花青布头巾或红布头巾包裹头部，妇女有的则用白棉纱和毛线缠头。头饰式样千姿百态，有塔式、平顶式、钢盔式、飞据式、银簪式、絮帽式等。妇女一般喜爱佩戴方形银牌、银链、手锡（手镯）、耳环、珠串、项圈、银钗等银饰。有的男子也喜欢佩戴银饰。在节日里，姑娘们穿上醒目的挑花衣服，戴上精美的银饰，相聚一起，如同春花满园，竞相争艳。

广西贺州市瑶族的头部装饰尤为独特：呈三角形的塔形帽子共10余层。戴着这种帽，进密林，入草丛，可以起到提醒他人的作用，防止被猎人误伤。妇女头饰主要用油桐树的皮壳制作。根据各人头颅大小圈箍固定成型，垂直地涂上黄、绿相间的颜色，再涂以桐油，色泽油亮鲜艳。在圆筒似的帽顶上散披串珠，串珠越多，说明此人越勤劳、富裕，也越显得美。

广西融水苗族自治县花瑶姑娘们的发型十分别致——辫尾扎起的拱形发圈，是姑娘的标志，结婚后，这个拱形发圈就消失了。妇女们则以黑衣、黑布包头作底，头顶人字塔形彩色挂冠，彩线交织，色珠串串，可谓富丽堂皇。

广西十万大山瑶族妇女使用多层粉红丝线箍头，戴上银质梅花发罩，头上盖以方形花巾，人们称之为花头瑶。

三、瑶锦工艺

无论各地的瑶族服饰有多么细微的差异，都脱离不了其精美的特点。而这种精美正得益于瑶族所特有的一项工艺——瑶锦。这项工艺也是中华文明的宝贵财产之一。

1. 历史

壮族的壮锦工艺名扬天下，瑶族的瑶锦工艺也不遑多让。独具一格的织绣工艺不仅美化了瑶族的生活，更是为我国织绣工艺史增添了重要的一页。

瑶锦工艺具有悠久的历史，早在汉代瑶族就有“织绩木皮，染以草实”的记载，说明当时已经娴熟地掌握了麻纺织技术；到了宋代，据相关史料记载，此时的瑶锦已经拥有了浓郁的民族特色；到了明代，瑶族织造业更是发达，不但质地纯良做工考究，更是极尽刺绣之华美；清代时，瑶族喜欢用各种刺绣作为服装的装饰已是一大特色。色彩斑斓的瑶锦不仅深得瑶族的喜爱，连汉族也争相购买和仿制。

虽然随着民族的融合，瑶锦工艺在大部分地区失去了传承，但生活在广西东部山脉的金秀大瑶山五支瑶族，因为山林的阻隔和长期的封闭，使得在保持本民族织绣文化的传统和传承上具有一定的延续性。因此，金秀瑶族的织绣工艺一直传承到了今天，成为瑶族工艺的代表。

2. 特点

瑶锦以染色棉纱或丝线织造，图案以花草和几何纹为多。根据其制作方法的不同，分为织锦与绣锦两种。前者是在小木机上织成，其织造方法与其他丝棉织品相同，经过送经、开口、投梭、打纬等过程，以经线作底，纬线起花，用棉纱与丝线织成；后者则用手工在布面上利用针与五色丝线绣成。由于绣锦全用手工，可随时随地操作，且花纹不受经纬线的限制，可得心应手绣制出各种形象，因此其图案较前者更为绚丽多彩，最受人们的喜爱。

织锦和绣锦的特点和风格也大不相同。织锦的图案构图完整，形式多样，装饰性强，疏密节奏自然，纹样简洁，物像突出；色彩富丽而庄重，造型生动，工艺精致，具有美观、结实、大方、耐用等特点。

绣锦的绣法独特别致，图案美观，色彩绚丽明快，层次清晰，具有浓郁的民族特色。绣锦又分软绣和硬绣两种。软绣是根据图案的颜色要求，选择各色丝线，采用侧绣、平绣、下穿上绣等绣法绣成，其绣件柔软，故称之为软绣。硬绣则是按照绣件图案的线条，用特制纱纸压在布面上做中间层，再运用不同绣法，配以不同色彩的丝线绣成，其图案立体感强，绣件稍硬，故称之为硬绣。

3. 图案与色彩

瑶锦的图案题材内容广泛，各种纹样与实物形象巧妙结合，意境深远，充分反映出瑶族人民对理想与幸福的追求。

在色彩运用上瑶锦也极具民族特色，调色大胆，善用强烈的对比色调，以红、橙、黄、绿、蓝、白等色为主；而且善于巧妙运用黑、白色作间隔及连缀，华而不俗，和谐统一，而又有强烈对比；此外尚有玫瑰红、大红、白和墨绿等色彩的运用，还有一种用色阶排列的对比手法，如在深蓝或黑底上，运用茶褐、土红、土黄、赭石、白等颜色相间交替使用，使整个色调协调而又丰满，有新颖、独特、浑厚、稳重的效果。

遗憾的是，中华人民共和国成立后，很多瑶人都不学织绣了。现在织绣瑶族服饰的人已经越来越少。很多瑶族支系已经找不到原始的织绣品。有的虽然保存有实物，但无人会织绣，失传状况比较严重。金秀瑶族的织绣工艺算是传承得比较好的，但也有一些瑶服种类已经失传。因此，保护这项被列为广西非物质文化遗产的传统手工艺，已经刻不容缓。

第二节　建筑风情

一、建筑特色

瑶族人民大多居住在山区，因此有“无山不有瑶”之说。这也让他们的建筑带上了一种别样的特色。

既然是居住在深山密林里，那么就地取材便是修建房屋的最好办法。瑶族一般采用“人”字形棚居建筑式样；居住在坡度比较大的山岭地带的瑶族，多采用“吊楼”式建筑；居平原丘陵地区的瑶族，住房多为土木或泥木结构，与壮、汉族住宅相同；聚居山地的瑶族讲究村寨整体，房屋建筑多为层叠式，屋宇毗连，层次分明。大的村落山寨，房屋从山脚叠到山腰，甚至叠到山顶，民族风格独特。

二、建筑式样

瑶族房屋建筑一般分为三个部分，即住房、粮仓、寮房。住房一般是一栋三间，厅堂设在中间，卧室设在厅堂的两侧或后部，前部为灶膛或火塘；粮仓多用木板密封成堡垒形，一般设在屋外或村旁，甚至有的设在数十里外的山野田间，用来贮藏玉米、稻谷；寮房多数建在村寨旁边，用茅草搭盖，用以存放柴草或储存物件等。

按照具体样式划分，瑶族的房屋大致可分为四种类型：一是围篱式，二是干栏式，三是泥瓦式，四是砖瓦式。

1. 围篱式

围篱式又称“茅寮”，是瑶族先人们所居住的房屋样式。该类建筑用竹篱笆或小木条做墙，屋顶上覆盖茅草或杉皮。其中又有坐地式和楼房式两种。坐地式，是直接在地面上盖起房屋；楼房式，是四个柱子落地，楼板与地面有一定的距离。现在这种围篱式建筑比较少见，在广西西部布努瑶居住区等较为偏僻的瑶寨偶尔能看到。

2. 干栏式

干栏式即吊脚楼，一般在林区盛行。用木板做墙，屋顶上盖瓦，同壮族的吊脚楼一样，分上中下三层：上一层放杂物；中一层住人，屋檐下设干栏和长板凳，供人乘凉及活动；下一层饲养牲口、家禽之类。干栏式又分“半边楼”和“全楼”两种。

“半边楼”为一半在平地上，另一半依山势坡度用树木支架起来，上面住人，下面放东西，俗称“瑶家吊脚楼”。

“全楼”相对于“半边楼”而得名，一般建于沿河一带或半山较平坦的一层地基上，规模及附属建筑与“半边楼”相同。

3. 泥瓦式

泥瓦式房屋用泥、竹、木为主要材料，又以夯土墙居多。“一明两暗”型，即三间平列式的房屋，正中的一个大间是厅堂，东侧的那间用木板做墙一分为二，里面是卧室，外面是厨房。楼面用木板铺设，可住人也可以放东西。为了防潮，一般人家的杂物都堆放在楼上。特点是结构较为简单。多见于金秀、昭平。

4. 砖瓦式

砖瓦式的结构是用砖筑墙，屋顶盖瓦，并有有飞檐和无飞檐之别。注重门楼、天井、飞檐、雕刻的造型、构筑，注重外观的精美。

三、建筑代表

来到广西，如果想对瑶族的特色代表建筑群有所了解的话，以下几个地点是非去不可的。

金秀六巷乡瑶族生态博物馆。其外墙用黄泥、稻草合成的混合土粉刷，体现了坳瑶黄泥鼓的黄泥元素及古老的坳瑶民居特色。

金秀六段瑶寨民居。修建于清朝道光至光绪年间，一条巷道穿寨而过，全长 300 多米，60 多户瑶家分居于巷道两侧，民居建筑以青砖碧瓦吊脚楼为主，雕龙刻凤，制作工艺精美，古色古香，代表着原住民茶山瑶的家居典范。

广西恭城县莲花镇朗山古民居。朗山古民居共有 6 座，建于清光绪八年（1882 年），距今已有 100 多年的历史。6 座古民居依山而建，自东向西依次排列，形成一个长约 200 米、进深 100 米、高低落差 6 米的扇状建筑群。

第三节 民间习俗

一、语言特点

1. 语言和文字

瑶语属汉藏语系，苗瑶语族。使用瑶语的范围比较广泛，人口约为 140 万。在国内，主要分布在广西、湖南、云南、贵州、广东、江西 6 省（自治区）的部分山区，约有 70 万人；在国外，分布于越南、老挝、缅甸同中国毗邻的部分山区，约为 50 万人，以及泰国、美国、法国的一些瑶族同胞聚居的地方，约为 20 万人。

在苗瑶语族中，瑶语的几种语言通称勉语，另外瑶族所用的语言亦包括属于苗瑶语族苗语支系的布努语和巴哼语，以及属于壮侗语族侗水语支系的拉珈语。由于各地瑶语相差不少，往往需要改用汉语以便沟通。

瑶语一般分为三种方言：勉金方言、标交方言和藻敏方言。

勉金方言是勉语最重要的方言，又分为三种土语：优勉土语，又称高地瑶话、盘瑶；标曼土语；金门土语，又称平地瑶话、蓝靛瑶。

标交方言又分为标敏和交公勉两种土语。

藻敏方言又称八排瑶语、藻敏语。

在所有说瑶语的人中，约有 90 万人使用优勉土语，40 万人使用金门土语。

1984 年统一的瑶文是优勉土语的拼音文字。布努语和巴哼语本来被归为瑶语支系，但较新的分类把这两种语言归类到苗语支系。

2. 特点

一般来说，瑶语的声母、韵母和声调都有逐渐简化的趋势。塞音和塞擦音清浊对立，浊的塞音和塞擦音同苗语支系的苗语、布努语带鼻冠音的塞音和塞擦音相对应。送气音基本上出现在汉语借词中。元音一般长短对立。辅音韵尾6个，声调通常有8个，同古声母的清浊有密切关系。变调与构词之间有一定的联系。虚词和词序为表达语法意义的主要手段。

名词、指示代词、状词和数量词组作定语时在中心语前，形容词作定语时，一般在中心语后。数词有两套，“十”以内的用固有词，“十”以上的用汉语借词。主语在谓语前，宾语、补语都在动词谓语后。词根基本上是单音节的，带附加成分的词不多，有的附加成分已逐渐脱落。

二、宗教信仰

瑶族的先人们认为“万物有灵”，因此，他们的宗教信仰也便寄托于此，由此产生了最原始的信仰。大约在宋元时期，道教、佛教相继传入瑶族人居住的地方，并与瑶族社会原有的原始宗教相融合。尤其是道教对瑶族影响最为深刻。现在瑶族在丧葬中的一套祭祀仪式，基本上都是按道教仪式进行的。鸦片战争以后，西方传教士曾在瑶族地区建有教堂，也有部分人信仰天主教。

由于瑶族的居住区域较为分散，因此瑶族人的宗教信仰相对来说有些复杂，总体来说，主要有始祖崇拜以及道教、原始宗教的自然崇拜、祖神崇拜等。

1. 始祖崇拜

对“密洛陀”的崇拜，是对创造世界万物的女英雄“密洛陀”的崇拜。每年农历五月二十九都要举行祭祀活动。

对盘瓠的崇拜。相传瑶人出走千家峒（即洞庭湖云梦泽），在海上遇到风浪，众人惊慌失措，集体跪倒在船头，叩请盘王保佑。随后盘王显圣，风平浪静，才平安抵岸。从那以后，盘瑶人每隔几年便“跳盘王”，称为“还盘王愿”，祭祀盘瓠。仪式每次要举行三天三夜。

2. 道教

瑶族以信仰道教为主，同时又保留了本民族固有的原始宗教。道教与瑶族原始宗教完全融合在一起，形成瑶族特有的宗教信仰。

3. 自然神崇拜

瑶族的自然神崇拜源于瑶族先民对自然现象的认识，认为山水万物都由神灵主宰，从而产生对山、水、天、地等的崇拜，并认为这些自然诸神对人们的生、老、病、死以及人间祸福、兴败产生直接的影响，故对自然诸神顶礼膜拜。

4. 祖先崇拜

在每一个民族的原始阶段，出于对死亡的恐惧，人们都会产生灵魂不灭的认识。瑶族也是一样，认为人死后还有灵魂，逝去的人在另一个世界仍然同在阳间一样生活着，并且还能为在世的亲戚和后代带来吉凶祸福。因此，瑶族人就在堂屋里设有神龛，对祖先进行祭祀，以求保佑。但各支系又有不同的崇拜仪式。

还洪门愿。又叫作洪门、打香火醮，是广西金秀茶山瑶最大的集体崇拜仪式。其目的在于祈求人口平安、谷米丰收、六畜兴旺。有些地区12年举行一次，有的地区20年、50年甚至100年举行一次，由血缘较近的同族联合举行。还洪门愿时，由10多名师公念经作法，设坛祭奠三昼夜。祭祀的神祇有大圣李王、雷王、梁王、吴王、管录、苏公灵、甘王、莫王、监厨、婆王、北庙（虎相）等500多名。仪式浩大，花费惊人，需要参祭每户备100斤以上的猪肉。

做功德。做功德也是茶山瑶一村或几村居民联合举行的一种超度亡魂的祭神仪式。祭坛设在功德桥附近，法事由众道公主持，一些师公协助，祭祀神祇有三清、救苦救难菩萨、九幽、朱林象、张天师、邓辛越马四大元师、玉帝等，祭奠三昼夜，其间还要架设功德桥一座，所需花费与还洪门愿差不多。

游神。游神是茶山瑶、花蓝瑶、坳瑶、山子瑶集体崇拜仪式之一，由师公、道公主持，跳神作法事祭祷，并抬神像巡游田垌，旨在保苗除害。

甘王。甘王也是茶山瑶、花蓝瑶、坳瑶、山子瑶共同信奉的神祇之一。传说甘王不孝杀母，遭人神共愤；但他替南朝皇帝击退敌人，被封为王，故为瑶民崇敬。各支系瑶族祭祀甘王仪式虽有不同，时间也不一致，但都敬其协助皇帝退敌有功。

三、趣味婚俗

1. 爬楼

聚居在广西大瑶山的瑶族同胞，由于居住环境较为封闭，与外界的沟通交流不畅，因此在婚嫁上还基本保持着传统习俗。茶山瑶的小伙子为了寻求爱情，至今流行着独特的“爬楼”风俗。

走进茶山瑶人家吊脚楼的大门，便会发现在屋顶上面有一处用木板铺成的楼层，形成房中楼的格局。每家吊脚楼的大门一侧上方都有一个小吊楼，并且支出一个木栏杆，这便是茶山瑶男子们爬楼的场所，因为这个吊楼通向姑娘们的闺房。

每到了月色朦胧的时候，姑娘便和闺蜜们一起绣花织锦。对姑娘有意的小伙子在巷道里以歌代话，表达自己的爱意。如果来者是姑娘的意中人，吊楼的门就会在歌声中悄悄打开，这时小伙子就会灵活地攀木而上，来到姑娘的闺房中互诉衷肠。这种恋爱方式就是颇具风情的“爬楼”。

2. 嫁女

在金秀盘瑶人的习俗中，婚期一般安排在秋收之后，春节之前。

举行正式婚礼之前，男女双方家庭必须经过择偶、提亲、订婚等一系列过程。婚宴“正酒”三餐，“偏酒”（早餐、消夜）六餐。第四天早上亲客告辞，男家各送一份“奶头礼”，即送岳父母猪腿八至九公斤，其他猪肉四到五公斤。第四或第五天，夫妻回门住一宿，同回后才可以圆房。

新娘过门当天，在迎亲队伍到来之前，必须由女方派出两名代表先到男方家再次商谈有关事宜，称为“讲亲”。代表讲亲的主要内容是重申在定亲时所议定的条件，让大家知道以作公证；同时双方的亲人和亲戚也对新郎和新娘的为人性格和品德进行介绍，让亲家们对女婿和媳妇有进一步的了解，目的是密切亲家之间的关系，明确共同教育子女的责任，以便婚后的子女和睦相处，互敬互爱，并认真履行孝敬双方父母的义务。

讲亲中，亲家们坦诚相待，在融洽的气氛中让意见得到统一。此外，席间还有作为“证人”的第三方，在证人的监督下，双方所达成的协定日后都能共同遵守。

代表到男方家中谈事的时候，每人手中各拿一把红伞，作为表明此行态度的主要标志。如果女方对婚礼前双方所议定之事没有意见，即将红伞头朝上靠在男方堂屋门边；若是女方觉得还有些事情需要与男方再商量，代表就把红伞头朝下靠在门边。男方看到代表放伞之后自会明白女方的意思，然后摆上一桌酒菜，双方边喝边谈事。待事情谈定后，男方才能派出迎亲队伍去迎娶新娘。

为迎接新娘和女方家客人的到来，男方家庭必须预先在屋外选好一块较开阔的平地用作举行迎亲仪式的场地。

当天早上，新娘身着盛装，头蒙红布，赤脚。请一位有福分的中年妇女扶拜祖先、父母、舅父母后，由兄弟或叔伯中的一个背至男方指定的场地等候迎亲。等代表谈事结束后，男方便送来特意为新娘定制的瑶族新装，并由男方请来的中年妇女为新娘换新装、覆花巾。吉时到时，迎亲队即过来迎亲。

迎亲队由男方选派英俊聪明的男子为烟师，漂亮贤惠的女子为茶娘，随同一队吹鼓手组成。迎亲队到来时，先由吹鼓手绕着新娘及送亲队吹奏数圈，并拜过女方长辈后，才能将新娘迎回男方家。

迎亲队和送亲队在场地上会合后，男方客人中的青年们便将女家客人们所带物品全部接下，以示欢迎和敬意。新娘过门，有数十乃至一两百人的庞大女方客人队伍送行，女方客人们既有与新娘沾亲带故的亲人、亲戚，也有新娘的朋友及邻里熟人。

新娘由几名盛装的伴娘撑红伞相遮步行在女方客人队伍中间，伴娘必须由比新娘年纪小而且长得漂亮的未婚姑娘充当。迎亲队由唢呐锣鼓奏乐行走在前，鞭炮声声不断。

四、礼仪禁忌

瑶族是十分注重礼仪的民族，在日常生活中，有许多礼仪禁忌。路途相遇，不论相识与否，都要热情打招呼，否则被视为不懂礼貌；平日里洗脸盆不能拿来洗脚；用餐时忌讳互用碗筷；忌讳衣裤当户晒；忌讳在屋内乱吐痰。猪日不杀猪，鸡日不杀鸡，牛马日不买卖牛马。有客人到家，客人先要与主妇打招呼，主人才高兴，否则被认为傲慢无礼。

瑶族十分尊敬长辈与老人，路遇老人要主动打招呼，并让到路的下方。骑马者，见到老人时必须立即下马。在老人或长辈面前，不跷二郎腿，不说污秽的话，不随地吐痰，不直呼老人和长辈的名字。与老人和长辈同桌共餐，要让他们坐上席，主动给他们添饭加菜，可口的菜肴要移到老人和长辈面前摆放。

火塘是瑶族家庭的核心，火塘上的三脚架以及灶膛，不能用脚踩，火塘内的柴火忌讳倒着烧。

有些地方的瑶族忌吃狗肉，所以到了瑶族地区，不要打主人家的狗，不要吃狗肉。还有些地方的瑶族忌吃乌龟、蛇和鳝鱼。

五、饮食习惯

瑶族人常吃的蔬菜有各种瓜类、豆类、青菜、萝卜、辣椒，还有竹笋、香菇、木耳、蕨菜、香椿、黄花等。蔬菜常制成干菜或腌菜。

瑶族喜爱吃腌制食品。用鸟肉腌制而成的鸟酢是瑶族独具风味的著名食品。其做法是：将捕获的鸟去毛洗净、晾干，拌以米粉及食盐，放入一个小口瓦坛内，用芭蕉叶封住坛口，数日后即可取食。瑶族人常用鸟酢来招待贵客。有时，还用这种方法腌制猪、牛、羊肉等。

瑶族人也喜欢吃虫蛹，常吃的有松树蛹、葛藤蛹、野蜂蛹、蜜蜂蛹等；还喜欢利用山区特色自己加工制作蔗糖、红薯糖、蜂糖等。

瑶族人大都喜欢喝酒，一般家中用大米、玉米、红薯等自酿，每天常喝两三次。

瑶族还喜用桂皮、山姜等煎茶，认为这种茶有提神、清除疲劳的作用。很多地区的瑶族喜欢打油茶，不仅自己天天食用，而且用油茶招待宾客。

在宴请宾客时，有号称“瑶家三礼”的“敬茶洗澡接风酒”；全寨公宴贵宾的“碗酒串肉”；山珍野味杂陈的“献鲜”；以名珍“水龙肠”接风的“龙肠席”等。此外，还有调解民事纠纷的“上门挂红酒”，宣布断交撵人的“炒豆煮蛋”。

其中，不少食俗颇有趣味，例如求婚带一包肉和两葫芦米酒，女方同意便收肉，不同意则刺破葫芦；择婿常有“埋蛋”之举，视其变化决定取舍；姑娘出嫁向乡邻分赠焦黄豆；离婚仪式为“破竹筒”，离婚双方各提一筒酒，交换饮毕砍破竹筒后，就此和气分手。

第四节　传统节日

与汉族的传统节日起源不同的是，作为农耕民族，汉族的节日大多出自节气的变换，而瑶族的传统节日基本上来自民间传说，起到的是一个纪念的作用。

1. 讨念拜节

“讨念拜”是瑶语“月半所过的节”的意思，在每年农历三月十五至十七举行。为纪念一名在对抗清朝军队中牺牲的姑娘而设立。

这三天，瑶家山寨热闹非凡。原本清纯如玉、苗条多姿的姑娘们在这几天里打扮得娇气艳丽，一个个身穿绣花衬衫，腰系图案繁多的挑花筒裙，戴着银项链和镀金耳环，微笑着遮在花绸伞下；小伙子们头裹方格巾帻，穿着具有民族特色的挂裤。连老大爷、老大妈也换上节日的盛装，从四面八方，熙熙攘攘会聚在水洞坪墟场，欢度传统佳节。

2. 讨寮皈节

“讨寮皈”是瑶语“逃脱凶恶的菩萨”之意。此节分两次，第一次是农历七月初二在茅勒举行，这一带的瑶民要过了这个节日，才能吃黄瓜和白瓜。

传说在南宋末年，瑶民的祖先在江西吉安田卢地带遭到当地督统的镇压。七月初二，有些孕妇逃到鹅颈大丘的黄瓜和白瓜丛中，躲过了追杀，幸免于难。因而起誓：从此以后，后代子孙要过了七月初二，才能吃黄瓜和白瓜，违者子孙不昌。

第二次是农历七月初八至初十。传说清雍正元年（1723 年），当地一豪绅追赶麻洞瑶族四姓六姐妹而引起反抗，豪绅却谎报瑶民谋反，请求清兵镇压。瑶民先后在今大沙江和小沙江奋战后退至麻塘山居险而守，清兵久攻不下，只好议和。当时瑶民把战地称作大杀光和小杀光，以后为求民族团结，才改名大沙江、小沙江。

如今节日里，瑶民都穿起盛装，到集会地点尽情欢乐，周围汉人也参与同乐。人们赶集聚会，青年男女赛歌对舞、谈情说爱，充满喜庆气氛。

3. 度戒

度戒是瑶族的成人仪式，是瑶族特有的一种习俗，是瑶族人尤其是瑶族男性成长过程中不可少的神圣一课，比娶新嫁女还要隆重。瑶族不认为 18 岁是成人的年龄，在他们看来，年龄无论大小，只要度戒过关，就是男子汉，就会得到神灵的保护，得到社会的承认，可以担任全寨的公职，获得男性人生的社会价值。未经戒道不算成年，不能结婚。如果一生不举行或没通过戒道仪式，就会被认为生前不能获得神灵保护，死后不能列入祖宗神龛接受供奉。

戒道有度师、度道两个派别。在不同地区的不同族系中两派仪式不尽相同。

广西上思县金门支瑶族举行戒道仪式的只限于男子，年龄在15岁左右，由父亲带领拜认师父。如属度师，拜师一人；如同时兼及度师和度道的，则拜三名师父（师公、道公和二元公）。然后由师父择吉举行戒道仪式。

度师与度道都要设坛念经，拜请神鬼。度道所请神祇为三清等，仪式中包括设坛请圣、步虚、宣戒、授受牒文等，需两夜一天。

度师由师公请三元、老君、玉皇等神祇，除在室内设坛外，还要到室外接受上刀梯、跳云台（参加度戒者从2米高的云台上跳下来）、过火砖、下油锅、含犁头等考验。在平地上搭一高约两丈的高台，受戒者由师父引登上台，师父及其助手在台下念经作法，受戒者抱膝团身，从台上翻滚而下，跌在台下的藤网里。网内垫被一条，师父先将被子包裹受戒者，然后打开，象征从天而降。无论度师或度道，仪式结束后，均由师父授予印鉴、牒文，并赐法名。印鉴和牒文由受戒者保存，死后烧化。

度戒中的一些具有迷信色彩的仪式，已经被瑶族废除，但其中对培养瑶族新一代品德有意义的活动仍被保留了下来。

4. 达努节

“达努”是瑶语“不要忘记”的意思。时间为农历的五月二十九。相传这一天，是瑶族始祖祖娘的生日，所以又叫“祖娘节”。

过节这天，瑶族家家户户都要打扫得干干净净，并祭献给祖娘甜米酒和糯米粑粑。按照传统习俗，家家都要杀鸡宰羊，穿着节日盛装的青年男女约聚在预定的地点，敲击着象征祖娘遗留下的铜鼓，虔诚地为祖娘祝寿，并祝瑶家人畜两旺，年年丰收。在表演击鼓的时候，人们还争相给最佳鼓手敬酒祝贺，赐予“鼓王”的美名。此外还要唱传世的“密洛陀”古歌，跳起欢快的舞蹈，歌颂祖娘的功德。

5. 牛节

瑶族的牛节同农业生产有关。在瑶族地区，牛是重要的畜力，犁地耙田都使用牛力，过去一些地区的瑶族还用牛力拉车运输东西。牛在生产劳动中所起的这种重要作用，使人产生爱牛、惜牛的心情，从而形成敬牛习俗，产生牛节。

据瑶族民间传说，每年农历四月初八是牛的生日，所以，人们将这天作为牛节。

牛节这天，禁用牛一天，不能对牛高声吆喝，更不能用鞭、棍打牛。广西田林潞城一带瑶族，在这一天各家各户要杀鸡、杀鸭、捡田螺、捉泥鳅来祭祀牛栏。将牛鼻圈脱下，连同3块石头、3个桃子、1个小稻草人（象征牧童）装进竹篓挂在牛栏上，俗称“保牛魂”。

广西富川一带，人们用酒和鸡蛋拌饲料喂牛，将牛赶到水草最好的地方去放牧，众人则坐在草地上享用从家里带来的食品。傍晚，将牛洗刷得干干净净，再赶牛回家。牛回栏后，人们点香放鞭炮，祭祀牛神，祝福牛无灾无难。广西桂平一带的瑶族，家家户户用新鲜芒叶包五色糯米饭，拿到牛栏前供祭，烧香拜祭牛神，祈求耕牛无灾无难，六畜兴旺，五谷丰登。然后将糯米饭喂牛。

6. 盘王节

盘王节是瑶族最为盛大的节日。时间为农历十月十六。不过这个节日不是每年都有，要根据各地瑶族传统习俗和谷物收成、人畜康泰的情况而定，一般每三五年才过一次，最长的12年才过一次。

每逢盘王节，村寨房舍要打扫干净，杀鸡宰鸭，男女老少穿上节日盛装，会集一起，首先祭祀盘王，唱盘王歌，跳起黄泥鼓舞和长鼓舞，追念先祖功德，歌颂先祖英勇奋斗精神；其次，欢庆丰收，酬谢盘王，尽情欢乐。与此同时，男女青年则开展对歌活动，抓住良机选择意中人。有的地方还要打花棍、放花炮及请戏班子唱戏等。

盘王节可以一家一户举行，也可以联户或者同宗同族人集聚举行。但不管以哪种形式，都要杀牲祭祀，设宴款待亲友。节日一般为三天两夜，最长的要达七天七夜。

盘王节仪式由4名师公主持，分别担任还愿师、祭兵师、赏兵师、五谷师，每人1名助手，共8人。此外还有4名歌娘歌师、6名童男童女、1名长鼓艺人和唢呐乐队参与盘王节。

仪式主要分两大部分进行。第一部分是“请圣、排位、上光、招禾、还愿、谢圣”，整个仪式中唢呐乐队全程伴奏，师公跳盘王舞、铜铃舞、出兵收兵舞、约标舞、祭兵舞、捉龟舞等；第二部分是请瑶族的祖先神和全族人前来“流乐”，意为玩乐，这是盘王节的主要部分，恭请瑶族各路祖先神参加盘王节的各种文艺娱乐活动，吟唱表现瑶族神话、历史、政治、经济、文化艺术、社会生活等内容的历史长诗《盘王大歌》。流乐仪式一般要举行一天一夜。

第五节　民间故事

在漫长的历史发展过程中，瑶族人民创造和积累了丰富多彩的民族文化。在民间广泛流传的瑶族神话、传说、故事、寓言、童话等，是瑶族文化的重要组成部分，是中华民族文化艺术百花园中一朵瑰丽的鲜花。

一、特点

瑶族将神话、传说、故事、寓言、童话等统称为“古”，每个瑶寨都有三五个会讲“古”的能人，有的老者一个人就会讲几十个“古”。瑶族人民十分喜欢讲“古”和听“古”，每当逢年过节或冬天农闲时的晚上，喜欢听“古”的人就会带些米酒、烟叶和木柴，聚集到会讲“古”的人家里，围坐在火塘边聆听。这时，讲“古”者边喝酒边讲述，绘声绘色；讲者不绝，听者入迷，直到清晨才散去。瑶族的“古”非常多，在瑶区广泛流传。

1. 神话

排瑶主要有《洪水淹天》《水仙姑》《射日》等；过山瑶有《盘瓠》《伏羲兄妹》等。这类神话，着重解释天地的形成、人类和民族的起源。其中以《洪水淹天》流传最广。这些神话通过神奇奔放的幻想，优美生动的艺术形象，表现了瑶族人民与大自然做斗争的不屈不挠的精神和追求美好生活的愿望，再现了瑶族远古时代的生活。

2. 人物传说故事

这类传说故事，有说民族英雄的，有说一般人物的。排瑶有《豆腐八王》（又名《唐十八》）、《甘基王》《房莎一仙姑》《唐二贵打虎》等；过山瑶有《赵金龙》等。在这些传说故事中，都把英雄人物塑造成天赐宝剑、力大无比的神灵，反映了瑶族人民为了瑶族生存和安宁，不畏强暴、勇于反抗的斗争精神。

3. 魔怪故事

在排瑶中流传较广的主要有:《老君公斩鲤鱼精》《唐十二公斗魔鬼》《果狸猫》《宝锤》《青蛙蛋》等；过山瑶有《千年坐》《懒古经》等。这类故事具有魔法的特征，还有宗教信仰的成分。这些故事鞭挞了那些阴险狡猾、好逸恶劳者的丑恶灵魂，热情地赞扬了那些忠厚老实、勤劳勇敢的人的美德。

4. 爱情故事

排瑶有《长鼓的故事》《斑鸠和鹧鸪的故事》《百鸟衣》《打柴郎和仙女》《穿山甲的故事》等；过山瑶有《算命封八字的故事》《歌二娘智取银子的故事》《一个小偷与一个寡妇的故事》等。这些故事，反映了瑶族青年追求婚姻自由，对爱情忠贞不渝的精神。

二、代表作品

1.《密洛陀古歌》

“密洛陀”是瑶语合成词，意思是“古老的母亲”，由广西西部山区的布努瑶以民间口头文学的方式创作。

《密洛陀古歌》是布努瑶的创世史诗，主要叙述始祖母亲密洛陀造天、造地、造万物、造人类的漫长而曲折的经过，其间有许多引人入胜的民间传说故事。

《密洛陀古歌》以自由诗体为表现方式，集布努瑶的历史、风俗、信仰、道德、伦理、民约于一体，融布努瑶神话、歌谣、俚谚、寓言及传说故事于一体，篇幅浩瀚、气势恢宏、内容包罗万象，是一部关于布努瑶发展壮大的生动形象的百科全书。加上歌词歌曲优美、艺术性强，成为布努瑶人民引以为傲的伟大的民间文学史诗。

2. 两兄弟

很久以前，有兄弟两人，哥哥善良老实，弟弟却贪婪狡猾。父母过世后，弟弟整天吵着要分家。哥哥只好答应。但在分家时，贪婪的弟弟欺负哥哥，分到了新瓦房，而哥哥只能住在破柴房里；家里本有两头耕牛，也让弟弟用卑劣的手段全部拿走，只留给哥哥一条黄狗。

到了春天，哥哥去找弟弟借牛耕田，但弟弟就是不答应。哥哥无奈之下，只能把黄狗喂得饱饱的，让它帮忙耕田。结果黄狗拉起耙来，丝毫不次于耕牛。

有一天，哥哥结束劳作，扛着耙、牵着狗往家走时，迎面遇到一个挑着货担的商人。商人不相信狗能耕田，与哥哥打赌：如果商人输了，就把货担给哥哥；如果哥哥输了，就当场打死狗。哥哥同意了。

结果商人自然输得心服口服，把一担绫罗绸缎都送给了哥哥。

弟弟看到后眼红心热，当得知是黄狗因耕田而得到的这些贵重物品时，便要求哥哥把黄狗借给他一天。哥哥答应了。

第二天早晨，弟弟便拖着狗去耕田。刚到田边，有个商人肩挑货担走来，也不相信狗会耕田，用同样的赌注跟弟弟打赌。

然而弟弟早上根本没有给狗一口吃的，黄狗又累又饿，根本无力拉耙，只是趴在地上直喘气。商人哈哈大笑，气得弟弟一棍子把狗打死。

哥哥得知后也无可奈何，只得将狗埋葬。到了清明节，哥哥带着酒菜，在给父母扫墓的时候，也去祭奠了一下黄狗。他惊讶地发现，黄狗的墓上长着一株黄澄澄的金竹，上前摇了一下，竹叶沙沙落地，变成金子，他高兴地捡起金子回家。

弟弟得知后，第二天便带着酒菜，悄悄来到黄狗坟前，猛摇那株金竹。结果掉在地上的全是各种毒虫，把弟弟咬得死去活来。弟弟一气之下，便把金竹砍倒了。

哥哥去把被砍倒的竹子拿回家做了个鸡笼，山上的野鸡、斑鸠、白鹇鸡都飞来笼里下蛋；而鸡笼到了弟弟手里时，那些鸟留在笼子里的都是鸟粪。弟弟又大怒着把鸡笼烧掉。

哥哥又把鸡屎和笼灰作肥料种了南瓜。一天晚上，哥哥在瓜地里看守时睡着了。一群偷瓜的猴子以为他是个大南瓜，齐心协力把他抬到岩洞里。哥哥醒来一看，岩洞里藏有许多猴子偷来的金银，便把金银背回家来。

当弟弟三更半夜跑到瓜地躺着时，也被猴子抬走。但猴子因为自己偷来的东西都被哥哥拿走了，对这个又躺在地里的人很生气，齐心协力把弟弟扔下了悬崖。

第五章

战神蚩尤的后裔

——广西苗族的民间风情

苗族的历史可以上溯到三皇五帝时期，其祖先为蚩尤。当时中原并存三大部落，分别是黄帝部落、炎帝部落和蚩尤部落。三大部落之间展开连年的战争，最终在涿鹿大战中，蚩尤部落被黄帝部落和炎帝部落联手打败。从此，蚩尤部落退出中原，迁移至江汉平原，后又因战争等原因，逐渐向南、向西大迁徙，进入西南山区和云贵高原，经过多次的民族融合，形成了苗族。自明、清以后，有一部分苗族移居东南亚各国，近代又从那些地方远徙欧美。

在国内，苗族主要分布于我国的黔、湘、鄂、川、滇、桂、琼等省区，据 2007 年中国人口普查数据显示，广西有苗族人口 48 万人，约占全区总人口的 0.96%，占全国苗族人口的 6.7% 左右。主要聚居在融水苗族自治县、隆林、三江、资源、西林、龙胜、南丹等县（自治县）。

第一节　民族服饰

苗族服饰在苗语中音译为“呕欠”，主要由童装、便装、盛装三类服装组成。“盛装”的苗语音译为“呕欠嘎给希”，即“升底衣服”；“呕欠涛”即“银衣”，下穿百褶裙，前后有围腰。苗族服饰是我国所有民族服饰中最为华丽的服饰，既是中华文化中的一块瑰宝，也是历史文化的一颗璀璨明珠。

一、服装

1. 特点

苗族的服装简称为苗服。从制作工艺上来看，苗服保持着中国民间的织、绣、挑、染的传统工艺技法，在运用一种主要的工艺手法的同时，穿插使用其他的工艺手法，挑中带绣、染中带绣，织绣等多种工艺综合运用，使得苗服花团锦簇、流光溢彩，显示出鲜明的民族艺术特色。

（1）从图案内容上看，苗服上的图案大多取材于日常生活中各种物品和生物，不同的苗族支系服装上有着不同的图案主题，起到了分辨支系的作用，被专家学者称为“穿在身上的史诗”。

（2）从造型上看，苗服采用中国传统的线描式或近乎线描式的、以单线为纹样轮廓的造型手法。

（3）从制作技艺看，苗服主要有五种形制，即编制型、织制型、缝制型、拼合型和剪裁型。

（4）从用色上看，苗族人民善于选用多种强烈的对比色彩，努力追求颜色的浓郁和厚重的艳丽感，色彩一般为红、黑、白、黄、蓝五种。

（5）从构图上看，苗服并不强调突出主题，只注重适应服装的整体感的要求。

2. 男装

苗族男士的便装上装为对襟式，一件衣服由左、右前片，左、右后片，左、右袖六大部分组成。衣襟钉五至十一颗布扣，左襟为扣眼，右襟为扣纽。上衣前摆平直，后摆呈弧形；左、右腋下摆开叉。对襟男上装质地一般为家织布、卡其布、织贡尼和士林布。颜色多为青、藏青、蓝色与之匹配；下装一般为家织布大裤脚长裤。

苗族男装的盛装为左衽长衫外套马褂，外观与便装相同，质地一般为绸缎、真丝等，颜色多为青、蓝、紫色。

3. 女装

相对于男装较为单调的色彩和装饰来说，苗族女装要鲜艳与丰富得多。

苗族女装质地一般为家织布、灯芯绒、平绒、织贡尼、士林布等，颜色一般为青、蓝等色。苗族中青年妇女，一般穿浅色右衽上衣，沿托肩、袖口及右大襟边缘精绣花鸟、花草图案花边，或购买现成花边，围围腰，系银质围腰链，下装着西装长裤，挽高髻于顶，着耳柱，中年妇女多包白毛巾头巾，青年妇女多戴银梳或插银塑料花等饰物。

老年妇女上装多穿右衽上衣或无领交叉式上衣，下穿长及脚踝青素百褶裙，系围腰，围与裙长。老年妇女上装饰物一般为家织布或织贡尼。颜色喜欢青、蓝色。

二、发式和头饰

1. 发式

苗族儿童一般多在头顶左、右两端梳两根小辫或扎成两把，如古代汉人的“总角”。

男青年通常留分头，有部分男子用直径达40厘米的头帕把头包裹起来。不过近几年来，很多老年男子更愿意带上方便的皮帽而不是包上头帕。

妇女头饰一般绾高髻于顶，别上银针、银簪及插上银梳、塑料梳、木梳等梳子。

2. 头饰

苗族对头帕的喜爱有其坚实的社会现实基础和心理基础。对于头部，苗族人极为重视，认为是神圣不可侵犯的。因此，用头帕把头包裹住，不仅是保暖和安全的需要，更是一种信念。在苗族人的眼里，头帕既是一种服饰方式，也是一门传统艺术。其谚语有“姑娘样子好，花花头帕少不了”“选郎没有巧，头帕要包好”之说。

三、银饰

苗族妇女比较重视银质耳饰，绝大多数都佩戴耳环、耳坠、耳柱等饰物。耳环分为实心耳环和空心耳环两种。耳坠多附在耳环上，一般为瓜子形饰物。耳柱是苗族妇女中最常见的耳饰，形状类似于缝纫机的梭心卷线器，一头大，一头小，用线将耳柱与耳朵拴在一起。

除了银耳饰，苗族妇女的银镯和银项链也别有特色。

银镯在苗语里称为“尼秋把”，是姑娘戴于腕间的银饰品。制品出自民间银匠之手，通常将银子抽条做成。较讲究者饰以花纹图案。

银项链在苗语称为“谢垛尼”，被姑娘戴于颈脖中。制品出自民间银匠之手，将银子抽成长条做成，或抽成银丝，由多根银丝穿织图案。

第二节　建筑风情

一、吊脚楼

吊脚楼是苗族传统建筑，是中国南方特有的古老建筑形式，楼上住人，楼下架空，被现代建筑学家认为是最佳的生态建筑形式。吊脚楼是苗乡的建筑一绝，依山傍水，鳞次栉比，层叠而上。

苗族吊脚楼是干栏式建筑在山地条件下富有特色的创造，属于歇山式穿斗挑梁木架干栏式楼房。

其楼建在斜坡上，斜坡的土地被削成一个“厂”字形的土台。土台上用长木柱支撑，按土台高度取木柱的一段装上穿枋和横梁，与土台平行。楼低的七八米，高者十三四米，占地十二三平方米。屋顶除少数用杉木皮盖之外，大多盖青瓦，平顺严密，大方整齐。

苗族吊脚楼一般以四排三间为一幢。有的除了正房外，还搭有一两个“偏厦”。每幢木楼分三层，上层因防潮用来存放粮食，中层住人，下层楼脚用木栏围成圈，用来堆放杂物或饲养牲畜。

住人的一层，在楼旁有木梯与楼的上下层相接，楼梯处设有约 1 米宽的走廊通道。堂屋是迎客间，两侧各间则隔为二三小间作为卧室或厨房。房间宽敞明亮，门窗左右对称。有的苗家还在侧间设有火坑，冬天就在这烧火取暖。中堂前有大门，门是两扇，两边各有一窗。中堂的前檐下，都装有靠背栏杆，被称为“美人靠”。

二、鼓楼

说起苗族鼓楼，不得不提的是苗族的一种主要乐器——芦笙。

苗族芦笙的历史源远流长，是苗族历史文化发展的见证。由于苗族历史上的不断迁徙而形成了芦笙的文化体系，并在苗文化中占了主导地位。

苗族鼓楼便是用来存放芦笙的建筑。此类建筑既具有宝塔式的建筑艺术，又有苗族吊脚楼的建筑艺术，是个名副其实的楼阁形式，只有节日喜庆时节，方能使用。因可存放芦笙，亦称为“芦笙楼”。

鼓楼一般都建于寨子的中央，多柱多边、立体尖顶宝塔形，为三节楼阁结构，最高一节，内铺楼板存放铜鼓，沿着长梯由内腔壁爬上。

修建鼓楼的时候，先要用钢凿斜凿垫柱巨石到一定的深度，对称栽实于场地的四周，再将巨大的木柱架在凿好的基石上，斜度向里，内部用细一点的木柱支撑着那些斜指向上的巨柱，造成圆锥形宝塔楼架。楼身用厚木板嵌装成多边菱形椭壁。壁外雕琢花草鸟兽、飞蝶鱼虫、农夫耕耘、吹笙跳舞等各种线条粗犷、颇有生活气息的图案。每节楼身腰部，都用飞檐及雕画装饰围挡起来。楼身顶部用尖实木帽覆盖。楼腹空腔圆形，用来存放集体的芦笙。

在苗族的建筑系列中，除了以上述及的私用民居外，还有许多供公用的设施如吹笙踩鼓的芦笙场、铜鼓堂；青年社交的跳花坡、游方坪；方便行人过往的各类桥梁等。

第三节　民间习俗

一、语言特点

苗语属于汉藏语系苗瑶语族，分三大方言：东部（湘西）、中部（黔东）、西部（川黔滇），广西苗族使用的是西部方言，方言内部还分各种土语。各方言及次方言之间差异较大，基本上不能用各自的苗语通话。

苗语声母多，韵母少。有带鼻冠音的塞音、塞擦音声母，如 mp、mph、nt、nth 等。只有一个鼻音韵尾，没有塞音韵尾。有和汉语相同的声调系统。古苗语分平、上、去、入四声。四声因古声母的清、浊各分化为阴、阳两调，分化以后又有合并现象。

语法方面，苗语的主语在谓语前，宾语在做谓语的动词后。名词作领属性修饰语时在中心词前，作限制性修饰语时在中心词后；代名词、数量词作修饰语时在中心词前；指示词、形容词、动词作修饰语时在中心词后；状词非常丰富，其作用是修饰形容词和动词，表示速度、响声、状态、颜色、味道，状词作修饰语时在中心词后。

词汇方面，单音节词较多，多音节的单纯词很少。有极为丰富的四音格结构，其中有的是词，有的是词组。有相当多的汉语借词。

许多地方的苗族史诗和民间传说中，都说苗族古代曾有文字，后来由于种种原因而失传，一些地方文献也曾提及古苗文。但是直到近代，苗族地区没有仍在使用的传统文字。1905 年，英国传教士 S. 柏格理与苗族人士杨雅各等为滇东北次方言创制了一种拼音文字，通称柏格理苗文。新中国建立后，政府根据苗语方言差别较大的情况，组织语言学家创制了湘西、黔东、川黔滇 3 种方言文字，并改革了滇东北的柏格理苗文。4 种苗文都采用 26 个拉丁字母。老挝、泰国的传教士也曾为当地苗族创制了一种拉丁字母式的苗文。

二、宗教信仰

苗族自古信仰万物有灵，崇拜自然，祀奉祖先。这也形成了他们的宗教文化。苗族信仰有自然崇拜、图腾崇拜、祖先崇拜等原始宗教形式，传统社会迷信鬼神、盛行巫术。也有一些苗族信仰基督教、天主教。信仰佛教、道教的极少。

1. 自然崇拜

苗族先人们认为一些巨型或畸形的自然物是一种灵性的体现，因而对其顶礼膜拜，酒肉祭供。其中比较典型的自然崇拜物有巨石（怪石）、岩洞、大树、山林等。

此外，苗族认为一些自然现象或自然物具有神性或鬼性。恶鬼被认为是被遗弃或受委屈的灵魂和工具所变成的，常给人类带来灾难、病痛、瘟疫或其他不幸，比如所谓东方鬼、西方鬼、母猪鬼、吊死鬼、老虎鬼等，被称为恶鬼。而有灵性的自然现象常被认为是善鬼，具有一定的神性，如山神、谷魂、棉神、风神、雷神、雨神、太阳神、月亮神等。对于善鬼、恶鬼，苗族人的祭祀之法亦不同。对善鬼有送有迎，祭祀较真诚，对恶鬼则须贿赂哄骗直至驱赶使之远离。

苗族还认为自然界存在许多精怪。比如牛在厩内用粪便盖身或在厩内打转、将粪踩成圆圈，猪吃猪崽或躺在食槽里，鸭吃鸭蛋，老虎进田，两蛇交尾，母鸡发出公鸡的鸣叫等均是因为相应的精怪在作祟。

苗族的人造物崇拜有土地菩萨、土地奶、家神、祭桥、水井等。土地菩萨在苗语中叫土地鬼，一般由几块石头垒成，土地屋用木制或用三块石板搭成，极为简陋，设于寨旁路口处或大路边行人休息处。

2. 图腾崇拜

许多苗族与瑶族一样，共同崇拜盘瓠。他们世代传说着“神母犬父”的故事，把盘瓠视为自己的始祖。不过有一部分苗族人认为他们的始祖姜央起源于枫木树心，因而把枫树视为图腾。另有一些地区的苗族以水牛、竹子等为自己的图腾崇拜对象。

3. 祖先崇拜

祖先崇拜在苗族社会中占有十分重要的位置。他们认为祖先虽然死去，其灵魂却永远与子孙同在，逢年过节必以酒肉供奉，甚至日常饮食也要随时敬奉祖先。许多地区定期或不定期地举行祭祖盛典。

4. 巫术

在过去，大多数苗族人都信奉巫术。主要的巫术活动有过阴、占卜、神明裁判、祭鬼等，此外还有蛊术等。巫术活动由巫师主持。巫师大多非职业化。他们在各种崇拜、祭祀和巫术活动中起着主持者的角色，有的地方巫师还兼任寨老。巫师除了熟悉祭祀方法外，大多还能讲述本宗支的谱系、本民族重大历史事件和迁徙来源的路线，熟悉各种神话传说、古歌古词和民间故事，有的巫师还兼有歌师和舞师的职能。所以说，巫师是苗族传统文化的重要的传承人，在苗族社会中充任知识分子的角色。此外，巫师还掌握一定的医术，懂得一些草药，在为人驱鬼的同时，辅以科学的医药手段。

三、礼仪禁忌

1. 待客礼仪

苗族十分注重礼仪。客人来访，热情好客的苗族人一定要杀鸡宰鸭盛情款待；如果客人远道而来，苗族人习惯先请客人饮牛角酒。

在吃鸡的时候，鸡头要敬给客人中的长者，鸡腿给年纪最小的客人。有的地方还有分鸡心的习俗，即由家里年纪最大的主人用筷子把鸡心或鸭心夹给客人，但这个鸡心客人不能自己吃，必须把鸡心平分给在座的老人。

如果客人酒量小，或者不喜欢吃肥肉，应当提前说明情况，主人不会勉强，但如果客人因为矜持而不吃饱喝足了，就会被认为是看不起主人。

苗族讲究真情实意，非常热情，最忌浮华与虚伪。在路上遇到客人时不抢走第一步，不走在前面；交谈中用敬语称呼；迎客要穿节日服装；对贵客要到寨外摆酒迎候；客人到家门，男主人要叫门，告知在家的女主人，女主人要唱歌开门迎客；在客人面前，女主人不登高上楼。

2. 禁忌

（1）产忌。产妇在哺乳期时，忌讳外人入室。不慎误入者，出门时须洗脚，并喝下一碗冷水，以防将产妇的奶水“踩干”。产妇忌吃老母黄牛肉、母猪肉、公鸡肉、小鱼、蔬菜、辣椒等。有些苗族地区，忌孕妇与孕妇会面，亦忌去别的产妇家，否则认为会延长产期。

（2）农事禁忌。苗族人每年第一次往田里送粪归来时忌见外人，若遇之，忌打招呼；栽秧时如果见秧田有鱼时忌说鱼，否则鱼会吃秧根。有些村寨收获小米时留下穗小的不收，若孩子问及，不能说“不要了”，要说“它们没长大”，否则以后小米因伤心而拒绝再长。在田中不能提及老鼠，唯恐其听到前来糟蹋庄稼，只能以“它们父子”来代称之。

（3）丧葬禁忌。有些苗族地区，忌男性死于白天，女性死于夜晚，认为时辰不对，死者须再要一位异性死者相伴。所以当死的时候不对时，死者家属要请巫师来念咒，同时做一口手掌大小的木棺进行陪葬，表示已有伴。棺材内面忌讳放铁、铜等非银金属及棉花和涂有桐油的物品。在有些苗族地区，村寨死人当天，可以上山劳动，但忌下田。这天，同村的人忌挑柴回家，否则挑柴者会有灾难。停柩期间，家属忌吃蔬菜。入葬后 1 月内，家中任何东西不得出卖或借人。

（4）生活习俗禁忌。有些苗族地区忌随时洗刷饮甑、饭包、饭盆，只能在吃新米时洗，以示去旧米迎新米；随时洗刷会洗去家财，导致饭不够吃。在山上，生水忌直接饮用，须先打草标（割一把长一点儿的草并捆扎起来，放在水边），以示杀死病鬼。忌动他人放于路边的衣物，以免传染麻风病。忌孩子在家中乱要小弓箭，恐射中祖先。忌跨小孩头顶，否则孩子长不高。禁忌妇女与长辈同坐一条长凳。

另外，来到苗寨的客人千万不要称主人“苗子”，这里面带有侮辱的意味；禁杀狗、打狗，不能吃狗肉；不能坐苗家祖先神位的地方，火炕上三脚架不能用脚踩；不许在家或夜间吹口哨；吃火烤糍粑时不能拍灰；遇门上悬挂草帽、树枝或婚丧祭日，不要进屋；路遇新婚夫妇，不要从中间穿过等。

四、趣味婚俗

1. 婚前

苗族青年男女经过自由恋爱、情投意合后，父母便为他们选择吉日结婚。但在结婚前的一段时间内，男女双方不能见面。

婚期的前一天，男方把结婚用品送到女方家过目。这些迎亲礼中，有一张用 25 斤到 30 斤糯米面做成、足有簸箕大的糯米糍粑，表示结婚后新郎新娘团团圆圆，丰衣足食。

2. 迎亲

结婚当天，男女双方都在家里宴请亲朋好友和同村寨的乡亲。新郎在几个伴郎的陪同下，带着礼物前去娶亲。

娶亲者中要有一位经验丰富的中老年男子，娶亲者到达女方村寨时，会有一群妇女伸出竹竿拦住去路，要与娶亲者对歌。每对完一首歌，娶亲者都要拿出礼物给这些妇女，她们才会收回竹竿让路。如此走一段，对歌一次，反复数次才能到达新娘家。这期间，还要防止新郎被妇女们抢走。否则她们会把新郎藏起来，让娶亲者不能按时娶到新娘。

到了新娘家，姑娘们还会围住新郎，将他折腾、戏弄一番，引得宾客发出阵阵哄笑。

3. 婚礼

新娘娶回家后，要举行拜堂仪式，新郎新娘要向长辈和宾客敬酒，并接受他们的祝贺。吃饭开始前，新郎新娘要先给父母喂第一碗饭。在这个时候，女方家来送亲的姑娘们可以瞅准机会，用大竹箩筐罩住新郎，使新郎动弹不得。望着在箩筐内挣扎的新郎，人们欢笑成一片，给婚礼增添了无限的情趣。

4. 哭嫁

哭嫁一般从新娘出嫁的前 3 天或前 7 天开始，也有的提前半个月、一个月甚至三个月就已揭开了哭唱的序幕。顾名思义，哭唱就是边哭边唱，开始时都是断断续续进行的，可以自由地哭。亲族乡邻前来送礼看望，谁来就哭谁，作道谢之礼节。

等婚期的前一天晚上到第二天上轿时，哭唱达到高潮。这段时间的哭唱必须按着传统礼仪进行，不能乱哭。谁不会哭，就会被别人嘲笑甚至歧视。

哭唱的内容主要有哭爹娘、哭哥嫂、哭姐妹、哭叔伯、哭陪客、哭媒人、哭梳头、哭祖宗、哭上轿等。“歌词”既有一代代流传下来的传统的，也有新娘和陪哭的姐妹们即兴创作的。内容主要是感谢父母长辈的养育之恩和哥嫂弟妹们的关怀之情；泣诉少女时代欢乐生活即将逝去的悲伤和新生活来临前的迷茫与不安；也有的是倾诉对婚姻的不满，对媒人让自己乱定终身的痛恨与无奈等。

五、民族饮食

1. 食物

苗族的食物以大米为主，辅以苞谷、小米、高粱、小麦和薯类等杂粮。苗族最喜欢吃的是糯米。

副食品主要有瓜类、豆类、蔬菜以及作为佐料的辣椒、葱、蒜等。肉类有猪、牛、羊、鸡、鸭及鱼类。

苗族人口味以酸、辣为主，尤其喜欢吃辣椒。日常菜肴主要是酸辣味汤菜。酸菜味鲜可口，制作方便，可生食，也可熟食。平时吃新鲜蔬菜或瓜豆，苗家也掺些酸菜或酸汤，以增加食欲。

此外，苗家的酸汤煮鱼是风味名菜，做法是将酸汤加水、食盐煮沸，取鲜活鱼去苦胆，入酸汤中煮制而成，此菜肉嫩汤鲜，清香可口，一年四季都可以做。

苗家还加工保存熏制腊肉、腌肉、腌鱼、鱼干、香肠等。其中腌鱼是苗族的传统佳肴。方法是将鲜鱼剖开，去内脏，抹上盐、辣椒粉，放火上方焙烤至半干，然后入坛密封，食时取出蒸熟。此鱼具有骨酥、咸辣适度、清香可口的特点。

苗族人还喜欢制作豆腐、豆豉，加工猪灌肠、血豆腐等。爱吃火锅。

苗家男女都喜欢酒，大部分人家都能自己酿酒。他们自制酒粬，用糯米、玉米、高粱等酿出甜酒、泡酒、烧酒、窖酒等。

2. 特色饮食

（1）盐粘捞。苗族饮食中最具特色的菜是“盐粘捞”。把粒大饱满的黄豆浸泡，然后拿到石磨上碾，一边推磨一边浇水，碾碎黄豆后流成生豆浆，然后将生豆浆放在纱布上过滤，放到锅里慢慢熬稠，取出拿到木模里压制豆腐，然后将青菜等蔬菜切细切碎，趁豆浆滚烫并且未完全凝固时倒入，用豆浆将青菜等蔬菜烫熟，放入食盐等佐料，待豆浆冷却凝固成豆腐后取出，放入芫荽、香椒、芝麻等佐料拌食，吃了能祛内火，清肺醒目，达到食、药两用的功效。

（2）辣椒骨。广西隆林、田林、西林一带苗族人非常喜爱一种传统风味食品和调味品——辣椒骨。它味美可口，香中带辣，油而不腻。它既能增进食欲，帮助消化，又可驱寒散瘀，促进血液循环。做法是将带肉的新鲜的猪骨头捶成小块，放进碓里舂成胶状，拌以碎辣椒、花椒、茶辣粉（即中药吴茱萸）、核桃粉、八角、生姜，并加上食盐和酒，搅匀后放入密封的坛子里，在阴凉的地方放半个月后就可以吃了。它是苗家人招待贵客的佐餐小菜，还可以当作调味品。

六、苗族医药

苗族医药是苗族人民在长期艰苦的社会生活及与疾病斗争的实践中总结形成的。它总结和创造了丰富的医药理论和临床经验，已成为我国传统医药的组成部分。

1. 苗医

苗医诊断有四种方法：“望”“问”“号”“触”。“望”即察言观色；“问”是询问病史、病情；“号”相当于传统中医的切脉，它与中医不同的是除了号寸、关、尺三脉之外，还常常号指脉、足脉；“触”指的是触摸病人的相关位。医治手段主要是内服、外敷、熏（水熏、烟熏）、针（银针、火针）、点（手点、火点、烟杆点）、洗（药水洗）、拔（火拔）、捶、推、刮（油刮、药刮）、钳（水钳）等。

2. 苗药

苗药命名有的突出药物形貌，有的反映药物的气味和功效等。苗族一般用生鲜药，随用随抓，生鲜药药性好、见效快。对于受季节性影响而常缺的药物，或难采并有特效的药物，就自种或把采来的晒干备用。

3. 苗医理论

苗医以“纲、经、症、疾”为理论，在诊断上将人体症候分为72风证，用以辨别疾病在临床中表现的各种症候群。治病以本地草药为主。善治伤科、风湿病；专病专方、鲜药外用为其用药特点。

第四节　传统节日

1. 苗年节

（1）时间。苗年节的时间没有固定的日子，是在收谷子进仓以后，即分别为农历的九、十或十一月的辰（龙）日或卯（兔）日或丑（牛）日举行。

（2）流行区域。苗年节是苗族民间最隆重的节日，盛行于广西融水苗族自治县的苗族聚居区。

（3）特点。过苗年的头几天，家家户户都要把房子打扫干净，积极准备年货，一般还要杀猪或买猪肉。富裕的人家还要做香肠和血豆腐，为家人制作新衣服等。

在苗年三十的晚上，全家都要在家吃年饭，守岁到午夜才打开大门放鞭炮，表示迎接龙进家。在天刚拂晓时，每家都由长辈在家主持祭祖。早餐后，中青年男子便上邻居家拜年，苗语称为“对仰”，表示祝贺新年快乐。

在新年的头两天，家里有若干禁忌，如：不出外挑水；不上山砍柴、割草；不扫地；妇女不做针线活；有的地区妇女不做饭，由男人来做；男人不外出拾粪等。苗乡的男婚女嫁，一般也都选在过苗年的时候。

从第四天开始，一些老年男女也纷纷挑着酒、肉、糯米粑等礼物走亲访友，或者忙于在家备办酒菜，接待来宾；一些年轻男女在各自的村子里吹笙跳舞，或跳铜鼓舞、斗牛，或者小伙子去别的村子游方场“游方”，青年男女互相对歌，倾吐爱慕之情。苗年节前后历时 9 天左右才算结束。

2. 四月八节

（1）时间。苗族四月八节在每年农历四月初八。

（2）流行区域。苗族四月八节流行于广西融水、资源等地。

（3）特色。根据苗族传统说法，农历四月初八是牛的生日。这天无论农活怎样繁忙，各家都不会使用耕牛，让牛休息，称之为“歇气”，还做乌米饭、杀鸡宰鸭，为牛做生日，以此表示对牛的敬意。乌米饭还是苗族民间的治病验方，具有强筋护骨、益精养气的疗效。苗族用乌米饭来敬牛，反映农耕社会中牛的特殊作用。食物做好后，先喂牛，喂牛时，口里念念有词，一般是告诉牛要勤于耕地耕田，人才有饭吃之类的祈祷语。等到耕牛吃完，全家人才能一起吃饭，欢度节日。

3. 坡会

（1）时间。苗族坡会在每年农历正月初四、十六和八月十六举行。

（2）流行区域。苗族坡会流行于融水四荣、贝江地区。

（3）特色。坡会那天，方圆数十里的男女老少穿上节日的盛装，吹响芦笙欢聚一堂。会上还举行舞红龙、耍狮子、赛芦笙、斗马、斗鸟、赛马、鸟枪射击赛、野炊等活动。这期间，小伙儿们趁机寻找自己心爱的姑娘。晚上，有情人互吐衷情，赠花带、送饰物，确定终身大事。有些人则带着粽粑、糍粑探亲访友、畅叙家常。近年来，文艺团体还到坡会上表演节目，商业部门也到坡场上供应民族商品，给坡会增添了新的色彩。

4. 跳坡节

（1）时间。苗族跳坡节在每年正月初四至二十。

（2）流行区域。苗族跳坡节是隆林一带苗族青年进行娱乐活动的节日。

（3）特色。跳坡节最主要的活动就是爬竿。爬竿本只是隆林各族自治县苗族跳坡中的重大活动，后来成了当地各兄弟民族共同喜爱的体育活动。节日这天，苗家人在坡场中竖起一根约一两丈高的光滑竿子，在竿顶上挂一葫芦酒和一块腊肉，作为爬竿比赛的“彩头”。吉日一到，附近各族男青年都前来参赛，盛装的姑娘和老人小孩到场观战助威。

选手在爬竿时，手足并用，身体其他部分不能接触竿，上竿时头向上，脚朝下；下竿时头朝下，脚向上。爬竿本领高者上到竿顶和倒滑回地面，整个过程只需几秒钟时间。有的在倒滑时，双腿夹竿，两手展开，犹如惊鸿滑降，动作惊险优美。这一切要求爬竿者有很大的臂力支撑和机智勇敢的胆略。参赛者如能完成规定动作，速度最快者可喝竿顶上的酒，并获得腊肉或其他奖品，更会得到姑娘们的爱慕。

5. 社节

（1）时间。苗族社节有春社、秋社之分，分别在立春、立秋后的第五个戊日进行。

（2）流行区域及地位。苗族社节主要流行于融水县的白云乡、红水乡、拱洞乡等地。社节是苗家祭祀土地神和祖先的传统节日。

（3）特点。因为社节的时候要到社里去敬土地神，所以，在过社节前三四十天内不得参加红白喜事，女人和家里有孕妇的男人都被禁止参加，认为参加了不吉利。祭社所用的公猪，用抽签的方式来决定由谁家献出。每家交半千克糯米用来酿酒和蒸糯米饭。社日清晨，每家都请师公来求福，门口竖一根竹尾做标记，忌外人和女人进屋。早饭后，适合参加祭拜的男人穿上黑衣服到村旁的社棚或社坪杀猪、蒸饭、烧香化纸，祭拜社公，以保佑六畜兴旺，五谷丰登。

6. 拉鼓节

（1）时间。苗族拉鼓节有大小之分。每 13 年或 9 年过一次的叫大鼓节：每 7 年或 3 年过一次的叫小鼓节。大鼓节、小鼓节都在剪禾（水稻成熟后，把稻穗拔出或剪下）后的农闲期间举行。

（2）流行区域及地位。苗族拉鼓节流行于融水县。拉鼓节是苗族重大的传统祭鼓节。苗家以木鼓象征祖宗，祭鼓实是祭祖。故又称“祭祖节”。

（3）特点。拉鼓节从选定鼓社头、准备祭牛、砍木制鼓到拉鼓、送鼓，历时 3 天，仪式繁多，大致可分为制鼓、拉鼓、送鼓三个阶段。拉鼓是整个活动的高潮，全鼓社的亲友都来参加，远近村寨的群众也闻讯赶来看热闹。拉鼓前一两天，鼓主请祭师把精心喂养的水牯牛杀掉祭祖。拉鼓在地势开阔或较平缓的山坡地进行，用粗藤把一只长约三尺至丈余、粗如碗口的鼓捆牢，鼓身选用空心的泡桐木制成，用牛皮封住两头，本寨和别寨男女青年各执一头竞拉，类似拔河，用以取乐。拉时鼓主和祭师头戴银白色凤尾冠，身披特制的风衣，拄着拐杖，边走边唱拉鼓歌。拉鼓结束后，远近亲友纷纷前来“吃鼓”，一起欢度节日；主人们分鼓社猪肉，杀鸡宰鸭，盛情款待，整个村寨沉浸在欢乐之中。

7. 中元歌会

（1）时间。苗族中元歌会在农历七月十三至十六。

（2）流行地域及地位。苗族中元歌会流行于资源县，为苗族传统歌会。

（3）特点。歌会期间，不仅当地苗族，而且附近各个民族群众都着盛装赶赴歌场。唱歌的形式有独唱、男女对唱、领唱，还有吹木叶、唢呐、笛子等。歌曲有纪念祖先逃难的《死里逃生歌》、开发山区的《开山歌》以及《贺朗歌》《呢那哩》《情歌》等。青年男女用山歌考对方的口才和智慧，询问对方家庭等各方面的情况，情投意合者便双双离开伙伴来到幽静的地方以歌倾情，若真心相爱，姑娘就送一双细花布草鞋给男方，同时吟唱山歌。小伙子接住草鞋以歌谢答，并回赠一件礼物给姑娘，订下婚约。

除以上节日外，苗族还有春节、芦笙节、斗马节等。

第五节　民间故事

一、蚩尤的传说

相传很久以前，苗族的祖先蚩尤居住在一个土地肥沃、水草丰美的地方。一方水土养一方人，得天独厚的地理优势使得部落牛羊成群，人民生活富庶。这不仅因为蚩尤治国有方，还因为他英勇善战，体恤臣民。蚩尤拥有一件十分了得的秘密武器——劲多宝剑。这把宝剑不但锋利无比，而且威力无穷，哪怕对方千军万马也毫不畏惧。只要蚩尤挥动劲多宝剑，再强大、数量再多的敌人也像被割倒的麦子一样，成片地倒下。因此，蚩尤名声显赫，不仅受到人民的爱戴，就连其他部落的族长也都来朝贡，纷纷与其签署友好条约，有的还主动与他联姻。

由于蚩尤的威信和地位不断提升，便遭到了很多人的嫉恨，一心想打垮他，继而接管其部落那大片肥沃的土地，汉王就是其中之一。为了打垮蚩尤，汉王假惺惺地去和蚩尤套近乎，还把十分漂亮的女儿许配给蚩尤为妾。其实他是想让女儿充当卧底，在刺探蚩尤部落军事部署的同时，窃取他的秘密武器——劲多宝剑。

汉王的女儿嫁到蚩尤部落以后，表面上装得十分温顺、勤劳，暗地里却暗暗观察蚩尤存放宝剑的地方。

3 年的时间过去了，汉王的女儿始终找不到蚩尤藏剑的地方。又过了 3 年，汉王的女儿为蚩尤生下一个小男孩。

一次，蚩尤有事外出很长时间，家里只剩下汉王的女儿照看孩子。这天，小男孩整天哭闹，怎么逗、怎么哄都没有效果，小孩就是哭个不停，并且小手一直指着天花板。

汉王的女儿觉得奇怪，上楼一看，原来蚩尤的秘密武器劲多宝剑就藏在天花板的夹缝里。汉王女儿大喜过望，迅速取出宝剑，用黑狗血和女人的尿泼洒在上面，让宝剑彻底失去了灵性。然后又悄悄地把它放回原处。

做好了这一切，汉王的女儿就开始想办法把这个消息告诉她的父王。然而路途遥远，消息还不能被蚩尤部落的人知道，该如何是好呢?

她给汉王做了一双鞋，把信藏在鞋底的夹层中，夹层上还安了一根针，这样穿起鞋来就会刺脚。做好这一切后，汉王的女儿托人把鞋带给了她的父王。

汉王收到鞋后马上穿在脚上，顿时感到针扎一般疼。汉王非常奇怪，就把鞋拆开，发现了针的同时，也看到了那封信。于是，汉王立刻带着大批军队前来攻打蚩尤。

当黑压压的军队把蚩尤的部落围得水泄不通的时候，蚩尤接到了士兵对敌情的报告。蚩尤自恃有劲多宝剑在手，便胸有成竹地说:“不怕，等他们靠近了再说。”

汉王的军队越来越近，蚩尤拿出了宝剑。但失去灵性的宝剑已经不能再所向披靡，无论蚩尤怎么用力挥舞，也没有伤到敌人分毫。就这样，蚩尤被打败了。

从此，蚩尤部落失去了大片肥沃的土地，过起了颠沛流离的迁徙生活。

二、人类起源的传说

很古老的时候，有兄妹三人相依为命。两个哥哥经常与天赌气，当下着大雨、气温很低的时候，他们说太热了，跑到山上去扇扇子；酷热难耐之际，他们又嫌太冷，穿着皮袄跑到田里烤火。

老天爷对他们冷热不分的行为十分生气，决定要好好惩罚一下人类。连续 7 年没有下一滴雨，天下大旱，人们把草根都吃完了。接着又连续冷了 7 年，人们为了活下去，把牛、马等牲口都杀了吃掉。最后，一场大洪水淹没了整个大地。为了逃难，大哥和二哥分别做了两个桶，准备在水面上飘荡求生。老大做了一个只够一人坐的铁桶，老二做的却是一个大木桶，让妹妹跟他坐在一起逃生。

洪水越涨越高，铁桶很快便沉没了，老大也葬身于洪水之中。而老二和妹妹坐的木桶却随着水位越升越高，一直升到了天地交接之处。守卫天庭的天兵发现了木桶，赶紧报告给老天爷。这时老天爷才知道洪水已经涨到天上来了。于是命天兵天将放出龙猪到地上去拱，拱出许多连通大海的大沟让水流走。老二和妹妹的木桶也落到了地上。而这时，人间已经没有人了，他们兄妹俩是仅剩的两个人。

老二认为，为了人类的繁衍，只能跟自己的妹妹成亲。而妹妹却担心兄妹成亲为天地所不容。老二认为老天不会反对的。

妹妹想出了一个办法，让老二把磨盘的上半部分从对面的山上滚下来，自己则让下半部分从这座山上滚下去，如果磨心插在磨眼上，就说明老天爷答应了。结果磨心恰恰插在了磨眼上。

但妹妹还是不放心，又自己拿着一颗针从这边扔下来，老二拿着线从那边扔过来，如果线穿在针眼上就可以成亲。结果线也穿在了针眼上。兄妹二人从此做了夫妻。

兄妹俩成亲后，三年先后生了三个儿子，但三个儿子都不会说话。有一天晚上，妹妹在睡梦中遇到一个天神，她把情况告诉了天神，天神告诉她，你们两个多拾一些柴烧一块大石头，要烧得烫烫的，把三个娃娃从大到小的抱来烫他们的屁股，就可以了。

第二天，妹妹把自己做的梦告诉老二，两人就照着去做，把一块大石头烧烫后，先把大的那个抱来烫，屁股一落在石头上就喊疼，而且说的不是自己民族的语言，于是兄妹就命名大儿子以及他繁衍的子孙为苗族；接着又抱第二个来烫，二儿子被石头烫后，又喊出了另一种语言，兄妹便命名为彝族；最后抱第三个，命名为汉族。

第四年，他们又生了一个不像人的东西，没有脚也没有头，是个肉球。

放在地上会来回滚动。

有一天晚上，妹妹做梦又看见天神，天神又教他们方法。第二天一早，老二找来一把大刀在磨石上左磨右磨，大刀磨得很锋利，于是把那个大肉球剁成细细的一大盆，两人拿去撒向漫山遍野。落在桃树上的就姓陶，落在李子树上的就姓李，落在什么东西上的就姓什么，最后一点撒完了就姓王。过了两天，凡是撒到的地方都有人家，到处都是房子，都在生火煮饭吃。

从此，人类才逐渐繁衍起来。

第六章

生活在诗意中的民族

——广西侗族的民间风情

唐代，侗族被纳入中原王朝的管辖范围。在唐以前，因为缺乏史料记载，这个民族的起源至今无从知晓。

目前侗族主要居住在贵州、湖南和广西的交界处，湖北恩施也有部分的侗族。据2007年统计，广西侗族人口约33.73万，占全区人口的0.67%左右，占全国侗族人口的16%。主要分布在三江侗族自治县境内，有20多万人，其余分布在融水、龙胜等县（自治县），分布特点是大聚居、小分散。

第一节　民族服饰

服饰历来是对美有着无限追求的侗族文化的重要组成部分，也是侗族社会发展的重要标志。因各地生活习惯有所不同，侗族服饰也多种多样，各有差异。侗族女性服饰分为盛装和便装两种，盛装尤其富于传统的民族特色，荟萃了民族工艺的精华。

一、服装

1. 特点

侗族的绣花上衣是将花纹绣在绣片上，然后根据需要把绣片剪成大小不等的布块缝在衣服上，拼成整件衣服的图案。

由于侗族没有自己的传统文字，因此，其服装的图案还起到了一个储存文化特征的作用。

侗族服饰上有许多纹样图案，尤其是妇女服饰及重大节庆男子穿着的百鸟衣、芦笙衣等完全是图案化的，主要有谷粒纹、桂花纹、梅花纹、花瓣纹、浮萍花、田螺花、水车花等植物纹样，这与农耕经济有着直接的联系。侗族服饰较少反映狩猎经济的动物纹样，如鱼骨纹、虾纹、龙纹等也是与农耕有关的动物纹样。这些纹样特点，其价值取向始终离不开稻耕文化主题。此外，侗族服饰还有大量的抽象几何纹样，如三角纹、菱形纹、螺丝纹等。这些纹样是人们生产生活活动在服饰上的抽象化反映。

侗族服饰还具有族徽标志功能。侗族服饰的重要社会功能之一是凝聚侗族人的精神，以形成集体的团结、统一、秩序，增强集体为生存而拼搏的战斗力。对于别的民族，它是一种区别的标志，而对本民族，它是相互认同的旗帜，结成整体的纽带。正是这种族徽作用而产生的审美原则，使三大支系服饰类型都有所区别。“佬”支系以善绣而著称，即在服饰上是构图精美、图案细致，侗锦是其典型代表。“坦”支系善制陶，反映在服饰上是线条纹样清晰，长褂、短裙是其代表。“纹”支系善建筑，反映在服饰上是宽松和谐、素雅端庄。

2. 样式

侗族的传统服饰极为精美，女子穿无领大襟衣，衣襟和袖口镶有精细的马尾绣片，图案以龙、凤为主，间以水云纹、花草纹，下着百褶裙，脚蹬翘头花鞋。盛装时穿古老的牯脏衣（一种带有古老神秘图样，只在节日或祭祀时穿用的衣服）、百鸟衣、银朝衣、月亮衣等。

男子上衣为紫色闪光的特制侗布，款式独特。上衣无领，开襟从领口正中横向右侧二寸处，又直下至腰部，再向左横至正中，再直下到下摆。衣扣分圆银珠和蚕形布扣两种，六对，每对为双排扣。上衣短小贴身，衣袖紧贴手臂，腰系布带，显得紧扎壮实。穿长便裤，裤脚宽大。脚穿青布鞋或草鞋。戴银手镯，有的将精致的银烟盒吊于上衣摆右侧。衣裤上紧下松，大有粗犷阳刚的男性美。

二、发式与头饰

侗族女子以其乌黑亮丽的秀发和发式多样著称。她们用茶籽油调水洗发。无论是妙龄少女还是已婚妇女，都以乌黑光亮的长发为美，并绾出各种各样的发型。

她们在发髻上插饰银梳、木梳、彩珠和小银饰，也喜欢用鲜花装饰发髻。少女将发髻绾于头顶左侧，上插一枚珍珠，极美。有的地区侗族女子头戴银冠，银冠由鱼形、蝴蝶形、银币形等银质吉祥物组成，有的还插有各色羽毛。

侗族男子为头包花格帕，帕为蓝、青、白色自织侗布，包法呈左右向上交叉状，包头较大。

三、工艺

1. 侗锦

侗锦是侗族民间工艺美术织品，又称侗毯，按布纹纱路的走向提挑和穿梭引线织成。

侗锦用木棉线染成五色织就，质地较为粗糙，但文采十分丰富，花纹主要有花木形，如芙蓉、牡丹、月季、玫瑰等；有鸟兽形，如对凤、鸳鸯、麻雀、春燕、牛羊等；有物器形，如花桥、鼓楼、月亮、星星、水波、银钩等；还有几何图案，色彩绚丽，图案大方，结构十分精密严谨。其质量极为过硬：用水洗后不会出现缩水的现象，滴上油也不会留下污渍。

广西的侗锦做工精细，采用对比强烈的色泽，配上绚丽多姿的各种图案，具有浓艳粗犷的艺术风格。清康熙年间官员张应诏曾为侗锦写下一诗：“苎幅参文秀，花技织均匀，蛮乡推髻女，亦有巧手人。”赞美之情溢于纸面。

2. 侗帕

侗帕是侗族民间工艺织品之一。它是用白线作经纬织成的素色帕子和用白线作经、其他颜色作纬织成的彩色帕子，可以用作面巾、浴巾、头巾和枕巾等。

一般每幅侗帕宽 30~40 厘米，长 60~70 厘米，两头留有须穗，帕面织出几何图形和花鸟鱼虫等图案。有的两头或两边或四周织出回形的花边。可作礼品，少女常用自己亲手织就的侗帕送给男友做定情信物。

3. 花带

侗族花带用线编织而成。有半寸到二三寸宽，数尺长，可当作腰带、帽带、裤带、裙带和绑腿带使用，也是姑娘送给意中人的纪念品。在狭长的带子上，织出花鸟虫鱼和各种几何图形，表现了侗族姑娘灵巧的手艺、丰富的想象力和美好的愿望。

4. 百褶裙

在新中国成立之前，百褶裙是侗族妇女的下装。它用家织白布钉于龟背形的木板架上，制作者骑坐于木板架的一头，用清水把一幅幅一尺多宽、四五尺长的布淋湿后，用右手拇指外侧的指甲或小竹片，按其经纬线纹路，每隔一二分宽，即划下一道沟，把不划沟的地方褶起，这样边划边褶，便成一幅幅皱褶整齐的布料。然后把褶布的一头叠得更密，并用两寸多宽的条布折成双层，将其含住缝上，成为腰边，再在腰边两头缝上两尺多长的带子（用来缠绑腰间），便成为一幅素裙了。然后放在蓝靛桶中浸染，再清洗、晒干，反复操作，直到裙子被染成青黑色，再染薯莨，蒸熏，直到裙子呈深紫色，才算完成。

5. 亮布

亮布是一种被染成各种颜色的布料。它的制作过程是：把成匹的横幅为一尺二寸宽的家织白布放在蓝靛桶中浸泡，数小时后，拿到河边浣洗，然后晒干。这样反复多次，过程约一二个月，布料便由白变蓝，由蓝变成青黑色了。然后浆以牛胶，再染薯莨，并用甑子蒸熏，布料由黑色变成紫色，再涂上鸡蛋白，并在平滑的青石板上反复捶捣，布面由粗变平，由厚变薄，由紫红继而发亮，便成亮布了。

6. 羽毛衣

每逢农历正月，侗族去外寨集体做客、芦笙比赛或作节日芦笙表演时，有一部分芦笙吹奏者需要穿羽毛衣。特别是一对吹奏小芦笙的演员，必须穿羽毛衣（侗族称为“白甲”）。

羽毛衣是用白布或蓝布裁剪出一件背心，然后用各种颜色的布料剪成三角形，再拼凑在约两三寸见方的布块中，中间嵌上有铜边的小镜片。用这种小方格布块整齐地排列在背心的前后。背心脚和领口、肩头都用白色鸡绒毛缝嵌。背心脚吊以线穗，线穗绞入白鸡绒毛，并穿入野薏米或玻珠子，然后织成网状，约两三层，二三寸长，穗子末端扎上倒悬的白色鸡毛。吹奏芦笙时，随着舞步，毛穗晃动，具有强烈的节奏感。一件羽毛衣一般可用上二三十年，它作为集体财产，由专人保管，非重大活动不准穿用。

7. 银饰

银饰是侗族妇女和儿童最经常佩戴的饰物。侗族妇女在盛大节日或庆典活动中，喜欢佩戴各种银饰。在发髻、银钗、簪上插着各种银簪，上缀有彩色花卉，像银蝶起舞，白凤展翅，走起路来彩花颤动，吊铃摇曳，耳坠晃动。颈项穿戴护胸银板，板上套戴四五个由小到大银项钏，还有吊胸兜和围裙的银链。手戴银质护手筒，外戴各种银质手镯，有的多达 10 多对，从手腕处叠到上胳膊。手指戴有银戒指。有的全身银饰重达 5~10 千克。

孩童头戴罗汉帽，前沿缀有十八罗汉，下层十八朵梅花，额头正中为狮头，两旁有圆圈。脑后吊有 7~9 根短链，末端吊有铃铛、葫芦、方印、鹰爪和仙桃。孩童走路、摇头，银铃都会叮当作响。

第二节　建筑风情

一、吊脚楼

侗族的吊脚楼与其他少数民族的吊脚楼都颇为相似。用杉木建造，为两层或三层，两间或三间。楼下一侧隔成栏圈，用来饲养牲畜，另一侧堆放柴草杂物，或安置米碓。如想上楼，则由侧边偏厦架梯而上。

楼前半部为廊，宽约丈许，敞明光亮，为一家休息或从事手工劳动之所，窗前檐下，悬一横竿，晾晒衣物。后半部为室，室中火塘，置一铁质撑架，终年烟火不息，顶上吊一方平面木格，阔宽约1米，侗语称之为“昂”，汉语叫作“火炕”，专供烘烤谷物。这里既是祖宗之位，又是取暖、炊薪、用餐和接待客人的地方。旁侧靠壁，安放水桶、炊具之类，两边皆为卧室。

侗家木楼的特点是不用一颗铁钉，各排柱子之间横纵成行，全靠在柱子上凿通榫口，由大大小小的木方直穿斜套，对榫衔接，并用肩挂挑住桁条，承受瓦托，屋顶盖上青瓦。

吊脚柱的上端，与三楼面同一水平，在这里置一层楼檐，既可缓冲屋顶流水，又为三楼采光创造条件，还增添了整座房子的美观：屋檐层层而上，檐角上翘，如鹏鸟展翅欲飞。有的房子四壁里里外外都用桐油涂抹，闪亮美观，又可防虫防雨，可以住一二百年而不坏。

二、鼓楼

侗寨建房有一规矩，即围绕鼓楼修建。这就使得侗族人聚居地的建筑以鼓楼为中心，形成放射状排列，如同蜘蛛网一般。

据传说，鼓楼是侗寨古时放鼓之楼。因此，有鼓则有楼，有楼则置鼓，后来人们习惯俗称鼓楼。鼓以桦树作身，名为“桦鼓”，安放于鼓楼高层。在侗族历史上，凡有重大事项商议，如起款定约，抵御外来官兵骚扰，均击鼓以号召村民。由寨中头人登楼击鼓，咚咚鼓声响彻村寨山谷，就能迅速把人集中起来。没事时严禁登楼击鼓。

从外观上来看，侗族鼓楼极富有视觉效果。一座建好的鼓楼，楼顶是连串葫芦形的顶尖，犹如塔尖一样，直刺苍穹。中部是层层叠楼、形如宝塔的楼身。楼檐一般为六角、八角、四角。六角的俗称“六面倒水”，每角的突出部分都有翘角，重檐层层叠叠，从上而下，一层比一层大。鼓楼底部多是正方形，四周有宽大结实的长凳供人歇坐。中间是一个或方或圆的大火塘。从基本的轮廓和整体的形式上来说，鼓楼的形态最显著的特点是：大体上在不脱离杉树原型的基础上融合汉族密檐多层佛塔的造型，形成下大上小的楼塔形。鼓楼形态的第二个特征是它的高密度重檐叠加的楼体塔身。这是侗族鼓楼同汉族的重檐楼塔明显不同的地方。鼓楼形态的第三个特征是侗族的鼓楼在重檐数上皆为单数，最少的有一层，最多的达二十一层。这是由于侗族把奇数视为吉祥之数。

鼓楼以杉木凿榫衔接，顶梁柱拔地凌空，排枋纵横交错，上下吻合，采用杠杆原理，层层支撑而上。鼓楼通体全是木质结构，不用一钉一铆，由于结构严密坚固，可达数百年不朽不斜。

建造鼓楼的主要大梁柱、照面坊是经过族中长辈中具有威望的老人选定，木材优良、粗大，高度均匀，树龄古老，方可作为鼓楼建造用材。

鼓楼是侗寨特有的一种民俗建筑物，它是团结的象征，侗寨的标志，在侗民心目中拥有至高无上的地位。在其附近还配套侗戏楼、风雨楼、鼓楼坪，构成社会、文化活动的中心。鼓楼有如侗寨的心脏。每逢大事，寨中人皆聚此商议，逢年过节，村民身着盛装，在此吹笙踩堂，对歌唱戏，通宵达旦，热闹非凡。

三、风雨桥

1. 特点

风雨桥又称花桥，是侗族建筑中最具特色的民间建筑之一。因桥上有长廊式瓦顶遮盖，可避风雨而得名。多建于交通要道的河面上，方便行人过往和歇息。

桥以石砌礅，礅上架杉木条，木条上铺板，板上竖亭，中间为长廊通道，两旁竖干栏，设长凳，上盖青瓦，亭阁有瓦檐 3~5 层，顶端置葫芦或千年鹤的造型。瓦青檐白，颜色分明而又柔和。檐角翘起，穿枋描龙绘凤、山水景致、故事人物，故又名花桥。

桥梁利用杠杆原理，用数十根二三十米长的原木叠两三层，使距离 10 多米的各礅得以衔接。桥亭楼阁挂枋，枋木纵横交错，全靠凿榫衔接，不用铁钉。风雨桥一般由群众捐资、出工、献料建成。桥头刻碑，记载捐献者姓名。

2. 代表作品

坐落于广西三江侗族自治县林溪乡马安寨的程阳桥是风雨桥的代表，是目前保存最好、规模最大的风雨桥，是侗乡人民智慧的结晶，也是中国木建筑中的艺术珍品。始建于1912年，于1924年建成，1982年被列为国家重点文物保护单位。

这座横跨林溪河的木石结构大桥，桥面架杉木，铺木板，桥长77.76米，桥道宽3.75米，桥面高11.52米，为石墩木结构楼阁式建筑，2台3墩4孔。墩台上建有5座塔式桥亭和19间桥廊，亭廊相连，浑然一体，犹如羽翼舒展；桥的壁柱、瓦檐、雕花刻画，富丽堂皇。整座桥雄伟壮观，气象浑厚，仿佛一道灿烂的彩虹。它的建筑惊人之处在于整座桥梁不用一钉一铆，大小条木，凿木相吻，以榫衔接。全部结构，斜穿直套，纵横交错，却一丝不差。桥上两旁还设有长凳供人憩息。游人坐在凳上向远处放眼，只见林溪河蜿蜒而来，桥的两边，茶林满坡，翠木簇拥；田园耕地，农夫劳作；河边水库，缓转灌溉。

1965年，郭沫若先生曾在此游览，不但为程阳桥题名，而且还赋诗盛赞："艳说林溪风雨桥，桥长廿丈四寻高。重瓴联阁怡神巧，列砥横流入望遥。竹木一身坚胜铁，茶林万载茁新苗。何时得上三江道，学把犁锄事体劳。"如今，诗和桥名均刻成碑立于桥头。

四、水井与凉亭

在侗族地区，人们很重视水井和凉亭的建设。水井位于寨子两头或后面，视人口多少和水源情况，凿一两个、五六个，甚至十来个。井的形状有瓢形、牛头形、枧筒形、长方柜形、正方柜形或圆形的。一般以长方柜形为最多。有的地方由于水源丰富，既有方柜形的，又有枧筒形的；后者便于装水，一两分钟，即可装满两桶水。水源小的地方，就弄成柜形的，靠它长期储水，汲水时用瓢舀到桶里。柜形水井都用六块完整的青石板围成，里面一块凿孔让水流进柜里，外面一块上边凿开缺口让多余的水溢出，经常保持井水是活动的。上面一块为盖，外张里合，留口便于舀水。在水井下方，常常另辟洗菜槽和洗衣槽；在水井上面，往往盖上凉亭，以遮雨水和落叶，保持饮水清洁。亭子外侧安置长凳，供人们小憩。

在侗区的山腰或山坳口，也常常有水井和凉亭，而且两者常常靠近，一般是凉亭起在路中间，道路通过亭内，水井则在路旁。炎热夏天，行人累了，在亭里两旁长凳上歇息一会儿，再喝几口沁人心脾的清甜泉水。冬天，有守亭翁烧着火塘，供行人休息烤火，喝上一杯热热的浓茶，暖暖身子，常使行人流连忘返。亭子的柱头上，常常挂有用禾秆织成的草鞋，供行人换下磨损了的旧草鞋，分文不收。

第三节　侗族大歌

侗族大歌起源于春秋战国时期，至今已有2500多年的历史，是在中国侗族地区一种多声部、无指挥、无伴奏、自然和声的民间合唱形式。2006年，侗族大歌被列入人类非物质文化遗产代表作名录。

一、特点

多声部、无指挥、无伴奏是侗族大歌的主要特点。模拟鸟叫虫鸣、高山流水等自然之音，是大歌编创的一大特色，也是产生侗族大歌的自然根源。它的主要内容是歌唱自然、劳动、爱情以及人间友谊，是人与自然、人与人之间的一种和谐之声。因此，凡是有大歌流行的侗族村寨，很少出现不道德的行为，人们甚至是“夜不闭户，路不拾遗”，犹如陶渊明笔下的桃花源。

大歌的结构一般由“果（组）”“枚（首）”“僧（段）”“角（句）”来构成；其演唱场合比较讲究。除平时训练外，在重大节日、集体交往或接待远方尊贵的客人时才能在侗族村寨的鼓楼里演唱大歌。大歌的分部合唱形式是领唱（独唱）与众唱相结合，与普通的合唱概念有所不同。

大歌的主旋律是在低声部，高声部是派生的。低声部是众唱的，声音大；高声部由一个或两三个歌手在低声部旋律的基础上创造性地即兴变唱。但有时高声部也可为主旋律，即当低声部唱一个漫长的持续低音时，唱高声部的歌手以自己较为鲜明的旋律线，形成相对独立的变体，它虽源出低声部，但都超过低声部的地位，而形成主旋律。

侗歌讲究押韵，曲调优美，歌词多采用比兴手法，意蕴深刻。侗族大歌一般由若干句构成一段，若干段组成一首，每首歌开始有一个独立性段落，称为序歌，中间部分由若干句组成，然后有一个尾声部分，形成首尾呼应的结构。

二、分类

关于侗族人歌的分类各地不同，一般可按其风格、旋律、内容、演唱方式分为四类：即嘎所（嘎获）、嘎嘛、嘎想、嘎吉。其中的嘎所是最精华的部分。

1. 嘎所

嘎所称声音大歌，这种歌强调旋律的跌宕，声音的优美。歌词一般短小，突出歌词之间和之后相当长的衬字及曲调，拉腔时几个歌手轮换唱高音，使高音之间此起彼伏，低音一般由其他歌手齐唱一个长音，与高音形成反差相映衬，旋律多模仿自然界的虫鸣鸟叫、小河流水并以昆虫鸟兽或季节为歌命名，如《蝉歌》《知了歌》《三月歌》等。

2. 嘎嘛

嘎嘛为柔声大歌，一般以抒发男女恋爱之情为主要内容，特点是缓慢、柔媚而富感染力。

3. 嘎想

嘎想为伦理大歌，是一种劝教戒世为主的大歌歌种，音乐旋律起伏不大，注重歌词内容的表述，多以称颂或讽刺为主，是安定劝抚侗家人情绪的主要伦理手段。

4. 嘎吉

嘎吉称叙事大歌，多以展开故事情节和人物对话为主要内容，音乐旋律舒缓、低沉而忧伤，有以单人领唱、众人集体低音相衬为主要表现方式的嘎吉母，和众人分声部合唱的嘎锦两种类型。叙事歌的歌词一般较长，歌者要有惊人的记忆和丰富的表情。

此外，侗族大歌亦可按性别和年龄分为男声大歌、女声大歌、童声大歌等种类。

三、代表作品

蝉之歌

走进山间闻不到鸟儿鸣，
只有蝉儿在哭娘亲，
蝉儿哭娘在那枫树尖，
枫尖蝉哭叹我青春老。
得不到情郎真叫我伤心，
只听蝉儿声声鸣，
蝉儿声声心悲切，
像是可怜我单身。
静静听我模仿蝉儿鸣，

希望大家来和声，
我们声音虽不比蝉的声音好，
生活却让我充满激情。
歌唱我们的青春，
歌唱我们的爱情。

第四节　民间风俗

一、语言特点

侗语属汉藏语系，壮侗语族，侗水语支。在东亚语言的比较研究中占有重要地位。侗语声调名列侗族闻名中外的三大文化瑰宝（鼓楼、风雨桥、大歌和声调）之列，其声调之多，演变之大，为世界有声调语言所罕见，是目前为止世界上声调最多的语言。

侗语是全球唯一的一种由 8 种声调组成的语言，在西方被称为多声部自然和声的民间语言历史上分布在整个侗族南部方言区，其 8 个声调分别用 1、2、3、4、5、6、7、8 来代表，有平声、上声、去声、入声、短声、轻声、长声、重声。因此，用侗语演唱的侗族大歌，成了中华民间艺术中的一块瑰宝。

二、趣味婚俗

1. 走寨与坐妹

广西的侗族在择偶时有走寨与坐妹的婚俗。当吃完晚饭后，三五成群的小伙子便会拿着风雨灯，弹着侗族琵琶，吹着侗族笛子，一路唱着侗族情歌，到别的寨子去。

到了目的地，凡是有未婚女青年的家庭听到声音就会亮起灯来，或者女青年从木楼里伸出头来看看。这时，这群男青年就以各种借口到某家去坐一会儿。如果女的看中了这群男青年中某一个的话，也会找出各种借口把这个男青年留下，比如说借他的灯笼用一下。这时其他在场的人，包括女方父母，都得统统回避，这就是走寨。

在其他人走后，女的慢慢地向男方靠拢，最后一起坐在火塘边，一面低声地对唱情歌，一面闲谈，借以达到双方初步的了解。直到三更过后两人才约定下次相会的时间、地点，然后女的把灯笼送还男方。这就是坐妹。以后双方便设法了解，直到双方都认为情投意合了才到订婚阶段。

2. 十二碗离娘粑

“粑粑传情”是中国侗族男女青年的独特婚俗方式。侗族姑娘和小伙子互相中意后，姑娘会背着父亲到土地婆（姑娘的嫂子或婶娘）家里去做粑粑。

幽会时，姑娘唱完优美的情歌后，将12对雪白的粑粑送给男友，以表达她一年12个月对男友的相思之情。男友吃了姑娘的粑粑后，到下一次幽会时就要回送给姑娘12包糖作为酬谢。

举行婚礼的前一天晚上，寨上的姑娘和年轻妇女要连夜赶做12对碗口大的离娘粑，以表示新娘新郎年年12个月生活美满，并不忘父母的养育之恩。离娘粑被接亲人带到婆家，切成细片和油茶拌在一起，在婚礼的酒宴上吃，让每个人都分享幸福和快乐。

3. “买美打油茶”

“买美”是侗语汉译音，即新娘之意。侗族婚礼举行当天，新娘要打一次油茶，故得名。

晚上，新郎寨上的后生们聚到新郎家就闹吃新娘油茶。新郎家非但不阻止，反而认为是吉祥如意。后生们使出浑身解数，闹得新娘非出来打油茶不可，否则就不罢休。新娘在打油茶和敬油茶时，如果把一碗盛有用细线穿起糍粑、猪肠的滚烫油茶敬给哪位后生，他就是最“幸运”者，当他左思右想怎样喝完这碗油茶时，新娘却偏偏先到他的面前来收碗，且一个劲儿地催快喝，此时，一屋人的视线全集中到他身上。新娘油茶浪漫而风趣，给婚礼增添了喜庆欢乐。

4. 跨扁担穿草鞋

新娘进入夫家火塘屋，是侗族婚俗中一个很重要的程序。在这之前，必须通过两道关：第一关是跨扁担，即新娘在良辰吉日进入夫家火塘屋时，夫家把一根系着红绸的挑水扁担横放在火塘屋的进门的楼板上，让新娘跨过。新娘跨过后，就预示新娘已经是夫家的人。

第二关为穿草鞋。事前夫家备好一双新草鞋，置于火塘屋门外。新娘进屋时，必须自觉又愉快穿上新草鞋，再跨过门槛，进入火塘屋。设置这一道关是让新娘知道勤俭节约。

5. “挑金水”

新娘进入夫家的第二天，便由一男童和两位伴娘陪同。此时新娘穿着民族盛装，戴上银饰。当铁炮三响，新娘挑着水桶出门。男童吹起欢乐的芦笙曲在前头引路，两位伴娘各在新娘的前后朝着寨边水井走去。寨上人听铁炮一响，正当吃饭的赶忙丢下碗筷，干农活的立即丢下工具，蜂拥到各个巷道路口，观览新娘美丽的容颜及风姿。

这时的新娘，是她一生中最荣耀的时刻。寨上的人们借机观赏新娘的服饰、面容、风度等。此时此刻，寨上女人交头接耳观赏新娘的刺绣，评析其技艺是否精湛，布局是否得体和大方。从中可窥见其技艺的精美与粗劣，勤快或懒惰。男人则观赏新娘走路的步履及其风度，洞察出新娘内心的涵养及其对待劳动的态度。

三、生活禁忌

1. 生产禁忌

每年第一声春雷响后，每隔 12 天即为忌雷日（如该日系子日，则逢子日均忌雷），不能下田劳动。立春后的5个戊日，也忌下田，认为如不忌戊五，会触犯土神，于生产与身家不利。因此，到了逢戊这天，人们互相提醒“戊不动土”。有的地方还有二月、九月的丑日与未日忌下种、做庄稼、竖房，四月、十月的申日忌挖田翻土；秧苗出水前及栽秧结束前有忌吹芦笙、扇扇子等禁忌。

2. 生活禁忌

忌对着太阳、月亮小便；太阳将落山时忌见到人打桩，怕夹自己的魂魄；忌天火（大流星）掉进寨，怕受火灾；忌鸡早啼，牛夜叫，认为是火灾之兆。忌清早说死、杀、鬼等凶语，否则不吉利。忌在野外碰见兽类及蛇等动物的尸首，认为见了会家破人亡。传说见了蛇蜕皮、交尾，男女野合，也会恶疾缠身，不治而亡。忌正月巳、亥日出远门或上坡；每月逢七与九日忌出远门等。

3. 婚礼禁忌

在缔结婚姻时，忌同姓结婚；还有五行相克不婚（尤不喜水克火），十二属相相冲不婚（有羊怕鼠、蛇怕虎、龙怕虎、马怕牛、金鸡见犬泪交流之说）。有的地方忌正月、三月、五月嫁娶、定亲，忌寅年婚嫁，接亲时忌碰见孕妇、丧事。新嫁娘忌在半路说话。新娘进新郎家门时忌碰见新郎家人，全家要回避，否则不睦。陪嫁的箱子、水桶、盆忌空去，一定要用它物或米充实；已嫁之女，回娘家时忌开禾仓、拿炊具。

4. 丧葬禁忌

忌猫跨过尸体；忌铜铁附在尸上入棺；非正常死亡者入堂屋停尸，其家庭成员忌参加竖鼓楼、架梁，忌进入圣母坛。殁于外者尸体或棺柩忌入寨；忌戴孝进入别家。出殡前全寨老幼忌吃荤，但可吃鱼。丧葬一月内忌出远门或借钱、米。

5. 妇幼禁忌

妻子怀孕，丈夫忌抬棺木、寿板；孕妇忌在娘家分娩，必要时，另搭一棚守月。忌生怪胎，一经出现认为是做了坏事的报应，于是不捡不养。产妇未满月忌到别家。产妇分娩时，忌外人进屋，三天才解禁。婴儿忌肉食，一岁食解禁。忌小孩数天上星星，认为会短寿。

四、民族饮食

侗族的饮食文化自成一体，大致可用“杂”（膳食结构）、“酸”（口味嗜好）、“欢”（筵宴氛围）三个字来概括。

1. 杂

大多数的侗族地区一天四餐，两饭两茶。饭以米饭为主，平坝多吃粳米，山区多吃糯米。糯米种类很多，有红糯、黑糯、白糯、秃壳糯、旱地糯等，其中香禾糯最有名。他们将各种米制成白米饭、花米饭、光粥、花粥、粽子、糍粑等，吃时不用筷子，用手将饭捏成团食用，称为“吃抟饭”。

侗族在清晨便会把一天要吃的饭菜做好，带到上山去食用。其中香禾稻做成的“抟饭”尤为甘美，有“一家蒸饭，全寨飘香”之说。侗族人喝的茶专指油茶，它是用茶叶、米花、炒花生、酥黄豆、糯米饭、肉、猪下水、盐、葱花、茶油等混合制成的稠浓汤羹，既能解渴，又可充饥。与饭、茶配套的，还有蔬菜、鱼鲜、肉品、瓜果、野味、菌耳和饮料，食源广博而异杂。

蔬菜大多制成酸菜。鱼鲜包括鲤鱼、鲫鱼、草鱼、鳝鱼、泥鳅、小虾、螃蟹、螺蛳、蚌之类，可制成火烤稻花鲤、草鱼羹、鲜炒鲫鱼、吮棱螺、酸小虾、酸螃蟹等风味名肴。肉品主要是猪、牛、鸡、鸭肉，吃法与汉族差别不大。瓜果有刺梅、猕猴桃、乌柿、野杨梅、野梨、藤梨、饱饭果、刺栗、大王泡，以及松树嫩皮、桑树嫩皮、香草根等。其中，栎木的果实可做成豆腐，香树的皮可洁白牙齿，油茶树上长的茶泡是天然的酸甜汁。野味包括鼠、蛇、蝌蚪、四脚蛇、幼蝉、幼蝗、土蜂蛹、石蛙、穿山甲、囡囡鱼、麂鹿、梅花鹿、麂子，以及吃松果长大的松香鸡和松香猪，侗族均能巧加利用。菌耳方面有松菌和鲜美的鸡丝冻菌，还有可制粑粑与粉丝的藤根、葛根，水田生长的细微苔丝，随处可见的竹笋。饮料主要是家酿的米酒和苦酒，以及茶叶、果汁。据粗略估计，侗族的常见食料不少于500种，天上飞的，水里游的，地上长的，草中爬的，只要能吃，无不取食。

2. 酸

侗族人喜欢吃酸，自古便有“侗不离酸”的说法。在侗家菜中，带酸味的占一半以上，有“无菜不腌、无菜不酸”的说法。这些酸味菜的特色是：

用料范围广。无论荤素，都可以入坛腌制。

腌制方法巧。先制浆水，加盐煮沸，下原料续煮，装泡菜坛，拌上酒精和芝麻、黄豆粉，密封深埋。

保存时间长。腌菜可放2年，腌鸡鸭可放3~5年，腌肉可放5~10年，腌鱼可放20~30年，而这些经过长期腌制的佳肴，平时是不能吃的，只有在特别重大的庆典上才能开坛。毫无疑问，在盛宴之中，碗碗见酸，而十道大菜组成的“侗寨酸鱼全席”，更是世所罕见。

3. 欢

侗族人宴客要打侗粑，其工艺复杂而细致，品种繁多。例如：加苏子汁的叫红侗粑，加杨桐叶的叫黑侗粑，带馅的叫豆沙侗粑、枣泥侗粑等。宴客时泡茶要加柚子皮、冬瓜皮雕成的蜜饯花卉；席上要备五味姜，清香适口的油茶，清甜软糯的黑珍珠饭，水牛肉调制的酸龙肉，以及闻名遐迩的醅草鱼，为的是宾主一起欢聚共乐。

客人进寨时的迎宾仪式——“拦路酒”最具特色。侗家人在进入寨子的门楼边设置“路障”，挡住客人，饮酒对歌，你唱我答，其歌词诙谐逗趣，令人捧腹，唱好了喝好了，再撤除障碍物，恭迎客人进门。入座后又是换酒交杯，邻居或自动前来陪客，或将客人请到自己家中，或凑份子在鼓楼中共同宴请，不分彼此。

酒席上还有“鸡头献客”“油茶待客”“酸菜苦酒待客”“吃合拢饭”“喝转转酒”等规矩，欢中有礼。

4. 特色菜肴

（1）酸鱼酸肉。酸鱼的腌制方法各地大同小异，主要差别是佐料有多有少，一般制法是：

腌制前先把鱼洗净剖腹，用生盐揉搓，使鱼变软，然后放入钵中浸渍一两晚，盐水渗透到鱼的各个部位，便沥干，使其变得僵硬，有的还要晒得稍干，用甜酒糟或糯饭拌酒，有的还拌以辣椒粉、姜泥、蒜泥，放进鱼腹，把鱼放进坛中。在坛离底3~6厘米的地方，用竹片架空，以便鱼发酵时滴下水分，保持鱼肉的干爽。坛口密封，不使透气，过2个月左右，鱼肉变得酸、香、甜、醇，便可以食用。

酸鱼是侗家招待贵客或送礼的佳品。腌在坛中，数年不坏，而且腌的时间长，味道更加醇香。

酸鸭、酸肉的腌制方法，同腌鱼差不多。

（2）串肉。串肉是侗家妇女生下头胎小孩，要做“三朝酒”时的特色。侗族在请“三朝酒”的时候要杀猪，同时给每位女客要留下一块半斤左右的肥肉，并用竹穿起，待她们饭后回去时人手一串，作为回礼。串肉拿回去后，用来打油茶，招待全家人乃至左邻右舍的女友。

侗族做“三朝酒”，请的多为女客。做外婆的要送去背带、抱褛、鸡、蛋和猪肉。亲戚朋友也各带新衣或活鸡、鸡蛋来祝贺和慰问。亲戚朋友多的家庭可收到几十甚至上百只鸡。添新丁的人家，要杀猪打鱼，宴请宾客，热烈庆贺一番。

（3）烧鱼（烤鱼）。侗区多在高寒山地，适种糯禾。春季，把鲤鱼苗放到田里，鱼以田中的小虫为食，迅速成长，又起到减少虫害的作用，一举两得。水稻扬花季节，稻花落入田中，更是鱼的好饲料。因此，这种鱼被人们称为“禾花鲤鱼”。

到了金秋时节，家家上山收割，人们用葫芦装上糯米酒，带上糯米饭，并带盐巴和辣椒，但不带菜。收割前先把田水放出，等到中午，田水放干，已经养了两季的鲤鱼变得肥嫩无比，搁浅在田间。人们便停止劳动，在田边烧起篝火，用树枝或竹片把鱼穿鳃串肚，在火上烤，把鱼烤得焦黄，油溢表皮，喷香扑鼻。大家围火席地而坐，扒去鱼内脏，抹上盐巴和辣椒粉，举行野餐。

（4）打油茶。侗家人对打油茶有着格外的喜爱，除一日三餐外，还要打一到三次油茶。

油茶有繁简或高低档之分。简单的油茶是在铁锅里放油，等油冒烟后，放进茶叶，炒半焦后，冲进水，煮沸呈红黄色，滤去茶叶，加进盐巴就可以饮用了。该茶清香可口，或清喝，或泡饭都很爽口。这是贫苦人家一天打两三次油茶普遍采用的方法。

复杂的油茶则用于节日、招待贵客或聚会时饮用。先是用油把阴米（即用糯米泡胀滤干，拌些油，蒸熟、阴干舂扁）炸成米花，然后油炸花生或黄豆，再炒猪肝、粉肠或瘦肉、香肠，再烫糍粑片或汤圆，最后煮油茶。有些还放些生米并放蒜泥或姜末同茶叶炒焦，然后冲水煮沸，滤去茶叶，加盐、葱花、茼蒿或菠菜等佐料，即成香喷喷的油茶。一般要吃上三小碗，才算领了主人的诚意。

第五节　传统节日

1. 冬节

（1）时间。侗族冬节在农历十一月十一。

（2）流行区域及地位。侗族冬节流行于广西及贵州、湖南的侗族聚集区。侗族的冬节，又称侗年，是喜庆丰收、祝福来年的节日，也是侗族人民最盛大的节日。有的地方只有杨姓过这个节日，故又称“杨节”。

（3）特点。在过节的这一天，不出工，全寨老幼均休息，小孩、妇女、客人都穿上新衣裳。家家舂糯米糍粑，有的家杀鸡，有的家还宰猪羊，宴请宾客，喝重阳节酿的酒，吃收早稻时腌制的禾花酸鱼。

侗家平时请客在午餐或晚餐，而冬节宴请亲友在早晨，从上午九十点开始，家家办酒席邀请客人，互相举杯祝贺，小街深巷，到处是猜拳酒令声，村村寨寨一派欢乐的节日景象。

2. 花炮节

（1）时间。花炮节根据各地区的传统不同而不一，有正月初三，也有正月十五、二月初二、二月十五和三月初三几种。

（2）流行区域。侗族花炮节流行于广西三江、龙胜等地，以三江侗族自治县富禄花炮节最为热闹。这是侗、壮、苗族传统节日。主要活动是各村寨组织抢花炮。

（3）特点。花炮是用红布（或红绸）缠绕的小铁环，将其置于铁炮顶端，然后点燃放炮，小铁环冲入空中，待花炮落地，预定人员即奋力争抢，夺到花炮并送到指定地点为优胜。抢到花炮则意味着吉利幸福，可获得猪、羊、红蛋、酒等奖励。

花炮分头炮、二炮、三炮，有的地方还有四炮、五炮。抢花炮仅限于男子，常以一家、一族、一村组队，也可跨村寨自由组队。抢花炮原为还愿求嗣的民间宗教仪俗，现已发展成为群众性文体活动，并列入全国少数民族传统体育竞赛项目。

3. 架桥节

（1）时间。侗族架桥节在农历二月初二。

（2）流行区域。侗族架桥节流行于侗族聚集区。

（3）特点。相传侗族祖公祖奶因在这一天架桥而得到多子多孙的福报，为了纪念这个日子，把这一天定为架桥节。

4. 姑娘节

（1）时间。侗族姑娘节在农历四月初八。

（2）流行区域及地位。侗族姑娘节流行于广西、湖南、贵州交界的地方，属于侗族妇女的节日。

（3）特点。相传这个习俗来自侗族的杨姓家族。节日这天，凡出嫁的姑娘都要回到娘家与自己的姐妹一起做乌饭、乌饭糍粑，唱歌说笑欢度节日。

节后，这些出嫁的姑娘回夫家时还要带些乌饭糍粑，分送给亲友，共享节日佳肴。

5. 吃新节

（1）时间。侗族吃新节有的在六月十二，还有的在七月初二、初四、初七和十四，以及八月初一等不同日子。

（2）流行区域。侗族吃新节流行于侗族聚集区。

（3）特点。从江的侗族吃新节多在七月上旬或中旬。席上的菜肴以鱼为主，筷子全以山上刚砍来的实心竹所制，并以未出穗禾苞或用笋壳叶包成的糯米饭表示新米饭祭祖先。房屋门一律敞开，以让祖先英灵同来吃新。

凌晨天未亮时，走廊上香烛灯火通明，全家晨宴祭祖。宴罢，男人们便去宰牛准备为待客的荤菜。

吃新节的庆贺活动，有对唱大歌、斗牛等。从江县的岜扒寨有支侗家人为纪念其祖上迁徙的辛酸，还有于半夜里打着火把，背着行李离开家，模仿跋山涉水的仪式。

第六节　民间传说

1. 创世神话

很久以前，世界上并没有人类。有一只乌龟有一次生蛋，孵出来一男一女。两人长大后结为夫妻，生下王雷、王素、丈良、丈美等兄妹 12 人。

一天，王素在玩火的时候不慎烧伤了王雷，怕父母责骂，把王雷关进了铁屋子里。又饥又渴的王雷向丈美求救，丈美给了他一壶水。王雷喝下水后力气大增，冲破铁屋飞上了天，临行前拔下一颗牙齿变成瓜种送给了丈美。

王雷上天后，连降 9 个月的大雨，洪水滔天，把除了丈良、丈美兄妹二人外的所有人都淹死了。丈良、丈美兄妹依靠王雷给的瓜种所长出来的巨瓜逃出生天。

洪水越来越大，兄妹二人坐着大瓜一直升到了天上。二人找到王雷，要求他马上把水退掉。

王雷放出 12 个太阳，把洪水晒干了。然而 12 个太阳就像 12 个火球一样晒得大地上树木枯焦，田土开裂。兄妹射掉了 10 个，留下 2 个，一个太阳，一个月亮。此后，丈良、丈美兄妹成亲，重新繁衍人类。

2. 风雨桥的传说

很久很久以前，一族侗家人居住在半山坡一个只有十几户人家的小山寨里。山寨里有个名叫布卡的年轻人，与妻子培冠十分恩爱，几乎形影不离。培冠长得貌若天仙，夫妻俩在过桥时，连鱼儿也羡慕地跃出水面来看他们。

一天清晨，河水突然猛涨。但上山干活的布卡夫妇并没有把这突如其来的洪水放在心上，依然准备过桥。

正当他们走到桥中心时，一阵狂风吹过。风刮得脸上很疼，布卡忙闭上了眼睛。只听见培冠惊叫一声，便跌落河中。布卡毫不犹豫地跳进水里，潜到河底去寻找。可是，来回找了几圈都没有找到。即使乡亲们都来帮忙，但还是找不到。

原来河湾深处有一个螃蟹精，把培冠卷进它在河底的岩洞里了。接着，螃蟹精变成一个英俊的小伙子，要培冠做他的老婆。培冠怎么可能屈从？一巴掌打在了螃蟹精的脸上。螃蟹精凶相毕露，开始威胁培冠。培冠大哭大骂，哭骂的声音从河底传到上游的一条花龙耳朵里。

龙的行为总是伴随着涛浪滚滚，还在搜救培冠的乡亲们不知所措。但花龙并没有骚扰百姓，而是一头扎进了水底。顿时，河水像开了锅一样，花龙与螃蟹精展开了激烈的搏斗。最后，花龙把螃蟹精镇在了河岸边不远的地方，那个肆无忌惮的大螃蟹变成了一块螃蟹形的大黑石。

河面平静后，培冠也在花龙的救助下安全上岸。这件事很快传遍了整个侗乡。大家把靠近水面的小木桥改建成空中长廊似的大木桥，还在大桥的四条中柱上刻上花龙的图案，祝愿花龙常在。空中长廊式的大木桥建成以后，举行了隆重的庆贺典礼，非常热闹。这时，天空中彩云飘来，形如长龙，霞光万道，正是花龙回来看望大家。因此后人称这种桥为回龙桥。有的地方也叫花桥，又因桥上能避风躲雨，所以又叫风雨桥。

第七章

家居山坝安乐在

——广西仫佬族的民间风情

仫佬族是一个既古老又年轻的民族。说它古老，是因为桂林市南部的独山甑皮岩发现的甑皮岩人被认为是仫佬族的祖先；而早在5万年前，便在广西柳江区活动的柳江人则与甑皮岩人有着血缘上的关系。因此，从目前考古发现来看，仫佬族的远祖便是5万年前的柳江人。说它年轻，是在中国历史上一直没有将仫佬族当作一个民族看待，直到1953年8月30日经过民族识别，仫佬族才被正式定名。

据2007年的统计数字显示，共有17万余仫佬族人居住在广西境内。主要聚居在罗城仫佬族自治县境内，其余散布在宜州、融水、柳城、忻城、都安、柳江、环江、金城江等县（自治县、区）及柳州市郊 。

第一节　民族服饰

世界上每个民族都有自己独特的服饰艺术，仫佬族也不例外。只是长期与汉、壮族交错杂居，互相影响，因此在很多方面已与附近的汉、壮族相同。

一、服装

1. 布料

仫佬族人最喜欢穿青色，服饰风格素朴简约。中华人民共和国成立前，仫佬人自种棉花和蓝靛，自织土布，自染。染布的做法是：将布放进染缸，用蓝靛水浸泡，着色均匀之后捞起，用米汤、薯莨、牛皮胶糊面。晾干后，用石礅滚化或棒槌敲打，这样制作出来的布料闪闪发亮，美观大方，经久耐用。被仫佬人视为珍品，姑娘们走坡时作为定情信物送给情人的同年鞋和结婚时穿的送嫁衣一定要用这种布料做成。而送给老年人的礼物——船形绣花鞋和老年人的防老衣都是用这种布料做成的。

2. 男装

在过去，仫佬族男子都穿对襟无领上衣、长裤，年老的穿琵琶襟上衣。有领长衣或者长衫只有富豪乡绅或有“功名”的人才能穿，这也是身份的象征。

下身为长裤，脚上穿草鞋，由于草鞋成本低廉，再加上经常需要在山中劳动，所以赤脚并不是仫佬族男子的传统。

在帽子上，老年男子常戴硬檐平顶碗帽；青壮年多戴瓜皮碗帽或扎青布头巾；小孩的帽子要可爱一些，一般戴无顶绒绣花帽，前沿用银质或铜质的小佛像、小铃铛作为装饰。

3. 女装

仫佬族喜欢穿青色，即使是妇女也不例外。她们用蓝靛染制的土布缝制的围裙、系带，并在上面用黑白棉线织成黑白相间的几何图案；裙边由抽纱拧线织成网状的花纹。

送嫁衣是仫佬族女装中最为精美的服装，每位仫佬族姑娘都要有两三套。这种衣服做工精细考究，工期长，原材料获得比较困难，因此平常日子很少穿出来，只有在姑娘出嫁或做伴娘送嫁时才拿出来穿上。穿过后又珍藏起来。

而在平时，妇女穿大襟短衣，宽身阔袖，配绣花筒裙或长裤，束青布围裙，裙带上织有几何纹。在家多赤脚，赶圩时穿上草鞋。

二、发式与饰品

1. 发式

仫佬族的男子用缠、翻、裹的方法包上头巾或戴圆形布帽，妇女的发式则随着年龄的增长而不断变化。

15 岁前的仫佬族女孩同男孩一样梳马桶盖发式，满 16 岁便作髻，梳挂式发型，将头发分为前、后、左、右、中共五簇，前簇发少而短，披覆在额前，中簇一束结辫，盘绕成椭圆发髻于后，左右及后簇任其自然垂挂，披在肩背上。婚后未育的妇女梳起辫子，在后脑结成一个大发髻；生育后改梳成蓬头式，即前挂发剪齐披在额前，其余各挂梳髻挂在脑后。

2. 饰品

仫佬族妇女喜欢佩戴白银和玉石制作的饰品。银制饰品有：银针、银钗、银簪、银镯、银戒指、银环。银针约三寸长，形似葱叶，上大下锐，粗如小葱之叶，插于髻上作簪之用。银花上用细银丝卷成的短银柱两条，柱端各套安一只小绒球。银钗也是插入发髻上的装饰品。银环和银钗平时都不戴，仅在出嫁和做客时才佩戴。玉制饰品有玉簪、玉镯。

三、传统工艺

1. 鞋子

布鞋。仫佬族的布鞋用白布做底，蓝靛布做面。鞋的式样有云头鞋、猫头鞋、单梁鞋、双梁鞋等，均为自己手工制作。随着社会的发展，生活水平的提高，这些传统的自制鞋越来越少见。但作为仫佬族姑娘爱情信物的同年鞋，至今仍在仫佬山乡流行。这种鞋制作比较复杂、细致、考究，能否做出一双精美的同年鞋，是男方家庭择媳的重要标准之一。

草鞋。草鞋柔软舒适、透气性好，穿上它行走起来轻松自如，因此深受仫佬族群众喜爱。仫佬族编的草鞋品种繁多，有牛筋榔草鞋、九层皮草鞋、龙须草草鞋、烂皮藤草鞋、黄麻草鞋、禾秆心草鞋、竹麻草鞋、棉线草鞋及绒线草鞋等。

在众多的草鞋中，竹麻草鞋、棉线草鞋、绒线草鞋是最具特色的，至今仍为仫佬族人所穿。竹麻草鞋是一种竹编草鞋。棉线草鞋是男青年走坡、赶圩时穿的。绒线草鞋鞋尖上还有一个大绒球，是女青年走坡、赶圩时穿的。棉线草鞋和绒线草鞋是仫佬族未婚男女青年的标志。在走坡场上，只要见到穿绒线草鞋的姑娘，小伙子便可唱歌向她求爱。

2. 帽子

麦秆帽。仫佬族的麦秆帽已有相当长的历史了。在清朝以前就盛行穿戴麦秆帽。它以麦秆为材料，手工编制而成。编成后，还要用石灰水煮，可以增白。从古到今，仫佬族男女老幼都喜爱戴麦秆帽，并且人人都会编织。麦秆帽又是仫佬族姑娘送给情人的爱的礼物。在仫佬族有一习俗，姑娘如果不会编织麦秆帽就嫁不出去。

杨梅竹帽。杨梅竹帽工艺精巧，品种繁多，有方眼帽、六角眼帽、圆顶帽、尖顶帽、放鸭帽、小人帽等品种。杨梅竹帽轻便大方，用途广泛，既可遮阳，又可避雨、挡风。

3. 煤砂罐

煤砂罐既是仫佬族日常的炊具，又是精美的工艺品。它是用煤矸石和白泥做原料，将其搅拌成泥状，放在模盘上旋成罐模，最后放入烧窑烧制，上釉即成。

煤砂罐种类很多，有烧菜用的带柄菜罐、单底无柄菜罐、双底浅菜罐；有煮茶用的大茶罐、小茶罐；有煮饭用的高单底、矮单底、单底瓮口、双底瓮口等。

煤砂罐非常经久耐用。由于仫佬族地区所盛产的煤矿中硫含量大，使用铁锅煮饭，很容易被硫腐蚀。煤砂罐具有抗硫作用，不易被腐蚀，一口煤砂罐可使用几十年。

第二节　建筑风情

仫佬族居住的总体特点是聚族而居，同姓的大都住在同一个村子里。如果一个村的居民虽同姓，但并不是共同的祖先，也必须分区域居住，相互不能混杂。例如谢村居民，虽全姓谢，但远祖是三个人（民间俗称三大户），因而，三大户的子孙将该村分为上、中、下三段，分别居住，界限分明。这种情况也造就了仫佬族独特的建筑艺术。

一、穿斗房

传统的仫佬族建筑为吊脚楼，用巨大的木柱架起房屋，上面用杉树叶覆盖。但因为民族大融合的缘故，这种仫佬族的吊脚楼已经消失了。

现存的仫佬族特色建筑为穿斗房。在广西壮族自治区河池市罗城仫佬族自治县，还保留着部分这类建筑。

仫佬族人家建筑房屋，一般都要准备三年时间。先将所需材料备齐，然后养一两头大猪，作为建屋时的菜肴。造屋时，同族的亲朋大多来帮忙，主家只招待酒饭不付工钱，来年别家建屋时也去帮工，称为“还工”。

穿斗房所采用的建筑材料多是火砖墙、青瓦面，很少用泥坯、干打垒和茅草。这与仫佬山乡盛产煤炭有关。这些火砖用煤矸石粉掺和白泥烧制，煤矸石有1000多大卡的热量，烧制过程中能够自燃，使得烧出的砖硬度大、结实耐用。仫佬族人发明了特大火砖，一块顶普通的火砖五六块，砌起墙来省工、省料、省钱、省时，十分坚固。

与其他民族为采光需要，而使房屋坐北朝南的格局最大的不同是，仫佬族的民居“不正南正北”，各家各户的门楼与正屋朝向不一致。因为仫佬族先人信奉风水学说，认为某年建屋朝某个方向最为吉利，门楼就朝这个方向建。

穿斗房一般为二层楼居建筑。无论是在平地或是斜坡上，房基都要修成高出地面30至60厘米的地台。居屋通常为长三间五柱落脚结构。家庭条件较好的建长五间，较差的修独间。屋分两层，人住楼上，以避免虫蛇侵扰和潮湿，楼下则用来圈养牲畜。

在室内格局上，中间为堂屋，两侧为厢房，每间厢房又各隔为前后两小间，除用前一小间作厨房外，剩余的全用作卧室。堂屋与厢房之间均有门互通。堂屋正壁前置一张方桌。磨、桶、犁、簸、盆等常用器具也多放在堂屋内。

前一卧室中有一个火坑，火坑里终年薪火不绝，是家人每日就餐处。每天劳作完毕，全家男女老幼皆围坐成一圈休息或闲谈。亲朋来往亦在火坑旁接待交谈。

屋顶下安楼枕，上铺篱笆，用来堆放粮食。屋前为平地，俗称“院坝”，用来晾衣服、晒粮食、放养鸡鸭等家禽。院坝两侧各为牛、猪圈和堆放柴草的一间简易房屋。与住房构成三合院。屋后或院坝前为菜圃，三合院四周多种植桃、李、梨树或竹丛。

穿斗房还有一个特点是户户相连。因为旧社会兵灾匪祸频繁，打家劫舍的事时有发生，家家有门相通，便于走避和互相救援，所以虽是独家独院，但户与户之间都有侧门相通。出正屋后门，就是后邻家的天井。除有巷道相隔或独立建房者外，全屯数十户，几乎可以畅通无阻，方便邻里平日交往。这也从一个侧面反映了仫佬族人团结互助、邻里和睦的优良品质。

二、乐登桥

在罗城县城西南面约 4 千米处，有一座圆形三孔石桥，名为乐登桥，始建于明洪武十八年（1385 年），是罗城境内历史悠久、造型优美的桥梁之一。拱桥总跨度约 27 米，高 3.6 米，桥面宽 4 米。桥身由经雕琢过的方形石砖堆砌而成，整个桥为三孔，孔径 3 米，桥的两头除各有一石狗外，还铺有石阶通往桥面，桥墩底中央处两头用方石雕凿出鲤鱼尾状，桥面有两块像草鞋印的方石，甚为奇特。对此，群众中流传着很多有关此桥的美丽传说。该桥属旧罗城风景之一，被称为“乐登仙迹”。

第三节　民间习俗

一、语言特点

仫佬语是侗台语族侗水语支的一种语言，为仫佬族人所使用，目前使用这种语言的人数大约有 5 万。主要分布在广西西北部的罗城仫佬族自治县和邻近的县市。

仫佬语和同语族的其他语言有很多相似之处。主要特点是鼻音和边音声母有清浊两套，腭化声母有硬腭化和软腭化两套。

声母中清塞音、塞擦音分不送气和送气两套，无浊塞音，有腭化和唇化声母。有的地方还有清化的鼻音、边音声母。韵母中元音多，部分元音分长短，有 15 个元音，8 个韵尾，8 个调类。

虚词和词序为表达语法意义的主要手段。名词或量词的修饰语，除数量词词组在前外，一般在中心词后。领属性修饰语可以放在前面，指示词在最后。句子的语序是主语在前，宾语在谓语之后，补语一般在宾语后，但有的补语也可在宾语之前。词汇中单纯词大多数是单音词。

仫佬族没有本民族文字，汉字是该民族中的通用文字。

二、趣味婚俗

仫佬族青年男女历来实行自由恋爱。除节日、集会和赶集时的交往相识之外，主要的恋爱方式就是在走坡中传歌互答交友。

走坡的季节是阳春三月和金秋八月。每年到了这个时候，年轻人都身穿盛装，男女各自结伴，到集市上寻找对歌的伙伴。找到满意的对手后，就邀到风景美丽的山坡草坪上开始对唱，以歌为媒，一问一答，相互满意，互赠信物。最后托媒人通报家长，确定婚期成亲。

媒人先由男方请托，女方家若同意，就把女儿的生辰八字交给媒人转递男方。男方父母收到女方八字后，认为与儿子的八字相合，这门亲事基本告成。

接亲方式各地略有差别，最有趣的是“送嫁十姊妹”。

新娘过门前一个月，同村寨的同辈姑娘自愿组成 10 人傧相，到未婚新娘家做姐妹，与新娘日夜相伴，帮她做新鞋，缝嫁衣，备妆奁。成亲的那天，十姐妹与新娘打扮得一模一样，穿相同的情人鞋、送嫁衣，撑同样的姐妹伞，剪同样的发型，扎同样的辫子，甚至连举止姿态都相近相似。若非亲友，真不知谁是新娘，谁是傧相。到了新郎家，11 个姑娘一起登堂入室，热闹非常。

接亲的当天，许多地方都有设“歌卡”的习俗。男方一行人到女方村寨接亲时，要被唱答盘问方能通过“歌卡”进入新娘家。同样，女方送亲队伍到男家村寨也得答出问歌才能进新郎的家门。有时从早一直唱到晚，围观看热闹的人挤得水泄不通。最后若答不上来，那就自问自答，或由家长出面唱“和解歌”，宣告“拦门歌”结束。在长时间的对歌中，主人要供应好吃好喝给客人，以保证对歌时精力旺盛，情绪饱满。

新娘进屋后，许多地方要“闹歌堂”，即在洞房内外摆擂台赛歌，男女唱答。高潮时，喝彩声、欢笑声响成一片，成了青年人显露才华的极好场所。

结婚的当天，新婚夫妇并不同宿，新郎和新娘都要陪伴着贺客和亲友过夜。次日早餐后，新娘便随同送亲的人一起回娘家。直到第二年二月的社日，男家才接新娘回自己家过节。而到这天晚上夫妻才得同房共宿。次日新娘仍回娘家居住，平时只有在农忙季节，新娘才暂时回男家短住几天，直到怀孕生子后才不再回娘家久住。

三、禁忌与信仰

1. 禁忌

仫佬族忌讳挖煤时讲不吉利的话，进门时踏门槛；忌吃猫、蛇肉；在过去，罗姓不吃狗肉，传说这和罗姓祖先陷入火灾得狗救助有关；姚姓不吃动物内脏，传说这和姚姓祖先有关：东汉时期，名将姚期出兵，战斗之前因为猪心没煮熟，没让战士们吃饱饭，因此也就没有出兵，导致贻误了战机，从此姚姓不吃动物的内脏。

另外，仫佬族还有一些生活上的禁忌。如大年初一不能扫地，认为扫地会把钱财扫出家；不能洗衣服，认为洗衣服会把福气洗掉；不能劈柴，认为劈柴会把财神吓跑。又如二月初一不进地，六月初一不做工；播种忌火日，并在三天内不得剃头、洗发；下玉米种的最初 9 粒时要停止呼吸，不许讲话；外出经商忌讳煮饭不熟和打破碗碟等。对于女人的忌讳更多。

仫佬族在饭甑的使用上有特殊的禁忌，严禁敲击；舀饭时勺口须朝下，舀后空饭勺也不能仰放；如果饭甑里饭不够，不能说“没有饭了”，只能说“发财了”。

2. 宗教信仰

仫佬族的宗教信仰是祖先崇拜、万物有灵，没有统一的宗教。随着道观的兴建与道教的繁盛，仫佬族先民由自然崇拜逐渐发展到信仰道教为主，崇敬多神。所信的道教之中又分茅山教和梅山教两种。

仫佬族的多神信仰十分复杂，有家神和外神两种，过去人们对自然界许多现象、对人自身的生老病死现象迷惑不解，于是把美好、善良的愿望寄托于鬼神的恩赐。而随着科技知识的普及，如今仫佬族地区信教的群众已经很少了。

四、饮食习惯

1. 家常饭菜

仫佬族的日常饮食以稻米为主食，麦类、薯类、玉米、豆类辅之。稻米有籼米和糯米，籼米作为日常的正餐，糯米作为节日的食品原料。

仫佬人家大都养猪，杀猪时，只卖一部分，其余部分留下自己食用。夏天做粉腌肉，冬天做腊肉，同时，在每月的祭神节日里，家家户户凑钱买猪祭神，进行集体拜神活动，饮宴吃肉。

仫佬族常有的蔬菜冬季以青菜和萝卜为主，夏季以豆角为主，辅以南瓜、匏瓜、八棱瓜等瓜类，青菜、萝卜、豆角等蔬菜，除鲜食外，还做成腌菜留存慢慢食用。仫佬族地区盛产黄豆，因而黄豆也是常菜，有炒黄豆、煮黄豆、豆腐豆酱。

2. 酸辣当菜

仫佬族粮食以大米为主，玉米、红薯、芋头等杂粮为辅助粮食。中华人民共和国成立前，农业生产水平低下，农民生活十分艰苦。一般家庭白天均食稀饭，晚上才吃上干饭，有的家庭连晚上也吃不上干饭。仫佬族人常以稀饭当饭，酸辣当菜，久而久之，习以为常。

生活改善之后，这种传统习惯仍未改变。一般家庭都是早粥夜饭，早餐、午餐多以酸辣佐食，晚餐才煮菜。尤其是夏秋季节，农事繁忙，气候炎热，更是如此。因此，家家有酸坛，少则几个，多则十数个；家家有辣椒钵，酸辣食品每餐必备。即便逢年过节，鸡鸭鱼肉摆满桌子，也少不了一钵酸辣食品。

仫佬人的酸坛分水坛与干坛两种。水坛腌的多是时鲜瓜菜，也有把时鲜瓜菜晒干留存下来，待到瓜菜淡季放入水坛腌制的。腌制方法较简单，只需将腌料洗净切好，加盐拌匀，放入坛中，两三天后即可食用，但保质期较短。

干坛腌菜手续较复杂，首先把腌料洗净切碎成半干，后用食盐搓匀，再拌上糖、酒或甜酒、辣椒粉等调料，然后入坛压紧，密封坛口，一两月后方可食用，可保存一两年而不变质。干腌的酸品，酸、甜、咸、辣、香五味俱备，脆嫩爽口，别具风味，被仫佬族人视为酸中珍品，宴请宾朋常掏出一些让客人品尝，不但毫无怠慢之意，反而表示对客人的尊敬。

仫佬族人腌制的酸品种类繁多，最常见的有蒜头、蒜薹、蒜苗、藠头、藠苗、豆角、刀豆、萝卜、黄瓜、青椒、莴笋、青菜椒、莲藕、泡菜、芋蒙、嫩姜等。但从来不腌肉类，而且切忌荤腥油脂沾着酸坛。

3. 地炉火锅

在烧得旺旺的地炉上，坐上只煤罐或铁锅，加上大半锅水，就餐者围坐在炉边，边取暖，边闲聊。等到锅里的水烧得沸沸扬扬，在锅当中坐上一只高脚盐碟，里面装着食盐、辣椒、葱、蒜、香菜，加上酸醋或酸水；然后把洗净切碎加调料腌好的肉类、蔬菜，一样样分多次沿盐碟周围放入锅里，就可趁热、趁脆、趁嫩夹起来，蘸上酸辣盐水，津津有味地吃起来。即使边聊边喝，吃上几个钟头，肉菜亦不失鲜、甜、香、脆、嫩、热的可口滋味。

4. 糯米食品

仫佬族人爱吃糯米食品，过去过年过节家家都需制办。因为糯米食品易腻，不易消化，多吃酸辣有利于增进食欲，帮助消化。这也是仫佬族人嗜食酸辣的原因之一。

（1）白馍。白馍是糯米制品，其做法是：先把糯米蒸成熟饭，放在石臼里捣烂，然后捏成拳头大的团子，吃时可用火烤，也可用糖水煮食。

（2）五色糯米饭。五色糯米饭是一种风味食品，其制法是先用红、黄、黑、紫四种颜色的染料将泡好的糯米分别染色，以及不染色的白糯米放入蒸熟，便成了色美味好的五色糯米饭了。由于染料取自花朵的天然汁液，而无毒无害无副作用，除具有特殊的香味外，还有防病祛邪、治疗腰酸骨痛的功效。

（3）白焖肉。白焖肉是仫佬山乡的一种风味食品。其做法是将整块猪肉或整只去毛和内脏的鸡鸭放入水中白煮，煮成八分熟后取出切成小块，然后配以调味汁食用。

（4）狗舌糍粑。狗舌糍粑扁长柔软，形似狗舌，由此得名。它松软可口，味道甜美，再撒上香香的芝麻糖粉，更令人回味无穷，是仫佬族男女青年走坡时唱罢山歌后互相交换的食品，意味着爱情像芝麻糖那样香甜。

（5）斗糍粑。斗糍粑是仫佬族人春节期间在家用糯米饭舂制的食品。大年三十晚上，家家户户的青壮年男子便摆开架势，高举“丁”字形椰锤，一上一下把糯米舂溶。一天之后，糯米饭舂溶，青壮年妇女便取出来做成馍饼。先放在用鸡蛋黄或茶油抹过的大簸箩里，然后移到芭蕉叶上晾干，印盖花纹图案。

（6）重阳酒。重阳酒是仫佬族农家最喜欢的传统饮料。重阳酒醇香扑鼻，越喝越想喝，连自己什么时候喝醉的都不知道。醒来时头不晕不疼。每年农历九月初九重阳节，仫佬山乡家家户户选出一部分上好的糯米熬酒。重阳酒的制作方法与汉、壮族地区的甜酒制法相似，密封窖藏一段时间后才开坛饮用。

（7）大粽粑。逢年过节，仫佬族人和当地的壮族人一样，都有包大粽粑和舂糍粑的习俗。仫佬族人包的粽粑个大，每个五六斤重，像大枕头一样，故又称枕头粽。包粽时，先浸泡糯米几小时，捞干后放些碱水拌匀，然后把粽粑叶背面一张张铺一尺多宽，层层加米到一定的高度，还放些在叶子围边，最后绑紧。有些地方在米中间放上一些事先腌好的肉或拌放些豆类。粽放在特大的锅中煮上一天一夜即可。包粽的季节一般在二月社（春分前后），姑娘婚后第一次到夫家过节或生小孩后回娘家，家里都要包大粽粑相送。

第四节　传统节日

仫佬族的传统节日很多，从农历正月初一春节开始到农历腊月二十四送灶王爷上天、大年三十的除夕，一年之中几乎月月有节日。如春节、观音节、花婆节、牛诞节、依饭节、走坡节等。全年的每个节日都有不同的活动形式与风格。

1. 春节

（1）时间。仫佬族春节在农历正月初一。

（2）流行区域。仫佬族春节流行于仫佬族聚集区。

（3）特点。活动有许多与汉族相似，只不过各有各的讲究。仫佬族人初一早上全家吃水圆，当天均吃素食；初二用香纸敬财神，参加各种文体活动。春节期间也是唱彩调戏的时节，正月十五之夜到别人家菜园摘几片菜叶回来，没有蔬菜，青草也要抓一把，称为“偷青”，民间认为，会给家中带来清洁平安。正月十五闹元宵，耍龙灯，春节结束。

2. 二月春社

（1）时间。仫佬族二月春社在农历二月初一。

（2）流行区域。仫佬族二月春社流行于仫佬族聚集区。

（3）特点。这天，家家户户舂糍粑，杀鸡祭祖，接新媳妇回家。全村进行春祭，各家各户凑钱买猪，抬到社王庙宰杀，每户派一位代表参加，敬祭社王时，将猪肉分成若干份，用竹子串联起来，一串一串地挂在竹竿上，分放在社王庙的两旁。祭完社王，各人将一串猪肉带回家，如果这一年春社在春分之前，民间认为年成好，有剩有余，代表们先饱吃一顿，剩下的串肉再分给各人带回去。如果春社在春分之后则年成不好，大家要省吃俭用，先分再吃，把猪肉全部分到各家各户去吃，煮黄花、煮黄色糯米饭供神，全家食用。

3. 清明节

（1）时间。仫佬族清明节在农历三月初三。

（2）流行区域。仫佬族清明节流行于仫佬族聚集区。

（3）特点。这一天全村杀猪祭“婆王”，然后各家各户扫墓。家家户户杀鸡供祖，做艾粑粑，在门口插两枝柳条。有的地方在这一天祭花婆，又称为“花婆节”。

4. 牛王诞

（1）时间。仫佬族牛王诞在农历四月初八。

（2）流行区域及地位。仫佬族牛王诞流行于仫佬族聚集区。传说这一天是牛王的生日，仫佬族对于牛这种人类劳动的好帮手有着崇拜之情，因此要在这一天进行纪念。

（3）特点。当天，无论农活多么忙，都要给牛放假休息。家家户户把牛洗得干干净净，将牛栏清扫一新，还在大门插枫树枝，以驱赶蚊蝇。并杀鸡、鸭，备酒肉祭“牛栏神”，做黑糯米饭祭祖先。

这一天要给牛吃上好饲料，做好的黑糯米饭要先请牛吃，之后人才吃。家境好的人家，还沤制黄豆、玉米，拌入鸡蛋酒糟喂牛。

5. 端午节

（1）时间。仫佬族端午节为农历五月初五。

（2）流行区域。仫佬族端午节流行于仫佬族聚集区。

（3）特点。这一天，仫佬族家家包粽，门口挂菖蒲、艾枝；酒和雄黄洒在屋阶；放雄黄水缸用来洗手；用石灰水洒在屋外墙根，拾田螺煮吃。

村中请法师穿红色法衣到田地驱虫保苗，在田边插“令”字三角彩旗。两人抬一只纸船前行，法师跟在纸船后作法，游完田地将纸船放在河边烧，快要烧完时扔进河中。

这一天还是银姓仫佬族人敬祭真武神的节日。家家户户杀鸡宰鸭，到真武庙祭拜，从早到晚，香火不断。

6. 六月节

六月节的时间是六月初五，是仫佬族人祈求神灵保佑，免去虫害、旱灾，五谷丰收，生意兴隆的节日。

7. 祖先节

（1）时间。仫佬族祖先节在农历七月初七至七月十四。

（2）流行区域。仫佬族祖先节流行于仫佬族聚集区。

（3）特点。祖先节的开始时间是七月初七。这天，仫佬族人杀鸭祭祖，接祖先回家；七月十四，再次杀鸭，祭祖送祖先。这一周里，家家户户香火台上早晚焚香、供酒肉，祭祀祖先后人才用餐。

到了七月十四下午，家家备上猪肉、鸡、鸭三牲，酒菜，供于祖先牌位前。老年人写好“勤俭持家”“好善乐施”等字，贴在纸钱包上，让青年人在台前读完一个烧一个。做完之后把纸灰用南瓜叶或芭蕉叶包成两包，穿系在一根小竹木片上，称为“金银担”。再用厚纸折纸船一只，或用芭蕉秆扎成小排，将“金银担”放在上边，送到河边，放入水里，让它随波漂流，称为“送祖宗下船”，祖先就这样被送往冥府了。

8. 安龙节

（1）时间。仫佬族安龙节在农历十一月。

（2）流行区域及地位。仫佬山乡有的村寨选择吉日举行盛大的法事，过“安龙节”。村子里请法师主持法事活动，安龙上位，请龙神保佑全村安康。

（3）特点。“安龙”时，先在村子周围挖 4 个大坑，每个坑点一盏油灯，日夜点燃，给龙神引路。法师口中念念有词，一手拿宝剑，一手拿火把，挨家逐户，从房间到猪栏，处处赶鬼驱邪，然后用茅草结成一个耳朵形的草标插在大门口的上方。

9. 依饭节

（1）时间。仫佬族依饭节的时间不固定，每隔三年一大庆、一年一小庆，在立冬后择日举行。

（2）流行区域及地位。仫佬族依饭节流行于广西罗城仫佬族自治县东门镇、四把等地，是仫佬族最隆重的节日，又名“喜乐顾”。有祈神驱邪、保安集福、贺五谷丰登之意。

（3）特点。在依饭节的活动中，除了本族人聚会和祭祀神灵外，还请来唱师，敲锣打鼓，歌舞娱神。选最长最饱满的糯稻谷穗，用彩带扎起，悬于墙上。堂屋中央的大桌上摆满用芋头、红薯刻成的水牛、黄牛模型，摆上五色糯米饭，其周围摆上芝麻、黄豆、八角、沙姜等12种农产品和鸡、鸭、鱼、猪心、猪肝等 12 种祭品，以示六畜兴旺、农渔牧副丰收，不忘神恩祖德。歌师身穿红衣围桌边唱边舞，歌唱劝人去恶向善的“十劝歌”，教人尊父母、敬师长、睦邻里、诚实为善、信誉行商、勤俭持家、奉公爱国等，较全面地揭示了仫佬族人的伦理道德观念和追求完美人生的美学理想。依饭节结束时，将谷穗和耕牛模型分送给各家各户。

10. 走坡节

（1）时间。仫佬族走坡节没有固定的时间，一年两次，一般在春、秋农闲时节举行。春季走坡选在春节至元宵节的一段时间，秋季走坡选在中秋节前后的一个圩期里。

（2）流行区域。仫佬族走坡节流行于仫佬族聚集区。

（3）特点。走坡活动古有惯例，不必发通知、出布告，群众早就对坡会的日期和场所心中有数。相传最大的坡场是东门、乔头、小长安三乡交界的花源洞和四把乡龙潭边的新印坡。

届时，青年男女身穿节日盛装，女的花枝招展，男的潇洒大方，成群结队，由各村各寨云集到坡场来。唱歌传情，互唱互答，有邀请歌、盘问歌等，增进彼此的了解。如果男女双方有情有义，便接唱倾诉爱慕之情的“谈情歌”；如双方感情进一步加深，进而即唱“初结歌”，表示初步认定对方为自己的意中人。对歌结束时，要唱“惜别歌”“相约歌”，表示年轻恋人依依惜别、难分难舍，盼望再相见的心情，并互赠信物，男方送女方月饼称“同年饼”，女方送男方同年鞋，又称“鸳鸯鞋”，意为成双成对，共结同心。

双方经过多次约会相见，以歌传情，互相了解后，仍然不能私订终身，因为按照俗例，必须经过双方家长同意，再经“月下老人”牵线搭桥，才能结为“秦晋之好”。接亲时，男女双方有设“歌卡”的习俗，一般要花一天时间唱答；在女方还有“拆蔗”仪式，到男方，则要举行“过扁担”仪式。

11. 挑新水节

（1）时间。仫佬族挑新水节每年正月初一举行。

（2）流行区域。仫佬族挑新水节流行于仫佬族聚集区。

（3）特点。新年的第一天早上，家庭主妇点上香和火把，挑着水桶到河边平时打水的地方，插上香，扔下几枚硬币，祭拜水神；之后打水挑回家，让家人饮用一碗新水。据说人喝了新水，可以子孙满堂；家畜喝了会体大身健。新年的第一天，如果谁挑上了第一桶新水，谁就是最吉利的。

第五节　民间传说

1. 特点

仫佬族的神话传说篇幅都较为短小，内容简单而集中，特别是反映仫佬族先民对于天地山川、日月星辰、雷电风雨等自然现象的形成和人类起源的解释性神话，每一则神话多是述说一种自然现象的形成或由来，表现出仫佬族先民丰富浪漫的想象力及对大自然的探索精神。代表作品有创世神话《婆王神话》和《天是怎么升起来的》，洪水遗民神话《伏羲兄妹》等。

反映和颂扬先民与自然灾害英勇斗争的英雄神话和追求忠贞爱情的神话在仫佬族的神话中占有重要地位，不仅数量多，流传广，而且内容丰富，情节曲折动人，是仫佬族神话的主体。如民间广为流传的《凤凰山》神话传说，以古代仫佬族人抗旱为题材，塑造了一个勇于牺牲、为民消灾除害的女性形象，反映仫佬族人民征服自然灾害的愿望。《垦王山》塑造了一个仫佬族青年的英雄形象，他以牺牲自己化作山峰为代价，拯救仫佬族人民，反映仫佬族先民宁死不屈的斗争精神。《鸳鸯石》描写了一对仫佬族青年男女的恋爱悲剧，歌颂坚贞不屈的爱情，表现仫佬族人民坚决反对封建婚姻制度，强烈要求婚姻自主的思想和愿望。而《三界的传说》《吃虫庙与吃虫节》《风雨亭的传说》《望郎石》等，则是其中的代表性作品。

在仫佬族的民间故事中，动植物故事和带有幻想色彩的生活故事很多，《兔子请猴摘桃》《公鸡、蜈蚣和马鹿》《鹧鸪和斑鸠》等故事反映了劳动人民纯朴高尚的道德观，《侬达搬山》《龙女和旺哥》《七妹和蛇郎》等故事在虚幻的情节氛围里展现了人们对美好理想的追求。

2. 罗义的传说

相传很久以前，仫佬族的祖先经历千辛万苦，在九万大山南麓开垦出了大片的田地，但庄稼总是还没到成熟的季节就被鸟兽给糟蹋了。一年辛苦到头来却是一场空，日子过得苦不堪言。

九头山上有个青年名叫罗义。他力大过人，射箭技术颇高。为制服鸟兽，他带领村中青年日夜狩猎，但这几个人势单力薄，总没有成群的鸟兽数量多，鸟兽对庄稼危害仍然存在。

一天，罗义在山上狩猎，发现一只被毒蛇咬死的老凤凰，凤凰窝里还剩下两枚凤凰蛋。罗义便将凤凰蛋带回家让母鸡孵化，不久孵出了两只小凤凰。在罗义和他的女儿罗英的精心照料下，两只小凤凰很快长大。罗义便天天带着它们去巡田狩猎。凤凰是百鸟之王，它们在田野上展翅飞翔时，那些祸害庄稼的鸟根本不敢惹，只能乖乖地躲进山林，不敢再出来糟蹋庄稼。

百鸟之害被除了，但野兽之害仍然存在。

一位老人告诉罗义，凤凰是百鸟之王，要想除掉野兽的危害，只能找百兽之王狮子来帮忙。只要有狮子在，百兽就不敢猖狂。但狮子平日里不容易见到，只能在立冬的前一天去找它。因为立冬是狮子的生日，它们喜欢在头天出来捕捉食物，为第二天的生日做准备，只有那个时候才有机会抓住它。

罗义按照老人的吩咐，在立冬前一天的下午带上凤凰和弓箭，埋伏在密林里。

当天傍晚，狮子果然出现了。经过一番激烈的搏斗，罗义终于将狮子擒获。狮子无奈之下，只得乖乖听罗义的话，来到村子看守田园。从那以后，野兽们也再不敢来糟蹋庄稼，仫佬族人开始过上了安稳的日子。

后来，罗义、罗英父女还把野牛驯化成耕牛，帮人犁田耙地，使劳动效率大大提高，让生活变得十分幸福。

人们为了纪念罗义、罗英父女的功绩，学习他们不屈不挠的精神，在每逢闰年的立冬日，各村各寨都举行祭拜活动。这就是后来“依饭节”的由来。

第八章

大山中的一抹情怀

——广西毛南族的民间风情

毛南族成为一支独立的民族的历史并不长，宋代才出现在典籍之中。而这个民族的名字，直到1956年才出现，不过当时被称为毛难族，直到1986年6月，经国务院批准，才更名为毛南族。

毛南族的人口数也较少。据2007年统计数字显示，居住在广西的毛南族共计7.73万人，其中环江毛南族自治县有6万余人，其余分散在附近各县、市。

第一节　民族服饰

在过去，毛南族人的服饰几乎都是由自家制作完成的。家家都有木纱车和织布机，并自种蓝靛草，自纺、自织、自染土布，用来制作各种衣饰。毛南族的姑娘从小就要学习纺线织布，织布技术的高低、织成布匹的多少是衡量她们智慧和才干的标准。

一、服装

1. 特点

根据性别、年龄、季节、用途和社会地位的不同，毛南族的服装存在着各种类型和样式。一般来说，通常分为外衣（毛南语称“骨勤班”）、女衣（骨勒别），青年服装（骨勒作）、儿童服装（骨勒洁）和老人服装（骨勒老）。根据季节与用途区分，冬季穿的衣服称“骨年香”、夏季穿的衣服称“骨年突”；喜事、走亲访友时穿的称“骨拜板”；做家务和下地劳动时穿的称“骨费工”等。

毛南族服装的颜色喜欢用蓝靛染成的青色和蓝色，很少穿黄色和白色，只有孝服用白布缝制，忌穿白色衣服串门。

2. 男装

毛南族的男装被称为五扣衣，开右襟，无花边。它的最大特点是有五颗晶亮的铜扣，毛南语中称为“骨娥妮”，意思是五颗扣的衣服。五颗扣一颗在领口，三颗在右襟，和领扣垂直相对，一颗安放在肚脐位置，下面开襟。衣服口袋缝在右衣襟里不外露。

毛南族男子盛装时佩戴头巾。头巾长约八尺，从左到右有规律地缠在头上，头巾一端有布须，毛南语中称为“挂爪”；腰缠八尺长的黑色腰带，腰带两头用红、黄、蓝、白绒线镶成锯齿形的布须，缠腰时两头有颜色的布须外露；下面穿宽筒裤子，脚穿白底黑面的布鞋。

3. 女装

毛南族女装的最大特点是镶有三道黄色花边的右开襟上衣和宽脚绲边裤子，从衣领到衣襟镶有黑色花边，花边有大和小之分。大花边有筷头那么大，镶大条花边费工少，缝制较容易；小条花边有火柴梗那样细小，缝制手工精细，穿起来也显得精致、美观，女裤的裤脚也镶三条黑色花边，花边大小要和上衣一样。

在午节期间和有重大喜庆活动时，妇女要戴用细竹篾编织成的“花竹帽”。

4. 毛南族鞋

毛南族的绣花鞋是其民族服装的一大特色。对于一双精美的绣花鞋，毛南族妇女们有着格外的喜爱。

毛南族绣花鞋有“双桥”“猫鼻”“云头”三种样式。“双桥”鞋是用红、绿两种颜色在鞋面上镶两条花边，像两座石拱桥横跨河面，也像一对彩虹，因而得名；“猫鼻”鞋也叫“猫鼻子花鞋”，因为鞋头上翘，很像猫鼻子；“云头”鞋因鞋面绣有云朵图案而得名。

这些精致的绣花鞋通常是要赴喜宴和走亲时才穿的，平时在家穿黑色布鞋；走远路、赶圩多数穿用竹壳、竹棉和禾米草编织而成的草鞋。

二、饰品

毛南族的银器饰物给妇女儿童增添了光彩，除了银手镯外，还有银耳环、银项圈、银麒麟、银环、银簪、“五子登科”帽饰、银钗、银梳等。青年妇女戴上银耳环，表示已出嫁或订婚了，小孩戴银锁驱邪禳灾。

三、工艺品

1. 花竹帽

毛南族最具特色的手工产品是花竹帽，这也是他们服饰中的一个亮点。花竹帽制作精良，美观实用，深受毛南族人的喜爱。

花竹帽大小不一，需要用 700 多根细竹篾制成，直径一般为 70 厘米，分里外两层。竹编外层面上刷漆，既不透光不渗水，又结实耐用；里层用黑、黄二色竹篾编成各种几何图形的花纹图案；帽圈处用各种色彩艳丽的彩带和珠料作装饰。据说花竹帽能给青年男女带来爱情好运，所以已成为男女定情的信物。

2. 织锦工艺品

毛南族织锦流传于广西环江一带，常用作被面、背带心、挂袋的布料使用。织锦用棉线和各色丝绒线为原材料，土机编织。图案纹样有八角花、香炉花、畦蝼花、凤凰花等。锦面图案呈几何形结构。

第二节 建筑风情

一、特点

毛南族的民居有三个特点：一是村落组织、设施与起居习俗带有古百越民族文化因素；二是吊脚楼型住房不拘一格；三是房屋建筑和家用器具使用石材量大，保留时间长久。

随着时代的发展，毛南族住宅建筑也经历了四个阶段。

在最早的时候，因为经济的落后，住的是草木结构房屋，上层住人，下层圈养牲口；稍后是土木结构，分三开间或五、七开间，都是单数；第三阶段是石木或砖木结构，被称为麻石屋，其内外装修皆比较讲究，宽敞明亮，也是现在毛南族群众最普遍居住的样式；第四阶段是钢筋水泥结构，但因为经济发展的相对滞后，现在尚不普遍。

二、麻石屋

麻石屋又称干栏石楼，属吊脚楼式建筑。但与其他吊脚楼不同的是，麻石屋是用石基、泥墙、瓦顶为建筑材料盖成的房屋。随着经济的发展，也有少数砖墙、瓦顶的房子。

麻石屋分上下两层，上层住人，下层圈养牲畜和堆放农具、柴草以及其他杂物，和壮族的吊脚楼建筑相似。但毛南族人居住在大石山区，到处有石头，因此房基或山墙多用精制的料石砌成，还用长条石制成登门的石阶，毛南语中叫作“突结”（意即石梯）。

麻石屋以用桁条多少根或多少间来区分住房的大小。有 3 间、5 间、7 间、

9间等。从屋顶到前后两边屋檐，用13根桁条的叫“檐十三”，用15根的叫“檐十五”，用17根的叫“檐十七”，用19根的叫“檐十九”。修建“檐十七”的较多，这样的房子，屋里既宽敞，通风采光也良好。“檐十九”屋檐低矮，光线不足，比较阴暗，所以修建得不多。

建房时，用料石、泥巴舂或砖砌成两边山墙，毛南语叫“封山”。中间用木柱、木栌、杵左条做排架。每排用母柱（大柱）两根、子柱两根，用厚板做木栌，把两根母柱和两根子柱联结起来，毛南语叫“排檐”。每根柱底垫着精心凿制成的圆柱形石垫，叫石柱，一般高70~80厘米，有的高达一米多。

排檐多少以间数来定。如做3间的要做2个排檐，5间的做4个排檐，7间的做6个排檐，依此类推。间数一般都是单数，因为大门要安在房屋正中，这样两头才能对称。每排檐竖后，中间横放桁条，钉上栓皮（椽子），上面就可以盖瓦了。

房屋正中一间的顶端放正梁，正梁涂朱红色，写“梁文”。梁文以正梁的中心点为界，向两端分开书写，一侧写上梁的年、月、日、时；另一侧写主家的地址、姓名（地址从省直数到村屯）。

正梁一间设大门，门楣宽厚，方便喜庆日贴上对联。门扇用两大块厚板制成，一扇一块。门扇上下两头做一至两寸长的圆锥，插入门框上下的木质轭锢，不用活页，开关时发出响声，因为在那个民风淳朴的地方，人们很少在白天关大门，因此，这个声音也就表示这家人现在已经起床或准备休息了。门扇贴门神，有铁制或铜制的门环。

麻石屋的门槛也很讲究。它用一块长条料石精制而成，早踩晚踏也不怕损坏，年代越久门槛磨得越亮。

大门两侧设卧室，都有窗户，用厚板做窗框、窗台，喜庆日也贴上对联。窗扇也用两块厚板制成，结构和大门一样。屋顶有用瓦片做成的屋脊，一般很少用砖。中间用14块瓦片装饰成金钱图案，屋檐用三根竹篾和栓皮交叉结成檐角，防止瓦片跌落。整个房屋结构严谨，牢固美观。

三、石刻艺术

世代居住在石山中的毛南族，对于石刻艺术自然有着独到的理解。其石刻工艺品遍布生活的各个角落，从石碑、石柱等纪念性物品，到石桌、石凳、石磨、石槽、石水缸等生活用品，再到石门、石窗、石墙、石槛、石阶等建筑物，可以说石头是毛南族人最喜爱的材质。

这些石器都精心刻上花纹图案，尤以石墓碑最为壮观。大的石墓碑用巨石刻成楼阁式，3 到 4 层，高约 3 米，碑前的石刻有鹿、猴、仙鹤、水仙、寿松等各种动物花鸟，手工精细。大片墓地碑阁如林，仿佛石刻艺术的宫殿。

第三节　民间习俗

一、语言文字

1. 语言

毛南语属汉藏语系壮侗语族壮语侗水语支。由于毛南族人居住比较集中，所以毛南语内部比较一致，没有方言土语的差别。同时，在音节结构方面，又保留了壮侗语族一定的特征。

毛南语音结构复杂，有 66 个声母，其中 16 个腭化声母，13 个唇化声母，浊塞音及鼻音声母各两套，舌面音声母、腭化声母和唇化声母各一套。此外还有送气的清塞音与清塞擦音声母，以及 V、W 各有不同音位之特点。

有 86 个韵母，其中 16 个元音，音位关系复杂，有 10 个处于长短对立状态，有的则可以跟高元音与清塞音等韵尾结合成韵。但韵母 Y、L 受汉语的直接作用较突出。共有 8 个调类，包括 6 个舒声调和 2 个促声调，且跟汉语的平、上、去、入（各分阴阳）相当；促声调的调值因元音的长短不一而有所不同；整个调值受桂北壮语影响较深。

传统上毛南族没有文字书写系统，而是用汉字音义拼记或以汉字为基础创造新字来记录毛南语的民歌和宗教诵本等。这些字流传范围极其有限，只有师公和少数学者认识。2010 年后出现了以拉丁字母为基础的毛南文字拼音方案。现流传于部分毛南族知识分子中。

2. 语法

毛南语实用的大量固有词语中同义词和近义词丰富；量词除作计算事物数量单位外，还可以给事物区分类别。毛南语跟壮侗语族存在不少同源词，因此它表达的空间辽阔，具备语言趋同因素。

毛南语构词的手法多且有特色。如表达概念的方式有比拟、联想和转义等。单纯词的结构有单声与双声和叠韵关系；汉语借词为整体吸收，其音节在毛南语中大都没有意义。合成词有 3 种 9 类方式，即有带词头、带词尾及附加音节于后等类型。另有相当数量词语的序列与汉语相反，如称牛肉为肉牛，称菜园为园菜等。在语法中的词类、词组、句子成分和语序跟汉语基本一致，特别是同壮侗语族更接近，其语序也为主语—谓语—宾语。

二、宗教信仰

毛南族是一个多神崇拜的民族。由于民族的宗教信仰受道教的影响最深，因此在不同的场合祭祀的不同神仙共有几十种之多。这些神仙包括了神话人物、民间传说人物、历史上的英雄人物、佛教道教诸神、祖先等。

在每个毛南家庭，面朝大门口的墙上都供奉着一个神龛，上面写着所供奉的各种神祇、人物等，如天、地、君、亲、师、三界、守龛童子等。神龛右下方写着五代祖宗以及外祖父和外祖母的名位。

逢年过节之际，毛南族群众都要在神龛下面的供奉台上摆放祭祀物品，如食物、香火等。另外，厨房靠灶边贴着一张红纸，写着敬奉灶神的词语。

大门口的门后面，在墙根处一般写着“出入平安”或尊敬土地神之类的字样。村口的某块大石头下面建有李广将军的香火庙，毛南人将李广将军作为村的保护神。各家各户的门上贴有门神神荼和郁垒或者秦叔宝和尉迟敬德的画像，保护家庭的平安。很多家庭还在门的上方挂照妖镜，阻挡恶魔的进入。

毛南族的祖先崇拜也很盛行。从历史上来看他们就很注重祖先坟地的修建，用料毫不吝啬。坟墓主要用好料石砌成，墓碑也很讲究。在颂谭山上满是雕刻精美的先人墓碑。

三、生活禁忌

1. 生活

（1）外出做生意时，最忌讳外人坐在自己家的门口，认为这是阻拦生意之路，挡住了财运；在路上如果遇到送葬的队伍或路过办丧事的人家，便认为是不吉利的；在出远门的临行前如果饭没有煮熟或者碗被打破了就不能去，认为这是在路上会受到伤害或者被抢劫的不祥之兆；在出远门前盛第一碗饭时，不能把饭勺和筷子上的饭粒掉在锅边和碗边，认为这样走路时就会被草割伤了脚或脚底起泡。

（2）火灶是灶王所居之地，不能用脚踏或往灶上吐口水，也不能在上面放鞋子、衣裤和桐油灯，以免污秽灶王。烧柴时必须先把粗大的那头送进灶内，否则孕妇会难产。

（3）神龛是摆放祖宗灵位之地，不能放桐油灯、狗肉等，否则就会被视为对祖先和诸神的侮辱。

（4）借用别人的水桶、箩筐，归还时不能直接把两只桶都挑在扁担上送进别人屋里，要在扁担上挂一个手中提一个，否则主人不高兴。下雨天不能戴着雨帽进别人的屋，以免邪鬼跟着进去。

（5）出嫁的女儿回娘家时不能梳头和爬果树，否则对娘家的男人不利，果树也会枯死。

（6）遇见岩石崩落时，不能把这事说出来，否则会生病。家中有重病患者，要用两根棍子叉在门外，不让外人进屋，也不能用红纸写字贴在门口，以免病人的病情加重。

（7）尝新米要择吉日，毛南族人认为“收”“成”“开”“闭”日是好日子，可以尝新，“危”“破”“建”日不利，不能尝新，否则新粮会很快吃完；尝新时遇有外人来到，甚至是出嫁的女儿回来，都不能让其参加尝新。家中的米缸和粮仓，不许外人和小孩看，以免粮食被老鼠偷吃。

（8）过年时也有许多禁忌，如正月初一不能讲粗话，不能责骂人，以免对双方都不吉利；小孩不能去别人家串门，以免以后到处乱跑；初一至初二不能吃青菜，以免地里多长草；初一吃饭不能泡汤吃，以免水冲坏田地里的庄稼；初一白天不能睡懒觉，以免禾苗倒伏，人变懒；烧火时不能直接用嘴吹火，否则以后会刮大风，对庄稼不利，要用吹火筒吹；初一至十五不能洗衣、晒衣被，不能扫地，以免扫除家中的钱财；春节期间不能舂米，否则以后会下大雨，对玉米生长不利。

2. 婚姻

新娘进新郎家门的时候，孕妇和新郎的父母要避开，以免将来夫妻不和睦，新娘和公婆闹矛盾；新娘在进门时不能抬头看神龛，不能用脚踩门槛，以免踏去新郎家的经济命脉；新娘走出家门后，不能回头望，以免将来不落夫家。

3. 生育

孕妇床上的东西不能乱翻，房中的墙上不能乱钉钉子，以免惊动胎儿，发生流产。

妻子怀孕期间丈夫不能打蛇，否则胎儿出生后会像蛇一样经常吐舌头；也不能修灶、砌灶，否则孩子会长兔唇。

孕妇不能吃生姜、兔肉，否则生的小孩多手脚（六指或六趾）且不会讲话。

产妇产后未满 3 天或 7 天要出房间时，须用草席或其他东西把火灶遮住，以免秽犯灶王，对家庭烟火不利；产妇产后满月前不能从别人家门口走过，更不能进人家的房子，否则对别人的家庭不利。

婴儿出生不满 3 天时不能见天；婴儿满月外婆来探望，进门时需要主家手提锅盖让她从锅盖下面通过，否则会导致小孩生病。

4. 丧葬

给死人洗身的人 10 天内不能进别人的家，怕会带着秽气惊动别人家中的诸神；给死者洗身后的脏水，只能倒在死者的床下，不能向外泼，否则在举丧时天会下雨，别人踩着脏水会脚痛；死者睡过的床铺在 3 天内不能往外搬动，否则天会下雨；孝男孝女在死者出殡之前不能到别人家里，怕给别人的家庭带去灾难；不能穿孝服进舅舅家，以免给舅舅家带来不利。

四、趣味婚俗

在过去，毛南族年轻人的婚姻由父母做主，也就是我们常说的“父母之命，媒妁之言”，所以也就使得这个民族盛行早婚，甚至在孩子还没有出生时便由双方父母进行了约定。到了六七岁时，便由双方父母合命，如不相克，便通过媒人到男女双方家说定婚礼、陪嫁数目。由于今天年轻人在人身上和经济上越来越独立，他们在婚姻方面享有了更大的发言权。

1. 择偶条件

与其他很多少数民族要求必须族内通婚不同的是，毛南族并不忌讳族外通婚。毛南族与壮族、汉族结婚司空见惯。一般来说，农村挑选配偶的标准最典型的是郎才女貌或郎财女貌，也有以其他因素作为择偶标准的。

订婚前，双方父母一般是先请算命先生看八字，如果八字不合，则订婚将遇到困难。聘礼数由媒婆作为中间人两头协商，直到达成一致。分散居住在城镇的毛南族则受到汉族的影响较多而不一定遵守毛南族的婚姻传统。

2. 送棉花条

订婚后，待男女双方的年龄到 20 岁左右时便可择日结婚。结婚时要请法师作“招魂”等法事，还要请子女双全的人来杀猪。杀猪时，看猪血流出的情况预言子孙后代的吉昌，如血鲜红，迸射远，则子孙兴旺。

婚后新娘并不住在夫家，并于结婚当天就回娘家住，以后按照在结婚时选择的吉月回男家去一次，由一两位青年妇女陪送，男方要送给新娘棉花条，意思是子孙连绵，再以后只在农忙时回夫家帮忙，直到怀孕生子后，才到男家定居。

3. 抢帽

毛南族向来有对歌恋爱的风俗。在对歌之前，有一种有趣的婚俗现象，毛南人称为“抢帽”。

抢帽是小伙子和姑娘们的事。在赶圩、吃喜酒或民间集会活动时，当小伙子看中了某一个姑娘，便千方百计寻找机会抢走对方的花竹帽（也有的抢走对方的手帕）。当姑娘的帽子被抢走后，她会回过头来瞄小伙子一眼，如果自己觉得此人不中意，便会向对方表露出一种不满的情绪，接着立即把帽子抢回来。如果这次没抢回来，以后也要寻找机会抢回来，或托人把原物索回来。遇到这种情况，小伙子知道和对方交不成朋友了。

反之，要是女方觉得小伙子如自己心意，便会默默地应许，乐意让小伙子把花竹帽拿走，当场或者过段时间，自己也去向对方索取一件礼物，作为纪念。

还有一些求偶心切的姑娘，在赶圩或去做娘伴时，常常故意将荷包里的手帕露出来，或夹在显眼的腑窝下，方便有心的小伙子抢走。

抢帽中意了，两者算是交上朋友。但是，抢帽仅仅是朋友之交，仅仅是恋爱的前奏曲，还远没有达到恋人的阶段。

4. 媒人牵线

毛南族人恋爱自由，但婚姻不自主。婚姻需要由媒人来牵线搭桥。媒人牵线搭桥有两种形式：

一种是男方父母先看中女方，托媒人求婚。

另一种是双方互相不认识，全靠媒人搭桥，然后算命先生看双方的八字。

双方八字如果是相冲相克，就不能结为夫妻，要给女方退回八字，另择他人。要是相生相和，媒人便约定双方在某日子到某一地点相亲。相亲主要是互相看看对方的身材相貌是否中意。

相亲后，男方要在媒人的手里放一些零钱，毛南语中叫作“送垫”。如不同意，就不给或少给。媒人收了“垫钱”，过一段时间便分别到男方和女方家，告诉对方已经同意了。这时，各家都请媒人吃一餐酒肉表示感谢。在毛南话中叫“焊垫”，即“合婚”的意思。

“焊垫”的当晚，媒人与主家商定聘礼钱，毛南人称为“讲牛”。以铜钱为聘金的叫“黑牛”，以白银为聘金的叫“白牛”。如今用人民币只称“讲牛”，不再区分“黑牛”“白牛”了。

商定后，男方选择一个日子报知女方，然后由新郎的妹妹或姐姐跟媒人去，把“牛钱”送给女方（即送聘金）。有的一次送齐，有的先送一半，到婚期再送另一半。一般“牛钱”的礼品是两篮年糕、一只阉鸡、一挂猪膀蹄、一壶酒、三颗槟榔、一包盐、一把烟叶（或一条卷烟）、四捆面条，还有红糯米饭和糍粑。女方给男方回赠一条布。

送“牛钱”后，男方接着请先生选择吉日迎新。如果吉日临近，双方筹办不及，便暂不办婚事，先在吉日里接新娘“踩门”。“踩门”花费不大，由媒人代替新郎提一篮红糯米饭、猪肉、酒等简单礼品到新娘家，当天便由一位娘伴陪着新娘跟媒人一起到新郎家。新郎家只办两三桌酒席请亲近的房族来吃。家公和吃“踩门”酒的叔伯都要给新娘送一些钱，叫作“哄媳妇钱”；婆家给新娘和娘伴各送一条布。

“踩门”后，新娘就算是男方家里的一员。“踩门”后的第二天，新娘便和娘伴一起回娘家。过一段时间，待男方筹备齐全了，再大办酒席请客举行婚礼。如果筹备婚事可以赶得及，便在所选吉日进行迎亲，但至少要提前三个月告诉女方，让女方有充分的时间准备嫁妆。

五、特色饮食

1. 特点

毛南族人的饮食比较简朴，很少有奢侈的大鱼大肉。但有特殊的习惯，在小平原、小平坝上，人们以大米为主食，玉米、小麦为辅，平时以大米饭或稀粥为主，逢年过节时做米粉、米糕、五色糯米饭、糯米糍粑等；在山区，由于不适合水稻生长，所以人们以玉米为主，小麦、高粱、红薯、豆类为辅，生活较苦，喜欢吃猪、牛、羊、鸡、鸭等肉类，有吃酸食的传统习惯。

此外，毛南人把生羊血视为滋补品。在杀羊时，他们把羊血盛在清洁的瓷盆中，把凝固后的羊血割成小块，用烈酒浸泡后食用。生羊血经酒消毒后无腥味，不伤肠胃，还有吸尘和滋补身体的作用。

2. 毛南饭

毛南饭以玉米粉、鲜嫩豆芽、嫩南瓜（南瓜苗、南瓜花）、姜丝、辣椒和油盐等食材为配料。先用冷水将嫩竹笋煮熟（用热水煮的话会有苦味），加入玉米粉煮成糊状，然后加入豆荚或切碎的南瓜，最后再加入南瓜苗（或南瓜花），拌些油、盐即可食用，辣椒只作调料，依个人口味加减。这种饭吃起来很可口，有一种独特的清香。

3. 酸食

如同广西很多少数民族喜欢吃酸一样，酸食是毛南族人的传统饮食习惯。据史料记载，毛南族“百味用酸”，可见他们对酸食的青睐。

每年秋收之后，很多人家杀猪宰牛，开始腌制酸肉。先把猪肉（或牛肉）切成半斤至一斤重的块，用米粉和食盐搓匀后放坛内，加盖密封，一段时间后会发酵并产生酸液，经过长时间酸液的侵蚀，肉块已酸化变熟，吃时不必煮，酸味不腻人。远客到来，主人常以积年酸肉招待以示盛情。

毛南菜中的螺蛳酸风味更为独特。在腌制前，先把活螺蛳放在清水盆里浸泡几天，让它吐尽秽物和沉水，然后洗净泡熟（不需去壳），用干净清洁的布包好放入坛中，在坛内加入清水，再把炒熟的糯米和用火烤过的猪骨放入坛内，与螺蛳一起混合腌制。和酸肉一样，腌制的时间越长越好，螺蛳肉就会全部溶化于酸液之中。夏天天气炎热，吃些螺蛳酸不仅清新爽口，而且还会防治肠胃消化不良和腹泻等疾病。

此外，毛南族人还腌制酸菜叶、酸竹笋、酸豆腐、酸芋茎、酸辣椒、酸姜等，品种很多，户户皆有。

4. 打边炉

打边炉的吃法同北方人冬季的美食火锅很相似，但又带有毛南族特色。毛南族人将新鲜的菜牛肉切成薄片，用汤、姜、蒜、西红柿为佐料，另将辣椒、盐巴加水调成“盐碟”。食用时，将牛肉片摆在炉子周围，盐碟放在锅盖上。

等锅中汤水鼎沸时，先放姜丝、大蒜和西红柿，再沸时把牛肉投入，拌几下，当牛肉呈灰白色时夹出，蘸盐食用。肉片投放的时间不能过长，以免老化变硬。

这种食用方法使菜牛肉脆嫩清香，不膻不腻，不损肠胃，为毛南族待客的佳肴。还可在锅中烧汤少许，将锅边灼红时把牛肉贴到锅边上，当牛肉卷曲如木耳状时再拿出蘸盐食用。

5. 鸭酱

毛南族人喜欢吃鸭血做的鸭酱。舀上一碗最好的酸水，把鲜鸭血倒入酸水中拌匀，过些时间后鸭血即变成灰白色，带着浓馥的酸味，吃时加入盐、姜丝、辣椒、蒜泥拌匀即成鸭酱。用鸭肉蘸着鸭酱食用，味道奇鲜无比。

6. 饮酒

毛南族人喜欢喝酒，自己也有酿酒工艺。他们酿酒所使用的原材料很多，糯米、黏米、玉米、小米、高粱、地瓜、南瓜等都可以酿出美酒。不过所酿的酒度数不高，一般为 20 到 35 度。

六、民间艺术

1. 歌曲

毛南族人喜欢唱歌，而且已经把唱歌当成了日常生活里的一个重要组成部分。

最常见的毛南族民歌有三大类。其中两类为对歌形式，由两个人或两组人轮流唱，分别出现在不同的场合：一种是愉悦大众时唱的，一般节假日时演唱，曲调相对固定，词为即兴创作；另一种为欢庆时节唱，婚庆、过生日请来演唱队歌颂主家。另外一类是独唱，主要用来叙述传说和祖先的故事。

逢年过节或重要的圩日（即集日）都有赛歌会，实际上是斗智斗勇的智力竞赛。一般按照性别分为两组，主要是愉悦群众。歌词编得好的一方常常赢得观众的大声喝彩。这类歌曲的结构为八行，每行七言，毛南语叫“比”。旋律很少变化，但歌词现编现唱。另一种为八行五言歌，常出现在婚礼或庆典上，这类歌毛南语叫“欢”。这种歌的歌词是事先编好的，很少即兴作词。第三种歌曲毛南语叫“比见”，结构为四行七言，一般为独唱。

2. 舞蹈

（1）跳道。跳道是最具有特色的毛南舞蹈形式，是毛南族人喜爱的艺术形式。现正式名称是“肥套”，意为做道场，是国家非物质文化遗产保护项目。

毛南肥套不只是跳舞。每逢重大节日或进行宗教仪式时还常有木面舞表演，由二三十位师公或演员带上木面具表演。在毛南地区举行的各种祭祀活动中经常能看到这种舞蹈。木面舞的作用是既敬奉了神仙又娱乐了群众。表演的主题和内容包括了很多传说中的人物和佛教、道教中的神祇。伴奏乐器主要有诸如陶鼓、铜锣、铜钹等打击乐器，有时候也有唢呐之类的吹奏乐器，一般没有弦乐器参与。

（2）猴鼓舞。毛南族猴鼓舞主要用在丧葬礼仪中搞闹场，分《猴王出世》

《猴子敲桩》《猴子引路》三段，一个人击铜鼓，一个人击皮鼓，三个人表演。表演时间根据表演者的情绪，可长可短。

第四节　传统节日

1. 分龙节

（1）时间。毛南族分龙节开始时间是夏至日后的第一天，持续三天。

（2）流行区域及地位。毛南族分龙节流行于毛南族聚集地。这是毛南族最重要的传统节日。据说“分龙”即分配龙的数量。这一天就是恳请玉皇大帝将天上的龙的数量平均分配给毛南地区。因为毛南族先人认为，降雨的数量取决于天上龙的多少，太多了涝，太少了旱。

（3）特点。分龙节开始前家家户户都要打扫卫生，蒸五色糯米饭和粉蒸肉。节日持续三天，其间要举办很多活动。其中最重要的是敬奉“三界公”的宗教仪式。仪式在三界庙举行。传说“三界公”是毛南山乡饲养耕牛和菜牛的创始人，教会了毛南人很多生产技巧，并给毛南地区带来了好运。

节日第一天是师公在庙前庙内做的各种祭祀活动；以前第二天杀牛祭祀，但现已很少有杀牛的，这两天的活动叫“肥庙”；第三天在家祭祀祖宗。因此，又称“庙节”。

2. 放鸟节

（1）时间。毛南族放鸟节在农历正月十五。

（2）流行区域。毛南族放鸟节流行于毛南族聚集地。

（3）特点。在春节到来之前，毛南族家家户户都上山采集蒲叶。到了除夕，毛南族人把菖蒲叶精心地编织成滚肥大肚儿的鹦鹉、细头长尾的山鸡、伶俐活泼的燕子、长颈秃尾的鸬鹚等“百鸟”，并在“百鸟”的肚子里灌上香糯，有的拌饭豆或加上芝麻馅，然后下锅煮。煮好后，用一根甘蔗把“百鸟”的麻绳子穿起来，挂在堂屋正中香火堂前，一直挂到元宵节，称之为“槽鸟”。

元宵节早上，家里的主妇把“百鸟”和粽子取下来，再放锅里煮，晚上用“百鸟”当饭，这就是放鸟节里的重要议程：“放鸟飞”。

3. 找药节

（1）时间。毛南族找药节在农历五月初五，也就是端午节。

（2）流行区域。毛南族找药节流行于毛南族聚集地。

（3）特点。这一天，男子上山找草药“狗屁藤”，女子则在家用“狗屁藤”和米一起磨成浆做糍粑然后放在锅里煮熟，吃起来有一种特殊的香味。吃了这种糍粑可防病疫。据说在这一天男子上山采回的草药药效特别高，不管是人是畜，吃了都可以防病驱瘟。

4. 南瓜节

毛南族南瓜节为农历九月初九，也就是重阳节，毛南族又叫“九月重阳”。在这一天，主要活动有两项：一是评选当地的南瓜王，最大最成熟饱满的南瓜拿来和小米一起煮粥分吃，南瓜子留作各家来年种南瓜的种子；二是儿女们请亲友聚餐一同慰问老人，为年迈体弱的老人“添粮增寿”。

第五节 民间传说

毛南族的民间传说十分丰富。有关于祖先来源、征服自然、反抗强暴、助人为乐、爱情悲欢的故事，以及以山水、动植物为题材的寓言、神话和生活中的谚语等，从各个不同的侧面反映了毛南族的历史发展过程。

1. 覃三九的故事

由于毛南族世代居住在山区，水源河流很少，自古以来常常遭受旱灾的威胁。有个名叫覃三九的毛南青年，想把毛南山区变成海边，从此解除缺水之苦。于是他日夜挥动“竹壳刀”去削山头，让妻子每天送饭给他。

一次妻子送饭时看见他用“竹壳刀”在削山，很是生气，骂他是个大傻瓜：“用竹壳刀怎么能削平石头山？”覃三九大惊，竹壳刀突然折断。削山的工具没有了。

削山不成，覃三九就设法把山赶走。有一天，他正赶着大群石头往前走的时候，迎面遇到了一个地主婆，便问她：“前面是否有一群牛？”地主婆回答说，没有见到牛，只见许多石头在前面滚。地主婆的话音刚落，那些石头怎么赶都赶不动了。

覃三九并不甘心放弃，又邀请12条龙到思恩汇集，并约定在三更鸡叫时出来。然而这个秘密又给地主婆知道了。不到半夜，地主婆就爬起来用大蒲扇轰鸡，结果引起群鸡乱叫，12条龙只出来2条，变成了环江和东江，流经毛南族外围地方。

覃三九移山造海，不屈不挠，毛南族人民把他看成是自己祖先征服自然的化身，因而世代传颂。

2. 猴鼓舞的传说

很久以前，在一个林木茂密、山明水秀的地方住着一户人家，丈夫早亡，留下了三个儿子，妻子一人当爹又当妈，含辛茹苦拉扯三个孩子。

一天，兄弟三人到山上采摘一种名叫青冈子的坚果以贴补家用。不知不觉小儿子与两个哥哥走散了。两位哥哥采到天快黑的时候才发现弟弟不见了，连忙跑回家叫来母亲和村里的邻居，打着火把上山去找。但山高林密，连找了三天，都没有发现小儿子的踪影。他的母亲因为痛失儿子，每天都以泪洗面，时间一长，把眼睛哭瞎了。

那小儿子去哪儿了呢？当天，他和哥哥们走散之后，十分害怕，满山遍野哭喊着找他们。不知不觉中迷路了，一不小心就掉进了山洞里。这个山洞里住着一群猴子，他就在洞里和猴子一起生活、玩耍，饿了就吃猴子们摘来的野果，渴了就和猴子们一起去喝山泉水。天长日久，这个小孩的身上渐渐长满了毛，而且也学会了猴子的语言，连原来的话也不会说了。

10多年过去了，失去小儿子的母亲，最后忧郁而终。按照毛南族的民间习俗，在出葬当天法师要敲响铜鼓来祭祀死去的老人。阵阵低沉的铜鼓声响彻云霄，传到了很远很远的荒山上。

正在猴群里玩耍的小儿子听到了远处传来家乡熟悉的铜鼓声，唤醒了他对过去的回忆，就顺着鼓声找到了回家的路。

走到离村子不远的地方，他突然发现铜鼓声正是从自己家里传出，就赶忙往家里跑。来到门口，发现门前挂着白布，两位哥哥跪在棺材前一边哭一边烧香烧纸，便意识到母亲已经去世。

而这时的他相貌大变，家里的人都认不出他，他自己也不会说话，只会发出像猴子一样的叫声。为了向母亲表达自己的思念和悲伤之情，他捡起一段空树筒，用围在腰间的兽皮蒙上，做成了一面兽皮鼓，举起兽皮鼓手舞足蹈地边喊边叫，口里发出“嚎、嚎、嚎”的声音，并且围着兽皮鼓不停跳舞，以表达自己离开家人多年的悲伤心情。

在场的人开始还以为是山上的猴子在胡闹，使劲赶他走。但见到他眼里不停地流出泪水，无论怎么驱赶都不愿离去，才猜想他是不是10多年以前丢失的那个小孩。经过仔细辨认，两个哥哥终于认出了他，兄弟三人跪在母亲的灵前泣不成声。

从那以后，为了纪念死去的亲人，毛南族人就用兽皮做成手鼓，把三兄弟的传说演变成民族舞蹈的形式来纪念对亲人的深厚感情。流传到后来，就成为毛南族的文化经典——猴鼓舞。在去世的老人出葬时，除要用铜鼓来祭祀死去的亲人外，还必须用猴鼓舞来表达对亲人的怀念。因其节奏欢快、动作滑稽，故而又逐步演变到一些民族的欢庆节日中，成为毛南族的传统舞蹈。

第九章

信仰虔诚的民族

——广西回族的民间风情

回族是我国分布范围最广的少数民族。唐朝时期，来自波斯和阿拉伯的商人，经海路和陆路来到中国的广州、泉州等沿海城市以及内地的长安、开封等地定居。蒙元时期，蒙古铁骑西征，大批西域人迁入中国，吸收汉、蒙古、维吾尔等民族成分，逐渐形成了一个统一的民族——回族。

自宋代以来，有回族陆续迁往广西。桂林白姓回族的祖先于元朝来广西任廉访副使，尔后定居桂林。柳州回族的祖先，是随宋朝大将狄青率领的镇压侬智高起义的部队而来的。明、清时期，回族陆续从湖南、河北、山东、广东、云南等省迁来。据 2007 年统计数字显示，居住在广西的回族有 3.23 万人，其中 60% 以上分布在桂林、柳州、南宁三个市，其余分布在百色、鹿寨、阳朔等市县的城镇、农村。居住在农村的回族多集中平坝地区，或居住在交通方便的城镇郊区；城市回族自成街区，农村回族自成村落。

第一节 民族服饰

一、特点

回族的服饰具有多重作用的特点。

首先它可以保护身体。这是衣服的基本功能，也是人类正常生产、生活和生存的必然需要。二是具有装饰的作用。爱美之心人皆有之，如男子穿衬衫、套青坎肩，女子点额、染指甲，在衣服上绣花，都有装饰的因素。三是具有宗教的作用。有些回族穆斯林为了参加宗教活动或受宗教的影响，需要头缠戴斯他勒、穿准白、穿麦赛袜子，妇女搭盖头。

回族的服饰根据性别形成了男子服饰和女子服饰，且男女服饰区别很大；根据年龄形成幼儿服饰、成年服饰和老年服饰；根据婚否分为未婚服饰、已婚中年服饰和已婚老年服饰；根据地区和季节、宗教职业形成不同的服饰等。

二、男装

1. 回回帽

回回帽是回族传统男帽，是一种无檐小圆帽，也叫作“礼拜帽”。伊斯兰教义规定，在做礼拜磕头时，前额和鼻尖必须着地，戴无檐帽行动更为方便，因此也就发展成为一种服饰习俗。

从颜色上看，回回帽通常有白、灰、蓝、绿、红、黑等颜色，有的是纯色，也有不少带伊斯兰风格花边或图案、文字的，如星月图案、阿拉伯文的“真主至大”“清真言”等，根据不同的季节和场合进行选择佩戴。一般春夏秋季戴白色，冬季戴灰色或黑色，结婚的新郎多戴红色，以示喜庆。最常见的还是寻常帽式的白色。

回回帽一般用的确良、涤卡、棉布等布料制作，也有用白棉线钩织的；黑色的多为平绒、棉粘毛毡、花达呢等材料，也有用毛线钩织的。此外回族人也喜欢戴牛羊皮革制成的帽子。

2. 戴斯他勒

“戴斯他勒”是波斯语的音译，意思是清真寺的阿訇（回族穆斯林对住持清真寺宗教事务人员的称呼）或教长头上缠的布。

除了戴回回帽外，回族人有些也用白、黄色毛巾或布料缠头，俗有“缠头回回”之称。相传穆罕默德早期在传播伊斯兰教时，头缠戴斯他勒礼拜，从此便成了阿訇的传统装束。

戴斯他勒长度一般分为两种，分别是 9 尺或 12 尺。为了便于叩头礼拜，前面只能缠到前额发际处，不能把前额缠到里面；缠巾的一端要留出一肘长吊在背心后，另一端缠完后压至后脑勺缠巾层里。

过去回族头缠戴斯他勒的较多，多数回族群众习惯戴白帽，清真寺里的阿訇、毛拉（中国伊斯兰教清真寺经堂学校学生的称谓）和常去寺里的群众则缠头的比较多。

3. 准白

“准白”是阿拉伯语音译，意思是“袍子”“长大衣”，是回族毛拉、阿訇和老人们喜欢穿的衣服。准白一般选用黑、白、灰等素色的棉布、化纤料或毛料制作，有单、夹、棉、皮4种。其款式近似现代的长大衣，但领子一般是制服领口。

回族男子还喜欢穿白衬衫、白高筒布袜、白布大裆宽松裤等。

4. 坎肩

坎肩是回族男子服饰的一个重要组成部分，也是男女都喜欢穿的一种服装。

回族男子喜欢把一件适体的对襟青坎肩套在雪白的衬衫外面，黑白对比鲜明，清新、干净、文雅。也有很多带有精美伊斯兰图案和各种花色的坎肩，穿在身上给人感觉很利索、干练。

回族男子的青坎肩在襟边、袋口处用针扎出明线，使衣服各边沿平挺工整，突出服装造型的线条美，同时用相同的衣料做小包扣，显得雅致。皮坎肩选料颇讲究，要用胎皮和短毛羊皮，缝成后轻、柔、平、展。冬天穿上这种皮坎肩，再穿上一件外套，既轻便保温，又不显得臃肿。特别是回民爱清洁，讲卫生，又有尚武习俗，经常要洗脸、洗手、练武，穿上坎肩，挽袖子洗手洗脸、干活、习武既方便又保暖。

5. 布鞋

布鞋是传统回族男子的鞋，一般都是自制的方口或圆口布鞋，也有用麻和线自制的凉鞋。随着社会的发展，现在大多数回民到商店购置各种布鞋和牛皮鞋、凉鞋等，但忌穿猪皮鞋。农村男子的袜跟、鞋垫一般都是绣花的。回族老人有扎绑裤腿的习惯。

6. 腰刀

回族男子还喜欢随身佩带一把小刀，俗称腰刀。男子挂腰刀，一是为了装饰，二是为了随时宰牲、救牲。这种习俗从阿拉伯传入我国回族当中，与唐代杜环记载的阿拉伯人“系银带，佩腰刀”的习俗是一样的。

三、女装

1. 盖头

回族妇女一般头戴盖头，旨在盖住头发、耳朵、脖颈。

戴盖头的习俗，一是受阿拉伯国家的影响。古时的阿拉伯地区风沙很大，水源较少，人们平时难以及时沐浴净身。为了防风沙、讲卫生，妇女们自己缝制了能遮面护发的头巾。后来许多阿拉伯、波斯商人把这种习俗带到中国。二是受伊斯兰教的影响。我国回族妇女虽然已不使用面罩，但也以头巾护住头面，一般把头发、耳朵、脖子都遮掩起来，久而久之逐步形成了回族妇女戴盖头的习惯。

回族妇女在戴盖头前，有的将头发盘在头顶；有的将头发盘在脑勺后，戴上帽子，而后再戴盖头。盖头通常有绿、青、白三种颜色，有少女、媳妇、老人之分。一般少女戴绿色的，已婚妇女戴黑色的，有了孙子的或上了年纪的老年妇女戴白色的。

回族妇女的盖头讲究精美，大都选用丝、绸、乔其纱、的确良等高中档细料制作。

样式上，老年人的盖头较长，要披到背心处；少女和媳妇的盖头比较短，前面遮住前颈即可。回族妇女还喜欢在盖头上嵌金边、绣风格素雅的花草图案，看上去清新、秀丽、明快、悦目。如今随着时代的发展，有些青年回族女性的盖头也有了一些样式、色彩上的变化，显得更加活泼和大方。

2. 大襟

回族妇女的传统服装以大襟为主，装饰内容极为丰富。少女和少妇很喜欢在衣服上嵌线、镶色、绲边等，有的还在衣服的前胸、前襟处绣花，色彩鲜艳，形象逼真，起到画龙点睛的作用。

回族妇女衣服的颜色不喜欢妖艳，一般老年人多着黑、蓝、灰等几种颜色；中、青年喜欢穿鲜亮的，如绿、蓝、红等颜色。

回族妇女老少一般都备有节日服装；经常礼拜的人，还专门有一套礼拜服。

3. 耳环

大部分回族妇女从小就要打耳洞，到了七八岁时要戴耳环；同时，还喜欢戴戒指、手镯等首饰，有的还点额、染指甲等。已婚妇女还要经常开脸，显得清秀、干净。

回族妇女喜欢戴耳环，除了装饰以外，据说还能使人心明眼亮。其中的科学道理在于，眼部穴位在耳垂中央，戴耳环可以刺激耳部眼睛的穴位。

4. 指甲

回族女性喜欢用凤仙花染指甲。这个习俗也是传自于阿拉伯、波斯等地，因为中国在汉代以前没有凤仙花。汉武帝时，张骞听说西方有一个条支国（阿拉伯），后来甘英奉命出使西域，中国与阿拉伯之间才有了交通。从此以后，互相往来，阿拉伯名为“海葫”的凤仙花也传到中国。回族形成后，仍袭祖先的习俗，代代相传。时至今日，许多回族女性还喜欢用凤仙花染指甲，以示美观。

第二节　建筑风情

由于回族信奉的是起源于中东的伊斯兰教，因此，他们的住宅就别有风味，不仅在居住区域上有自己的特点，而且在住宅的造型、结构、设施及其他方面也有自己的习俗。

一、民居

1. 造型

回族的房子造型有土木结构平房、前后两坡砖瓦房、前坡砖瓦房、二层楼房等。在广西多住前坡砖瓦房和前后两坡砖瓦房、楼房等。

土木结构的平房和砖瓦房，一般都在打好地基的基础上砌墙立柱，在墙里面要竖木立柱，回族俗称土柱，前后墙柱支梁，梁上接檩，顺檩搭椽，再铺苇席，最后垫麦草涂泥。

在支梁之日，回民要请阿訇用红纸写一段《古兰经》贴在大梁上，直到房子盖成也不轻易去掉，以求吉祥。

回族的这种土坯式房屋一般都能与木构架紧密结合，逐步成为构架式与土坯式的复合类型，再由土坯式逐步发展为砖瓦式，即房子由土坯草泥墙转为砖和石灰石式混凝土墙，房顶由茅草顶转为瓦顶。

现在回族的房子样式很多，有虎包头式、小高楼式、普通平房等。房子一般喜欢和习惯向阳背阴，房子不讲究单数、双数，根据经济条件量力而行，有盖两间的，有盖三四间的，也有盖五六间和七八间的；有的还盖十几间，甚至几十间。

房子不论是三四间，还是六七间，中间两间一般为客房，其余都是单间的，按辈分居住。

2. 室外装饰

回族历来以爱美、清洁、文明著称，这种特性也体现在他们的住宅环境中。在广西，无论到哪户回族家，都会感受到在住宅的设计、陈设、布局、装饰以及生活的点缀等方面，富有独特的回族特点。

特别是回族人喜欢在庭院里栽各种树木和花草，不少地方还有养盆花的传统习惯，窗台上、院子里到处摆放着千姿百态、争奇斗妍的盆花。

3. 室内装饰

回族人的室内装饰也别具特色。一般家庭西墙上都悬挂阿文中堂和具有伊斯兰艺术特色的工艺制镜以及伊斯兰教圣殿天房克尔白挂图等。挂历一般都是伊斯兰教历和公历对照的，图案多为著名清真寺或天房、花草等，既便于查阅回族传统节日和伊斯兰教宗教节日，又能够欣赏。

由于受阿拉伯地区风俗的影响，回族还喜爱熏香，一般家庭都备有香案和香炉，每当打扫完室内卫生后，都要燃上几炷香，使室内空气更加清新，给人以清爽舒适之感。

二、特色建筑

回族的特色建筑莫过于清真寺了。清真寺也称礼拜寺，是伊斯兰教信徒礼拜的地方，为伊斯兰教建筑群体的形制之一。

清真寺的建筑风格因地域不同而有所差异，但都带有浓郁的阿拉伯建筑风格，采用国际流行的大拱顶结构。据统计，目前全广西共有清真寺 16 所。

1. 柳州清真寺

柳州清真寺是广西的清真古寺之一，始建于康熙初年，当时总面积约 2000 平方米。

该寺始建时正门向南，1983 年改向北，清真寺现仅存有大殿及水房，总占地约 1500 平方米，由大殿、二殿、经堂 3 部分组成。大殿面积为 219.4 平方米，二殿前挂有 3 块大匾，系清代所悬。另有 7 块古碑，碑文多已脱落。有木刻彩色《古兰经》碑文 3 块，为仅存文物。

2. 南宁清真寺

南宁清真寺是广西壮族自治区首府唯一的一座清真寺，始建于清康熙五十八年（1719 年），嘉庆九年（1804 年）重修。占地面积 953 平方米，建筑面积约 400 平方米。

该寺为两层硬山式砖木结构建筑，红平瓦屋面，砖楼地面。立面造型为仿阿拉伯伊斯兰教堂式样圆尖顶，拱券式门窗。抬梁木构架，木楼板，小清瓦屋面；通进深 15.10 米，面宽 3 间计 13 米；左侧设花园，右侧设天井及杂物用房。寺内悬挂多块匾额，木柱上亦多刻有对联。设有大厅、礼拜大殿、望月楼、办公室、经学班教室及学生宿舍。现在一层开设饮食服务店，以便自养，部分房间为净水堂；二楼为会议厅、宿舍和办公室；大殿在三楼。

大殿四壁外表用白色瓷砖装修，光洁明净，正西米哈拉布（四壁）镶嵌有用瓷砖烧制的彩色经文，可容纳 100 多人同时礼拜。

寺内现保存有“重建清真寺碑”及“清真寺懿馨会碑记”两块碑石。

3. 桂林清真寺

桂林清真寺从元代到民国年间，共建有29座。其结构有中国传统建造风格、阿拉伯建筑形式或两者相结合的建筑形式。由于历史年代的变迁，不少清真寺或毁于战火，或废弃、拆除。截至1999年底，桂林共存清真寺14座。

桂林清真古寺，位于西门外民族路桃花江畔。始建于元代，清顺治十八年至康熙三年（1661—1664年），广西总兵马雄（甘肃固原人）捐资重建，建筑宏伟。

码坪清真寺，位于七星公园内。该寺始建于康熙十年（1671年），中国宫殿式结构、四合院风格，淡雅、清净。约可容500人聚礼，是漓江以东的穆斯林集会礼拜最重要的场所。

崇善清真寺，位于广西桂林市西门桥附近。始建于清雍正十二年（1734年）。其建筑以中国传统式结构为主，是桂林保存最古老、最完整的清真寺。

西巷清真寺，又名东北寺，位于正阳路西巷。始建于清光绪三十三年（1907年）。寺原为桂林水东门大街东利全商号马荣熙私产，自愿捐做清真寺。

西城路清真女寺，也称西内女寺，现是广西唯一的一座女寺，创建于民国十五年（1926年），由宋相尧任首届女阿訇，桂林穆斯林都亲切地称她“宋二娘”。寺内曾办女子阿文学校。该寺于桂林沦陷时被毁，1947年重建，恢复清真女了小学。

第三节　民间习俗

一、语言文字

回族的语言变化历程较为复杂。回族在形成和发展过程中先是以阿拉伯语、波斯语做母语，到明末清初时，开始群体性使用汉语做通用语。如今，汉语已经成为我国回族的通用语言，其原本的民族语言虽然存在，但已经式微了，仅有极少部分人还能够使用。

1. 经堂语

经堂语是15世纪中叶在中国回族穆斯林中流行的伊斯兰教专用语言，或在寺院经堂教育中使用的伊斯兰教宗教术语。其基本语法结构和一般词汇属汉语，只是夹杂有大量的伊斯兰教语词。

经堂语主要是用来述说回族的历史及民族精神。回族人的文化来自伊斯兰，而回族阿訇们则承担领袖及导师的作用，在表述民族观点的演讲中，以汉语为主，又夹杂大量阿拉伯语和波斯语，因此这种古老的民族创制语言得以延续下来。

2. 小儿锦语

明朝年间，由于南方方言太杂，官话难以通行，明政府便硬性在南方推行北京官话。当时回族人学会完全使用汉语后，绝大多数人还不识汉字，为了便于学习汉文和日常记事的一般需要，使用阿拉伯文字创造了一种辅助性的拼音文字，这种文字近代称“小儿锦语”。这一名称是由“消经”一词而来，原意为将《古兰经》译为汉语而加以消化理解的意思。清代及民国年间，在民间念过经的回族人日常记事、通信往来时，大多采用这种文字。

如今，小儿锦语也仅有个别名词在民间流行，在广西，回族人的通用语言依然是汉语。

二、宗教信仰

无论哪个地区的回族人信仰的都是伊斯兰教，广西回族也不例外。

回族的信仰总体讲有内心诚信、诵念表白、身体力行三个部分。具体来讲，回族穆斯林按照伊斯兰教的规定，在意识形态方面必须保持六大信仰：

1. 信安拉（真主）

信安拉是六大信仰的核心。伊斯兰教认为，安拉是独一无二的，造化天地万物、日月星辰及主宰宇宙的一切。安拉无形象、无方位、无伙伴、无祈求、无始无终，但又是无时不在、无处不在。安拉具备一切优美的德行，至知、至能、至全、至善。回族穆斯林对安拉绝对信仰，不能有丝毫的动摇，一切服从安拉。回族宗教学者把这一信条编为十六字诀，称为“清真言”，即：“万物非主，唯有真主；穆罕默德，真主使者”。

2. 信天仙

伊斯兰教认为，天仙是真主造化的，无性别、无老幼，遵照真主的意志管理天上和人间一切周转和善恶以及自然现象等。

伊斯兰教强调信仰天仙，但绝不允许崇拜天仙，如果把天仙与真主等同起来就是库夫尔（叛主）。

3. 信经典

回族穆斯林信仰《古兰经》及其在穆罕默德之前的穆撒的《讨拉台》、尔撒的《引支勒》、达吾代的《宰卜尔》等列圣的一切经典。

据传，安拉前后共降了114部经典。但《古兰经》以前的一切经典的原文已全部遗失，仅存的只有译文，且多被人们篡改。只有《古兰经》是一部原文保留最完善的经典。

4. 信圣人

伊斯兰教传说圣人有12.4万多位，《古兰经》中提到了25位。回族经常口头上能叫出名字的主要有：阿丹、怒哈、伊布拉欣、穆撒、穆罕默德等，并讲述他们许多有趣的传说和故事。

回族穆斯林认为穆罕默德是真主派来的最伟大，也是最后一位使者。他具有其他列圣所没有的品级、德行和奇迹。他肩负着替主行道、教诲世人的崇高任务。因此，信仰服从真主，必须信仰服从穆罕默德。但穆罕默德是人而不是神，他和凡人一样也有妻室儿女。回族穆斯林严禁将穆罕默德神化。

5. 信复生

伊斯兰教认为整个宇宙及其一切生命，终究有一天会全部毁灭，然后安拉使一切生命复活，人死后也可以复活。复生日到来的时候，真主赏善罚恶，要过索拉蒂桥，行善的进天堂，作恶的下火狱，以示公道。

6. 信前定

伊斯兰教认为人生的寿命长短、贫富贵贱、善恶丑美，一切均由真主在你生前早已定夺好。

回族穆斯林还认为，信仰前定并不否认人类意志的自由。人们有权利选择善恶与美丑，并有自由的行动。

三、礼仪禁忌

（一）礼仪

回族的礼仪习俗包括人生礼仪和生活礼节两大部分。人生礼仪，主要是从生到死之间的若干重大阶段的礼仪。生活礼节主要是见面礼、待客礼等。

1. 人生礼仪

（1）诞生礼。回族把出生视为一种大礼，保留着许多传统的风俗习惯。在孕育期，通常称妇女有孕为“有喜”。询问时，一般只说“有喜了吗？”而不能问是否怀孕。妇女在孕育期还有许多避讳和禁忌，如不送亲，不参加婚礼，不送葬。若在途中遇见送亲、送葬的，要尽快避开，不能迎面而行。在饮食上也有一些戒律，尤其注意的是不让孕妇吃兔子肉。也不允许孕妇平时随意讥笑别人的小孩，更不能笑有生理缺陷的小孩。

婴儿出生时，产房除了接生婆外，一般连自己的丈夫也不得随意入内，门帘上要挂一个红绸或红布条，提醒外人免进（在医院生小孩除外）。婴儿出生后，若是男孩，则在家庭或亲属、近邻中选择一个聪明、诚实、勇敢的人首先踏进产房；如是女孩，要选择一个温柔、善良、勤快的人首先踏进产房，叫作“踩生”。回族认为，孩子出生后，谁先进入产房，孩子的气质、性质就像谁。

孩子满月后，还要举行满月礼，也叫贺满月。这天要请剃头师理齐孩子头发，并根据头发的重量，相应地向贫穷人施散一部分钱财和物品；同时将剃下的小孩头发团成一个小球，用线和纱布包住，缝在小孩的枕头上，以图吉利。

（2）命名礼。回族在婴儿出生的当天或3天之内，必须请一位阿訇给婴儿举行命名礼，即起经命，也叫回回名。

举行命名礼时，先由家庭主人把孩子抱到门槛里。阿訇站在门口或门槛外，先对着小孩的右耳低念“班克”，即在清真寺宣礼塔上召唤教民上寺礼拜的宣礼词；再对着小孩的左耳念“杀麦体”，即教民会聚到清真寺后准备礼拜的招呼词。而后，是男孩便往左耳里慢慢吹一口气或轻轻咬一下，是女孩则在右耳朵里吹一口气。据说，念宣礼词、吹气的意思是，把一个刚出生的小孩儿，由清真寺之外呼唤到清真寺之内，一生下来就要成为一个当然的穆斯林。

当阿訇举行这种仪式后，便从伊斯兰教众多的先贤中选出一个美名，告诉家里人，以示吉庆、俊美。

在举行命名礼这天，有条件的要宰羊，一般的也要炸油香、撒子等，请阿訇，送左邻右舍、亲戚朋友，以示庆贺。命名礼结束后，要用红枣、白糖、红糖、冰糖水等甜东西给小孩儿开口。

（3）抓周礼。抓周礼也叫岁礼，回族俗称抓岁。这是回族当中较为普遍的一种礼仪，尤其有的回族生的第一胎，或有些没有生育能力领养别人孩子的，则更重视这种礼仪。

回族小孩的抓岁仪式比较简单。当小孩一周岁时，孩子的父母、爷爷、奶奶在周岁的头天晚上或当天早晨准备岁糕。

在抓岁这天，还要邀请亲戚朋友和左邻右舍的人到家吃岁糕。来宾一般要给孩子带上玩具等小礼品，表示庆贺。

举行抓岁礼时，主人要放一个大红桌子，桌子上喜欢摆上钢笔、毛笔、笔记本、《古兰经》和用纸制作的小飞机、小轮船、刀、剑及其他玩具等。而后，由母亲或父亲把小孩抱到桌子前，让小孩任意抓。如果孩子抓到了笔和本子，就意味着将来是一个能写会画、才华出众的文人、学者；如果抱上了

《古兰经》，就认为是个精通阿文、百问百答的阿訇，是一个真正的穆斯林；若拿起剑刀，说这孩子将来一定是个好武尚勇的武士；如果既抓了笔又拿了剑，就认为这孩子会成为一个文武双全的大将；要抓到不起眼的小玩具等，则认为是个吃喝玩乐、贪图安逸、成不了才的“榆木疙瘩”；如果孩子什么也不抓，便说他（她）是个浑浑噩噩、一事无成的白痴、庸人等。

（4）割礼。割礼，阿拉伯语“海特乃”的意译。回族俗称“逊乃提”，也叫成丁礼。回族男童一般在5~9岁实行割礼，即割除阴茎的包皮。伊斯兰教规定，男孩到12岁已经懂事，要开始承担宗教义务，履行“天命”和“逊乃”的宗教功课。宗教上的一些规定长期发展，久而久之，慢慢地便成了回族的风俗习惯。

回族群众对割礼非常讲究，气氛隆重。割礼这天，家庭经济条件较富裕的，要给小孩换上一身新衣服。家里一般要宰羊、宰鸡、炸油香。请阿訇念经。左邻右舍的亲戚朋友要给小孩散“亿贴（小费）”，以示庆贺。

2. 生活礼节

（1）见面礼。回族无论男女老少，见面相互问候时，通用一种祝安词，也叫见面语。《古兰经》多次强调见面礼节的重要性，说“如有视安于你，你应当比他更好地来回答他”。

祝安词一般都是致者先说“安色俩目阿来库木”，意为求主赐你们平安，而回答者则说“吾阿来库色俩目”，意为求真主也赐你平安。

（2）待客礼。回族人待人诚实憨厚，和蔼可亲，有礼有节。当家里来客人时，要走出大门外去迎接。如客人骑自行车，立即把车子接过来推上，对有行李包的客人要把行李接过来提上。客人进屋时，要主动给揭开门帘，让客人先进屋。客人入座后，马上沏茶、备饭。即使家里比较困难的回族，只要来客人，也悄悄出去借面、借鸡蛋，想方设法把客人招待好。把饭菜做好端上桌子以后，主人不陪坐、不陪吃，站在地下，先说一声“请口道”，接着一再谦让、夹菜，照顾客人吃好饭。回族人认为主人陪坐、陪吃是对客人的不礼貌。

回族众人同桌聚餐时，洗手以后，先让年长的入座上席并等他动筷子以后，其他人再动。吃饭时不说污言秽语，不嫌弃食物，不在碗里乱吹乱搅。要小口进食。吃烙饼、馍馍、油香时，不拿在手里咬着吃，而要用手掰着吃；放饼时，注意将面子放在上面，掰开后而没吃完的，不勉强让同席者吃。饮水时，不接连吞咽；不能对着杯盏喘气饮吮，要一点点地慢饮。

回族同客人谈话的时候，不能左顾右盼，不能玩弄自己的胡须或戒指等，不能搜剔牙齿，不能将手指插入鼻孔中。不可当面吐痰与擤鼻涕，更不能伸懒腰打哈欠。谈话中要细听别人的言语，不能要求对方过多地重复，更不能插话表述自己的成绩。不能奴仆般地献媚，也不能向对方乞求财物。

送客人的时候，不能沉着脸，要和颜悦色，经一再挽留而不止步则送出大门。

到别人家做客或入座时要谦让，不能从人前面过，坐下的时候，以说“色俩目”给靠近自己的人问安。

拜访亲友时，不要冒昧闯入，惹人讨厌，未给房主道安，不得进入卧室。

回族在亲戚朋友有病时，左邻右舍和村庄的乡亲都带上礼品去慰问。

出远门旅行时，要征得父母允许，不能冒失地离开。旅行回来时，要向父母述说沿途见闻，办事情况。这样做，一则请安，二则汇报。

回族还非常注意并尊重他人的自尊感，顾全别人的面子，不喊别人的外号。

（二）禁忌

1. 食用动物禁忌

猪是回族最为敏感的一个问题，也是回族风俗习惯中最主要的问题之一。长期以来，无论遇到什么压力和阻力，始终未改变回族禁养猪、禁食猪肉的习惯。

由于伊斯兰教的诞生地阿拉伯半岛视猪为不洁和厌恶之物，因此也就禁止伊斯兰教徒饲养猪、食用猪肉和使用猪皮等制品。

现在我国回族不仅禁吃猪肉、禁养猪，甚至从思想意识和感情上对猪反感。有些回族见了猪就背转过脸，有些嗅到猪肉味就恶心、呕吐。碰到卖猪肉的铺子、饭馆，就赶紧躲开。凡是做过猪肉的锅、碗、盆、筷、案板等一律不用，也不去接触。在不得已用时，要用火烧锅，用滚开水烫碗、盆等。

除了禁食猪肉外，还禁食狗、驴、骡等不反刍动物的肉，禁食凶猛禽兽和自死的牛、驼、羊等牲畜，禁食一切动物与飞禽、家禽的血，禁食非穆斯林和诵非真主之名屠宰的动物等。

2. 禁烟酒

回族不喝酒，在家里也不备酒具，家里来客人一律不摆酒，有时为了接待客人，在参加宴会时，别人敬酒和碰杯时，回族多以水或不含酒精的饮料代替。有些回族本身就不愿意和饮酒者同桌聚餐。

绝大部分回族也不抽烟，认为抽烟，特别是抽鸦片是一种犯罪，所以过去回族抽鸦片的很少，男女老少皆知道它的毒害。因此，长辈对晚辈、妇对夫都常常进行劝导教育、敲警钟。回族抽纸烟的也不多，即使有，也多是城市里面的年轻回族。

3. 回族禁求签、玩赌、拜偶像

回族禁止求签、玩赌、拜偶像。自古至今，男女老少均不让阴阳、算命先生给自己算命，也不去给别人算命，不揣骨相面，不信风水阴宅，不求仙方神药，不搞驱鬼治病等。回族认为求签、算命等这一切都是不正当的污秽行为。因为回族受伊斯兰教的影响，认为人的命运是真主安排的，人的一切都由真主前定，所以不搞其他的迷信活动。

回族还严禁玩赌，认为玩赌对己、对别人、对社会都不利，认为玩赌所赚之钱不劳而获，是不义之财。回族当中如发现玩赌的，左邻右舍相劝，父母抡起棍子追打。由于众回族皆反对玩赌，所以现在回族当中玩赌的人极少。

回族禁止拜任何偶像，家里忌摆各种人物和动物塑像，墙上也不愿挂人头画像，只挂山水风景画。有的回族家虽挂了人物或动物画像，但礼拜时，在画像的眼睛上盖一张白纸。因为回族只信真主不信其他一切神灵，也不去崇拜一切偶像，养成了在家里不摆偶像的习惯。

四、趣味婚俗

回族限制同乳兄弟姐妹结婚，同时，实行严格的单向民族内婚，即回族男性可娶其他族女子为妻，但回族女性决不能与其他族的男性通婚。回族青年男女经过各种场合的互相接触和了解，认为对方是自己的心上人，小伙子就会坦率地告知自己的双亲，接着便请求族中德高望重的长者为介绍人往姑娘家求亲。如果双方对这门亲事都满意，下一步便是选择吉日举行订婚仪式。

1. 订婚

回族婚事先从订婚开始。媒人前往女家提亲，女家父母一般不表态；等到回族节日时，男女双方及父母才互相相看。如果相中，在下一个“主麻日”（星期五）前，女方才收下媒人带来的男家送的礼物。订婚这天，女家把男家送来的礼物分成若干小份分送亲友邻里，并给未来女婿回送由姑娘亲手缝制的衣帽鞋袜等礼物。

按照习俗，订婚吉日大都选在“主麻日”的夜晚。小伙子的家长在德高望重的长者与亲朋好友的陪同下，携带聘金、面条、槟榔、手镯以及糕点等礼品前往姑娘家，并由姑娘亲自接待和接受礼品。这就标志着男女双方情愿结为终身伴侣。

交完彩礼（回族称为“女卡银”）后，双方家长就商定完婚良辰吉日。槟榔馈赠左邻右舍与亲朋好友，便是向大众宣布婚事告成。女方将男方提供的“女卡银”作为添置嫁妆与举行婚礼之用。面条是对女方父母表示敬意。

婚礼日期也选在“主麻日”，按照伊斯兰教仪式举行。前三天，双方家庭在房前的空敞平地上用帆布搭成大伞形临时棚屋；新娘要在这一天挨家逐户邀请全乡的妇女（主要是年轻妇女）来她家洗头。

2. 婚前

婚礼前两天时，男女双方得全身沐浴。同天下午，乡里男女青年分别宴请新郎、新娘（女请新娘、男请新郎），同时请本乡老妇为新娘梳妆打扮。晚上，新郎、新娘各在自家迎宾堂接待宾客，筵席排列成双，以示新婚成双成对。在宴席上，年轻人尽情歌唱，念清真教道，直至深夜。

婚前一天时，新娘家宰牛屠羊，摆设餐席，招待前来贺喜的宾客。宾客按照习俗向新娘馈赠现金、日用品和厅堂摆设。晚上，新娘重更新装以示洁净无秽，热情邀请宾客喝茶和娱乐活动。

3. 婚礼

婚礼在吉日凌晨举行：新郎家设餐会，招待宾客，送槟榔。之后，宾客进新郎家馈赠贺礼。餐会结束，由年轻朋友、新郎哥哥或叔舅组成迎亲队伍，前往迎亲。新郎在陪郎、媒人的陪伴下，于饭后坐轿（或骑马、走路）来到新娘家迎亲。当到达新娘家的时候，新娘家的大门要紧闭。陪郎即上前代表新郎叫门，并说一些祝贺、感谢的话，等女方家大门打开，新郎等人才能进入新娘家。

女方家对迎亲的人非常热情和礼貌，进茶点时让新郎坐上席，要上三道槟榔、三道糖茶款待迎亲者和陪同的客人。茶点过后，又上一道牛肉冷片、一碗凉鸡和一条鱼。鱼上了桌，就意味着迎亲者可以迎走新娘了。

这时候，由陪郎和媒人周旋，让新郎起身并向女方父母行礼，让新娘坐进轿子，然后启程上路。新娘头戴黑面纱，身穿结婚礼服，放声号哭对父老兄妹和亲朋好友表示惜别，随迎亲队伍来到新郎家。新娘的兄长或弟弟要扶着新娘轿子的轿杆，送出一段路程后才返回，也有一直送到男方家的。

迎亲队伍回到家时，众人走出家门迎接，由两位女性老人打开轿帘，拿一小碗红饭喂新娘吃，红饭拌有松仁、瓜子和芝麻，意为早生贵子，多子多孙。

新娘吃完下轿后，由两个姑娘搀扶进门。新娘一手捧《古兰经》，一手提钱，意为祈求真主赐福，把幸福和钱财带到新郎家。这时候，新郎在新房门口迎接新娘。新娘进入洞房后，将从娘家带来的红纸包裹的喜糖分送给贺喜的人们。

下午三时，新郎家设宴席请阿訇、乡亲为新郎和新娘念“尼卡哈（结婚证词）”，举行婚礼的宗教仪式。婚礼仪式比较简单：新郎、新娘头戴礼拜帽（男戴白帽，女戴盖头），面对阿訇坐着，阿訇分别问男女双方是否相爱，获得肯定答复之后阿訇便念着“尼卡哈”，祝福新郎新娘百事和睦，白头偕老。

然后，新郎在膝上铺一块红绸，接阿訇抛撒红枣、花生、糖果和槟榔等礼品和食品。这些礼品与食品由新郎分给围观的小孩与人群。

五、民族饮食

1. 食品

居住在城市的回族，早餐大多在家烹制牛羊肉泡馍，或烙饦饦馍配炒咸菜吃，或配腊牛羊肉吃，还有的老人喜欢配炒花生米吃。午餐吃牛羊肉泡馍的人也较多，还有很多家庭喜欢吃饦饦馍配炒菜。

炒菜一般是比较简单的家常菜，如莲花白炒肉、芹菜炒肉、醋熘土豆丝、醋熘西葫芦、辣子炒咸菜、炒辣子酱等。晚餐大多数都吃面条，面条的种类很多，有碎面、长面、捞面、笼面等，也吃饺子、蒸包子、烙包子、韭饼等。

居住在农村地区的回族，则根据所生活的环境不同，饮食上也略有不同。

2. 饮品

回族最喜爱的传统饮料是茶。茶既是回族的日常饮料，又是设席待客最珍贵的饮料。茶是回族饮食生活的重要组成部分。

只要到回族家做客，热情的主人都会首先端上一碗热腾腾的酽茶。回族很讲究茶具，不少回族家庭都备有成套的各式各样的茶具。过去煮茶或沏茶所用的壶，一般都是银和铜制做的，形式多样，别具一格，有长嘴铜茶壶、银鸭壶、铜火壶等。现在沏茶一般都用瓷壶、盖碗或带盖瓷杯，煮茶多用锡铁壶，夏天讲究用紫砂壶。

回族人还把盖碗茶作为待客的佳品，每逢古尔邦节、开斋节或举行婚礼等喜庆活动，家里来了客人，热情的主人都会递上一盅盖碗茶，端上馓子、干果等。敬茶时还有许多礼节，即当着客人的面将碗盖打开，放入茶料，冲水加盖，双手捧送。这样做表示这盅茶是专门为客人泡的，以示尊敬。如果家里来的客人较多，主人根据客人的年龄、辈分和身份，分出主次，先把茶奉送给主客。

喝盖碗茶时，不能拿掉上面的盖子，也不能用嘴吹漂在上面的茶叶，而是左手拿起茶碗托盘，右手抓起盖子，轻轻地"刮"几下，其作用是一则可滗去浮起的茶叶等物，二则是促使冰糖融解。刮盖子很有些讲究，一刮甜，二刮香，三刮茶露变清汤。每刮一次后，将茶盖呈倾斜状，用嘴吸着喝。

第四节　传统节日

回族的节日多与宗教活动有关。主要节日有开斋节、古尔邦节、圣纪节。

1. 开斋节

（1）时间。回族开斋节在回历十月（公历不定，每3年会提前一个月）。

（2）地位。回族开斋节为伊斯兰三大宗教节日之一，是回族最大的节日。

（3）特点。每年回历九月，除老、弱、病、残、孕妇、乳母、儿童、在外旅游者，穆斯林都要斋戒一个月。这一个月后便是开斋节。节日前，各家都准备了较丰富的食品。节日早上，全家聚在一起，先祈祷，后进开斋饭。饭后，教徒沐浴（大净），盛装打扮，前往清真寺会礼（集体礼拜）。会礼后，互相祝贺，互赠礼品，走亲访友；撒麦子钱（俗称"开斋捐"，按家庭成员人数，每人拿出相当于一人一天的生活费）济贫；家家户户到墓地扫坟，为死者祈祷、整墓培土，俗称“走坟”。走坟时不鞠躬，不跪拜，不烧香，不烧纸钱，不放鞭炮，不洒水饭。晚上，教徒再次集中到清真寺听阿訇和族内长老诵古兰经，谈心，并把事先炸好的油香面饼、酥饼在寺内散布。

2. 圣纪节

（1）时间。回族圣纪节在回历三月二十日。

（2）地位。回族圣纪节是为纪念伊斯兰教创始人穆罕默德（约 570—632 年）诞生的纪念日，是中国回族穆斯林三大宗教节日之一，隆重程度仅次于开斋节。

（3）特点。圣纪节这一天，教徒们集中到清真寺诵经、赞圣，讲述穆罕默德的生平事迹，会餐，互相走访，互赠礼品。

3. 古尔邦节（宰牲节）

（1）时间。回族古尔邦节在回历十二月十日至十二日。

（2）地位。回族古尔邦节纪念安拉（真主）允许易卜拉欣以羊代替儿子作为牺牲（祭品），是伊斯兰三大宗教节日之一。

（3）特点。古尔邦节又称宰牲节。节前的穆斯林通常都要打扫室内外卫生，家庭院落、大街小巷打扫得干干净净，东西堆放得井然有序。家家户户节前都要炸油香、馓子、花花等。孩子们换上节日服装，欢乐地奔跳。然后沐浴，净身，燃香，换上整洁的衣服赴清真寺参加会礼。

会礼结束后，举行一个隆重的典礼，这就是宰牛、羊、骆驼献牲。一般经济条件较好的人家，每人宰一只羊，七人合宰一头牛，或一只骆驼。宰牲时不允许宰不满两岁的小羊羔和不满三岁的小牛犊、骆驼，不宰眼瞎、腿瘸、缺耳、少尾的牲畜，要挑选体壮健美的牲灵。所宰的肉一般分为三份：一份自食，一份馈送亲友邻居，一份济贫施舍。

第五节　民间传说

一、特点

回族民间故事包括神话、传说、故事、笑话。从民俗的角度看，回族通过世代相传的习俗，将回族宗教、历史、政治、经济和日常生活中的人和事，艺术地表达出来。

经过代代相传，回族的故事越传越多。回族当中的有些阿訇喜欢给穆斯林群众讲一些与伊斯兰教有关的故事，且在讲故事时比较严肃。而讲民间故事的人大多性格开朗，谈笑风生，口头表达能力强，讲话具有吸引力。他们在讲故事时往往既继承前人的传说，又有个人的加工创作和发挥，所以在回族民间，同样一个故事，往往有不同的细节。

二、代表作品

1. 懒汉找锄头

从前有一个懒汉，简直懒到了无可救药的地步。有一次，他一连睡了三天三夜，终于被饿醒了。

在他满屋子找吃的的时候，想起丢荒两年的土地应锄好种上东西。于是到屋外找锄头。可找来找去没找到。

原来锄头就放在门的背后。看见懒汉一通瞎找，锄头十分着急，大喊他的名字。然而懒汉故意没听到，锄头喊哑了嗓子也没把懒汉的目光稍稍吸引过来。

无奈之下，锄头使劲倒了下来，砸中懒汉脚背，他才不情愿地看见了锄头，说："要是永远找不到，那该多好啊。"

2. 蛇蚤马四的传说

清道光年间，桂林西门城外有个叫马四的人，出身贫寒，身材矮小，常受欺负，于是，立志从师练武，打熬筋骨，练习轻功。久而久之，他的轻功到了一个非常高的境界。从此开始打抱不平，伸张正义，为民除害。人们给他取了个"蛇蚤"的绰号，都叫他"蛇蚤马四"。

（1）智败江湖大汉

有一跑江湖的大汉，浪迹全国，到处摆摊卖艺，号称打遍天下无敌手。有一次，他到了广西，听老百姓传说桂林的蛇蚤马四武艺高强，顿时感到好笑，放出话来，要倚仗自己的武功，打败这个"教门佬"（古代对回族的蔑称）马四。

马四是个虔诚的穆斯林，一听这家伙出言不逊，侮辱自己的民族和圣教，不由得怒火中烧，决心要教训教训他。

一天，江湖大汉来到桂林摆摊卖艺。由于大汉的武功确实了得，吸引了很多人围观。马四也挤在人群中观看。

这时，有好事的人将马四指给了大汉。大汉趁马四不备，一个箭步，跳到马四面前，双脚往下一蹲，双手抓住马四的脚踝，猛一站起，将马四举在空中。这时，他只要一甩手，马四便会被狠狠地摔在地上。马四急中生智，用腿使了一招"双峰贯耳"，把膝盖骨向大汉的两边太阳穴轻轻一夹，大汉顿时感到头晕脑涨，两眼一黑，"叭"的一声倒在地上，很久才苏醒过来。

大汉对马四的武功从此心服口服，跪在地上向马四磕头认错。

（2）为民除害

在柳州附近的兰马、里定一带，有一个绰号叫"石头古"的土匪。其人武功高强，在这一带打家劫舍，奸淫妇女，无恶不作，百姓受害者不计其数。"石头古"依靠这里地势险要，到处是崇山峻岭，神出鬼没。当地官府曾经悬赏捉拿"石头古"，但人们害怕他武艺高强，无人敢抓。有时"石头古"在圩市里行走，也如入无人之境，气焰十分嚣张。

一次，马四到柳州有事，听老百姓说起“石头古”武艺如何高强，如何为非作歹，官府也奈何他不得。马四听在耳里，下定决心要为老百姓除掉此害。

一天，“石头古”在一家剃头铺里剃头，马四来到这家剃头铺，见剃头师傅正在给“石头古”挖耳。马四趁剃头师傅用尖铁夹伸进“石头古”的耳朵孔里夹耳屎的时候，他用力把铁夹一拍，“石头古”惨叫一声，鲜血直流，晕倒在地。马四将“石头古”绳捆索绑，送进官府处置。四方老百姓无不感激马四为民除了这一大害。

（3）栏桶里练功

“冰冻三尺，非一日之寒”，蛇蚤马四的武功是他苦练出来的。他常常睡在一个栏桶里练功。这个栏桶直径有 1 米左右，高有 1.3 米左右。栏桶用木块制成，呈圆形，外面用粗竹篾箍紧。马四练功时，在栏桶底放上石头，他坐在石头上运气练功。他天天练，时时练，功夫不负有心人，后来他在栏桶里轻轻一挣，箍桶的粗篾被挣断，栏桶板散开，可见他的武功高超。

第十章

以海为生的中华儿女

——广西京族的民间风情

京族也称为越族，是越南的主体民族，占越南总人口的86%，是狭义上的越南人，因此在新中国成立之初被称为越族。1958年，为了与越南的越族相区分，根据本民族自己的意愿，更名为“京族”。

京族是一个有着悠久历史的古老民族，是由南下的中原汉族和古骆越人融合发展而来。其先民大约在16世纪初陆续从越南的涂山（今越南海防市附近）等地迁入中国，最早迁入我国的京族先民距今已有500年的历史。

京族是我国人口较少的少数民族之一，主要分布在广西壮族自治区防城港市下属的东兴市境内，主要聚居在江平镇的“京族三岛”——巫头岛、山心岛、万尾岛以及恒望、潭吉、红坎、竹山等地区。据2007年统计数字显示，居住在广西的京族人数为2.1万。

第一节　民族服饰

一、特点

京族服装服饰特点鲜明，简便飘逸。无论男女，服饰穿戴都有别具一格的独特美感。

因为气候温暖湿润，不需要太多太厚的衣服，所以，在服饰上崇尚简朴美观。一般以丝绸为料，质地柔软舒适，既能衬托出女性的婀娜身姿，又因为透气良好，非常适合在海边的生活。

二、日常服装

1. 男装

京族男子的传统服装是无领、无扣的袒胸上衣，腰间束上腰带。腰带的作用不仅是为了束缚上衣，还是地位和身份的象征。腰带的数量越多，就表明自己经济条件越好或者显示自己很能干。所以我们常会看到京族男子腰间的腰带数量会各不相同，有的束上一条或两条，有的束五六条之多。由于其衫长过膝，衫叉的裂旗又开得很长，所以平时京族男子会把两边的衣服撩起，打成球结，置于腹部。这种扮相，使人感到洒脱、俊逸、自然而豪放。

男衫的颜色用浅青、淡蓝或浅棕 3 种。下身习惯穿宽长的黑色裤子，其裤裆尤长，几乎是裤长的三分之二。

由于海边阳光暴烈，因此京族人习惯戴斗笠。斗笠用越南盛产的葵树叶制作，质地轻盈，内斗很深，斗笠几乎盖住整个脸部，在强烈的阳光下，这种斗笠能起到保护面部的作用。

2. 女装

京族的青年女性通常穿白、青或草绿色的上衣，裤多为黑色或褐色；中年妇女穿青色或浅绿色衣配以黑裤；老年妇女多用棕色衣或黑衣配黑裤。

女性裤子的宽阔度与男裤一样，乍一看就像飘动的长裙；上衣与男装相反，很短，衫脚仅至腰间而不及臀部，故有“长不及臀”一说。衣袖的宽度很窄，仅能容一条胳膊。

京族女装同样无领而开襟，但有 3 粒纽扣，袒胸处则遮以一块绣有图案的菱形小布；年轻人用红色，中年人用浅红或米黄色，老年人用白色或蓝色。这块小布通常称“遮胸”，又俗称“胸掩”，是妇女常用的装饰品之一。相传，妇女的这种装饰性的“胸掩”是早在京家人迁居三岛之前，由东汉时代的伏波将军马振所赠的。当年伏波将军来到这里，见妇女所穿同男人一样袒胸，感到不甚文雅，便亲自为她们设计了一块美观的“胸掩”相赠。从那时起，妇女才穿起“胸掩”。这种装饰，一直流传至今。

三、特殊服装

1. 外出服装

京族人民在离村外出、赶圩入市或探亲访友时，所穿的服装与日常生活、居家或劳动时穿的服装有所不同。这种场合，京族妇女们要加穿一件旗袍似的、下摆较宽的矮领窄袖袒胸长衫外，还要戴一顶黑色或棕色的圆顶礼帽，俗称“头箍”。

无论家庭条件如何，在外出时都要采用这种穿戴，只是在用料的优劣上根据自家经济条件进行选择。家境平常的用自制的粗织麻布料，富有人家用绫罗绸缎、蚕丝织品或香云纱，有黑、白、红、褐等色。

2. 结婚服装

在过去，青年男女结婚都要穿带有鲜明民族特色的传统婚服。新郎穿的是草绿或浅绿色的长袍衫和深蓝或浅蓝色长裆阔脚裤；新娘穿的也是长袍衫和长裆阔脚裤，只是颜色上有所不同，上衣是大红或浅红的，裤子则是黑色的或褐色的。

新中国成立之后，特别是改革开放之后，新郎和新娘所穿的服饰就大大改观了。男的不仅穿上崭新的大翻领西装，而且还缀上时兴的领带；女的则穿上了艳丽的时装花衣和笔挺的西裤。凡是汉族地区婚礼上男女时兴的服饰，他们都极为追求和仿效。

四、其他服饰

1. 鞋子

过去，京族人没有穿鞋的习惯，不管贫富都喜欢光着脚。只在晚上洗脚或雨天不出工时才穿一下木屐。老人家穿的鞋也只是木屐或用棕树皮织制的拖鞋，俗称“棕屐”。

2. 发式与首饰

京族妇女日常的发式都是正中平分，两鬓留着“落水”，结辫于后，其辫用黑布条或黑丝线缠着，再将辫自左至右盘于头顶，其状犹如有图形的砧板一般，故民间俗称“砧板髻”。

京族妇女平日爱戴锥形的尖顶葵笠，用以遮阳挡雨。京族妇女还有戴耳圈的习惯。少女长到六七岁时就要穿耳。穿耳的时辰也很讲究，都是在端午节那天的上午请人进行的。因为民间认为，端午节有“龙王水”，这时穿耳洞最吉利。

女孩到了 14 岁就开始梳分头，盘结“砧板髻”和戴耳圈，标志着开始进入成年了。

第二节　建筑风情

一、住宅

京族自先人陆续迁往三岛的 16 世纪以来，一直到 20 世纪 40 年代这段漫长的历史中，世世代代过着艰苦而又凄凉的贫困生活，居住条件极为原始、简陋。直到中华人民共和国成立后，情况才有所好转。

1. 栏栅屋

三岛之地，大多是荒滩乱林，再加上天气湿热，也不需要坚实御寒的房屋。因此，京族人建房一般就地取材，住房大多是十分简陋的茅草屋。京族人将其称为栏栅屋。

栏栅屋的墙壁用粗糙的木条和竹片编织搭建起来，有的再糊上一层泥巴，或用竹篾夹茅草、稻草等作墙壁；屋顶盖上茅草、树枝叶或稻草，为了防风吹塌，屋顶会压上砖块或石块，富裕的人家会在房顶覆盖瓦片。

房屋四角以 20~30 厘米高的木墩（多是苦楝木）或竹作柱（也有直接以石头作柱墩的），再在柱墩上横直交叉地架以木条和粗竹片，上面铺以粗制的竹席或草垫，这就是草庐的“地板”了。

屋内用竹片或木皮间隔成三个小间。老人住正间，晚辈住左侧间和右侧间。“地板”上面住人，“地板”下面是饲养鸡、鸭、鹅等家禽的地方。

2. 石条瓦房

新中国成立之后，人民生活得到了大幅度的提高。随着生产的不断发展，京族的起居条件发生了根本的改善和变化。原来简陋的栏栅屋被石条瓦房所替代。

石条瓦房是以长方形（每块石条约长 0.75 米、宽 0.25 米、高 0.20 米）的淡褐色石条砌成的住宅。

这种独立式的单座居室内，都分隔为左、中、右三个单间。单间的面前都留出较宽敞的过道，过道贯通全屋。家私杂物以及工具等都放置在过道的墙脚边。

正中的一间是“正厅”，俗称“堂屋”。该房间的正壁上安置神龛，俗称“公棚”。正厅除了节日用以祭神之外，又是接待客人以及吃饭、饮茶、谈天的地方，兼作客厅使用。

左、右两间是卧室或厨房。如果家庭人口较多，则左、右两间都作为卧室用，厨房就另外附建在左边或右边的山墙脚边。

由于海边风沙频繁，京族人还在屋顶脊及瓦行之间压置一块连接一块的石块或砖头。这种别具一格的石条作砖墙、独立成座、屋顶以砖石相压的居家建筑，构成了京族地区的建筑民俗特色。

二、哈亭

哈亭，是京族人祀祖、祭神和民间娱乐的公众场所。京族是一个多神信仰的民族，每个村落里都有哈亭，其中以广西防城万尾岛上的万尾哈亭最具代表性。

万尾哈亭的顶部呈“八”字形两面坡，建造时先用钢筋水泥铺平，然后再盖上土红色琉璃瓦，四角建成飞檐。屋脊正中立有“双龙戏珠”雕塑，大门门楣上挂着书写有“哈亭”二字的大牌匾，旁边的墙体上用红漆写明哈亭建造的相关情况。作为哈亭的辅助装饰部分，哈亭正门前有一敞开式的小亭，用于哈节期间接待来宾休息。

哈亭的内部结构呈“品”字形，神殿正坛构成“品”字的上半部，正坛前的左右偏殿构成“品”字的下半部，中间有一条宽约 4 米的神道，比左右偏殿下凹约 30 厘米。

神殿正坛背靠墙壁，墙体上贴着一幅印制在塑料纸上的彩色画，画的中间是双龙拱日，正上方从左至右书写有“五圣威灵”四个大字。正坛上摆放着五位圣神的神位，镇海大王居中，它的左侧依次为高山大王和点雀大王，右侧依次为灵应广达大王和兴道大王。

哈亭正坛前面横放着一张水泥供桌，以备祭祀时摆放供品之用。供桌前 2 米处的神道正中是杜光辉神位，它和本境土地神位并列，一块红布上书写着牌位名称，两边分别立有一把圆形罗伞，同时还摆一面布制的蚌壳形屏风，海洋渔业民族的文化气息十分浓厚。

哈亭的左右偏殿（又称偏厅）是哈节期间供人们入席宴饮时用的，每个偏殿的面积约 400 平方米，呈长方形。共立有 20 根柱子，镶嵌在墙体中的圆形柱子半边暴露在外，其余独立支撑的是四方形的柱子。偏殿里的每一根柱子上都刻有楹联，四方形的柱子是四面都刻，而半圆形的柱子则只能刻半幅（上联或下联）楹联。

第三节　民间风俗

一、语言特点

京族的民族语言是京语，基本上与越南语相同，但有大量的汉语借词，在语音和语法方面与越南语也略有差异。

1. 语言

京语以音节为语言的自然单位，每个音节都由声、韵、调组成，并且都有一定的意义；声母28个，韵母104个，元音分长元音和短元音，韵尾有鼻音和塞音，声调有舒声调和促声调。

在词汇方面，有单纯词和合成词，绝大多数固有的单纯词都是单音词，合成词主要依靠词和词之间的意义和语法关系来构成；有一定数量的虚词，虚词同样在句子中起重要作用；还有很多的量词，量词有表示数量和区分事物类别的作用。

在语法方面，京语的基本语序是主语＋谓语＋宾语，而以名词为中心的修饰词组，除数词和量词外，其余修饰成分都放在中心词后面。

2. 文字

京族没有本民族通行的文字，其所遗存的一种土俗字——“喃字”是15世纪后，越南文人以越语为基础，借用中国汉字的造字方法创制而成的。它既用汉字表音，也用汉字表义，如“三”字写作“巴三”，“五”字写作“南五”，左边表音，右边表义。“喃”字，意即吟唱的文字，多为民间所用。

这种土俗字在京族民间仅为歌师、法师等少数人所掌握，用以传抄歌本、宗教经书、族谱乡规等，通常是夹杂着汉字使用。由于其结构复杂，笔画过繁，表音又往往不够准确，因而难以为广大群众所接受，没有能够全面推行和规范化。随着京汉文化交流的深化和教育事业的发展，汉字早已成为京族人民日常记事以及交际的主要工具。

二、宗教信仰

由于京族处于特殊的地理位置，其宗教信仰体系便带上了独立、多元及活力的特点。京族人大多信奉道教，其中也混杂了一些佛教和巫术的成分。道教与京族的生产活动，尤其是渔业生产关系十分密切。

京族是一个信仰多神的民族，其所信奉的神灵大多来源于自然宗教、道教和佛教。在京族人生活的地区，建有灵光禅寺，供奉观音菩萨；有三婆庙，供奉观音老母、柳行公主和德昭婆；有伏波庙，供奉汉朝伏波将军马援。

由于人们对海上风云变幻莫测的自然规律认识不足，京族人信奉的神灵还与海洋密切相关，虔诚供奉镇海大王、海龙王、海公、海婆等神灵，祈求神灵保佑出海平安，渔业丰收。京族人家中还供奉祖灵和灶神、土地神等。

此外，恒望、竹山、楠木等村有天主教堂，当地京族人信仰天主教，属北海教区指导并派有司铎、修女在此主持教务。信教群众在教堂里念经祈祷，信奉上帝，遵从教习，遵守教规，结婚时按天主教的教规举行仪式。天主教在京族其他地区的影响不大。

在京族人的宗教信仰习俗中，有善神，也有恶神和邪魔，灵魂观念普遍存在，并渗透到京族群众生活的各个侧面。京族渔民织成新渔网，未下水捕鱼之前，以及在捕鱼季节里，都要在海边举行祭祀活动，祈求神灵的护佑。如果捕鱼失利，亦同样备祭品到海边举行拜祭仪式。家中人畜不安，认为是有邪魔作祟，须请法师前来驱邪除魔。

三、礼仪禁忌

1. 礼仪

在京族各村，成年人都要入“乡饮簿”。入簿仪式在农历每年十月初十举行。乡饮簿就是成年男子参加哈节乡宴的花名册，入簿仪式就相当于习俗上的“成丁礼”了。

每个京族成年男子，在乡饮簿上都有他的名字，也都有成年时登记的顺序。根据登录顺序，可以享受到他在众村中所应享受到权利和应承担的义务。按顺序轮流担任翁宽（管辖山林的人）、哈头（筹集哈节祭品的人）、大力（义务殡葬的人）；按顺序进哈亭享受乡饮和听哈（听歌）。

乡饮席位标志着每个京族成年男子在众村中的社会地位。新中国成立以前，乡饮席位用木棉或砖搭砌为三级。最高一级称“床官”席，靠近哈亭中间，是村中格古（头人）、翁村（张）坐席。其次为中亭席，是50岁以上的老人和官员［即历任和在任的翁记（负责文书账目的干部）、翁宽等］坐席。最低一级为行铺，位靠哈亭边角，由50岁以下的白丁（普通村民）坐席。白丁要担负村中殡葬、修路、修缮庙宇以及哈亭、学校等义务劳动。

在乡饮席中，同级官员按晋级先后定座次，同级又同时晋级者按年龄长少排座次。20世纪80年代，哈亭席位台阶已拆平，乡饮席位虽仍有床官、中亭、行铺之称，但只按年龄排席位，保存尊老风尚，让年老者坐好席位。

乡饮铺席为席地而坐。4人、6人或8人一席。菜肴由赴宴人轮流带来，放在长方形木托盘（京语称为“蒙”，所以乡饮、听哈称为“坐蒙”，也称“哈宴”）中。每“蒙”4到6个菜，全为通底荤菜，吃不完由出菜者带回家。哈头备办的祭品也平均分到各席。边饮宴边听哈，祀神、祭娱、饮食与文娱并重，欢乐过节。

2. 禁忌

京族人世代滨海居住，因此其民族禁忌大多数与海有关。

（1）生产上的禁忌。渔网放在海滩上，忌讳有人从上面跨过；在织新网和修补渔网时，忌别人走近观看和讲话，认为会因此而捕不到鱼；在浆网或晾网时，竹竿头处要挂上一团筋刺（一种植物，又称“筋古头”）用来辟邪；新造而尚未入水的竹筏，忌人坐在上面；抬网出海，下第一网忌碰见女人；在家削新竹木，准备拿去围箔时，忌女人跨过；忌在渔箔（捕鱼用的竹栅）上大小便；坐船忌双脚垂在船外或舱里，船头烧香拜神的地方不准坐等。

（2）生活上的禁忌。忌不按照传统规矩建造房屋，无论这样的房子建得如何豪华气派也没有人愿意住进去；上山打柴带米出门时，忌米粒掉在地上，认为米粒掉在地上预示着上山会遇凶险；忌夜晚在林间吹口哨或唱歌，否则会招来鬼怪；逢初一、十五忌别人进门借火、借盐腌鱼，认为家里的“水头”（指钱财）会被别人扯去；天黑后忌向别人借钱；从订婚到结婚这段时间，男方家忌打破碗、煮烂饭、六畜损失、鸡鸭生软壳蛋，女方家忌看见两蛇交配，忌出门迎面碰见女人等。

另外，在京族渔家做客，千万别说饭烧焦了，因为“焦”与“礁”同音，怕触礁。在船上不要说“油”，把油称为“滑水”，因为“滑”有“顺当”“顺溜”“顺利”之意，而“油”与“游”同音，船破后人落水才要游。移动器物要拿起来，不可以拖着推着移动，因有“搁浅”之嫌。

四、趣味婚俗

在过去，京族青年的婚姻大事都由父母包办，一夫一妻制，领童养媳较为普遍，个别男子入赘。同姓不婚，姑表严禁通婚，违者受罚。中华人民共和国成立后，包办婚姻的封建残余已不复存在，但在恋爱和结婚时的传统习俗依然保留了下来。

（一）订婚

1. 踢沙与掷木叶

京族的青年男女热情奔放，每逢喜庆节日，特别在京族的传统盛大节日

“哈节”里，他们都结成队，欢聚一起引吭高歌，托物寄情，互相对唱，还通过对歌来物色称心如意的对象。

歌罢兴尽之后，青年男女就会趁着月色来到海边的沙滩上或丛林里。小伙子们瞪大眼睛在姑娘群中寻觅，如果发现有自己爱慕的姑娘，就慢慢地向姑娘靠近，用脚尖将沙子撩向对方；或者折一根树枝，将木叶撕成绺，掷到姑娘身上。如果姑娘对小伙子也是心中有意的话，她就照样用脚尖把沙子踢回对方，或者将木叶掷回对方身上，以表示接受。这时，一对有情人便悄然离开人群，坐在沙滩上，或绿树荫丛里，再次唱响一曲曲诉说爱意的山歌。

2.“蓝梅”传歌对花屐

通过“踢沙”或“掷木叶”，男女双方如果觉得情投意合，便分别去找“蓝梅”（京语媒人的意思）来，将各自想好的一首情歌，请她代为传唱给对方；同时还送去一只描有花草等彩色图案的木屐。

收到重托的“蓝梅”便会为双方忙碌起来。在“蓝梅”传歌引线时，如果双方递送的彩色木屐合在一起正好是左右一双，那么这对情侣就算是“天愿中”结成了；如果男女双方递送的彩色木屐不配对，就认为这是“天不愿意中”，他俩的“命相”不合，“无缘”相聚，结不成终生的伴侣。

在过去，“对屐”神圣而又神秘，双方没有弄虚作假，也没有预泄信息，属于“神定”性质。但随着时代的发展，风俗在承传中变异，由“神定”变异为“人定”。蓝梅从中撮合，玉成其事，对花屐时便必然成对；而女方家长如不同意这门亲事，也会利用这一形式作为辞退媒人而又不伤感情的灵活的社交方式。

改革开放以来，“神定”的观念更趋淡化，“蓝梅”传歌只是作为一种民族的传统恋爱形式保留了下来。青年人将它作为恋爱的一种过程来看待，至于说木屐配不配对，已经根本无所谓了。

3.联亲

“联亲”相当于汉族的订婚。联亲的时候，都是由男方托岛上有威信的“头人”或者亲友，帮助设置“礼盘”。请一对善于唱歌、机灵善变的男女，将礼盘郑重地送到女方家。女方家也物色两位出色的男女歌手来迎接礼盘。

礼盘有轻有重，生活好的家庭礼重一些，生活不大好的家礼轻一些。男方要用一定数量的猪肉、糕饼等作为礼品送给女方，贫穷之家也要送少量的糖、糯米、茶叶、糕饼作为订婚礼。还有红枣、黑枣、槟榔、茶叶、冰糖等物。

在接送礼盘的过程中，双方都以歌代言，比试歌才。双方一唱一答，情意缠缠绵绵，好比就是男女当事人在唱情歌一般。待双方唱到情满兴尽的时候，女方家的歌手才把礼盘接过去。这时，双方的婚事才算是成为定局。

（二）结婚

结婚这一天，新郎打扮一新到女家去，先拜女家的祖先，后拜岳父母。拜毕，新郎将槟榔拿出敬奉岳父母及叔伯婶母，由叔伯赠予红包，礼毕回家。新郎回家后方能派二男二女到女家去接新娘，同时还派一个小童去女家通报结婚典礼的时辰。

这时新娘身着盛装，用红绸遮住面部，由亲兄弟背出门外，再由女家二男二女合同男家二男二女接亲人，一同陪着新娘到男家。

在新娘到了离男家不远的地方，男家预先铺好席子让新娘从上面走过，然后拜祖公，又叫“拜堂”。拜毕，进洞房。

当天晚上，新娘由陪嫁的亲姐妹一位陪着过夜。新婚后第三天，新郎新娘带着红糯米饭、两块猪肉、两只鸡，到女家拜见岳父母，住一晚后回男家，叫“回朝”。至此，全部结婚过程结束。

五、民族饮食

在旧社会，京族人一般以杂粮为主食。杂粮主要有玉米、红薯、芋头、狗尾粟、鸭脚粟等。把玉米磨成粉状或碎粒（加上红薯、芋头则切成碎块），再掺进少量大米熬成一大锅稀粥，一日两餐或三餐，很少能吃到大米干饭，生活极为困苦。但就是在这种艰难的条件下，还是出现了许多独具风味的传统食品。

1. 糯米糖粥

京族人喜欢甜食，特别喜欢糯米糖粥。其煮法很简单：将糯米淘净水煮，至将熟时，加糖再熬，至米烂水有胶质即成。若煮得好，那糖粥亮晶晶、甜润润、香喷喷，很是诱人。逢年过节，京族人都要吃糯米糖粥；祭神祀祖最不可少的祭品也是糯米糖粥；平时家中来客，主人免不了要捧出糯米糖粥来招待，要是一时拿不出，也会用一碗红薯糖汤、粉丝糖汤或绿豆糖水来代替。

2. 风吹糕和白糍糕

风吹糕是用糯米浸泡使其发胀后，水磨成稀粉，然后用勺子舀到直径40厘米左右的篾托里，大火蒸熟成一面一面的薄粉膜，再撒上一些熟芝麻，晾干后置于炭火上烘烤而成。因经过烘烤，它变得又薄又轻，几乎像透明的薄膜，风吹即飘起，因此而得名。其味香脆爽口，是待客和探亲访友的上好风味食品。

白糍糕也是先把糯米浸泡，水磨成稀粉，用布滤成半干，然后搓捏成一个个如鸡蛋大小的汤圆，内包糖馅，用水煮至它浮上水面不久即熟。这大多是在每年除夕之夜，全家边守岁边做好煮熟，待新春到来时，先用以供神祭祖，后拿来和糯米糖粥一起吃，以示祝福：生活甜蜜人长寿，偕老白头如白糍糕。

3. 鲇汁

鲇汁又叫作“鱼露”，是一种味道鲜美的上等鱼汁调味品，每年农历3~6月进行生产。其制法是：用一只洁净的大瓦缸，缸底凿一小孔，嵌入一根装有塞子的导汁管，缸内垫一层稻草或沙包作为过滤层，然后把洗净的鲇鱼和盐巴，按3 ∶ 2的比例，一层鱼一层盐地叠入缸内，装满后压平缸面，并加盖密封。一星期后，将导汁管的塞子拔开，缸里的鲇汁就涌流出来了，每缸可分三次采汁。

第四节　文化艺术

一、民间音乐

1. 独弦琴

独弦琴，古名匏琴，我国古乐器之一。后来，演变成为独弦琴，流传于京族地区民间。

独弦琴音色幽雅，婉转清柔，曲调独特，亲切感人。虽只一弦一拨，却能奏出四个音和装饰音、长颤音。它结构简单，取材方便：长匣式的琴身只需约一米的半边竹筒或二片木板，在右端凿一小孔插一圆木做好琴码，在琴码前做出指板品格；左端钉立一小柱作摇杆，唯一的弦线就系于其上，由高至低拉缠于右侧琴底所装的调弦轴上。按着摇杆，以小竹片拨琴就可演奏。传统独弦琴曲主要有《高山流水》《骑马》《静静的大海》《槟榔歌》《送迎新郎新娘歌》等10多首，多为较短曲子，用于自娱、婚礼曲和民歌伴奏等。

2. 民歌

（1）海歌。多在出海捕鱼、摸螺、划船等劳动时演唱。海歌曲调高亢，节奏自由，与语言结合紧密。演唱中有近似京族乐器独弦琴的柔音、颤音、回音等处理手法，产生独特的美感。歌词结构通常以六、八字排句为多，其次为五、七言自由体。六、八字排句，民间俗称上六下八，即上句为六个字，下句必须是八个字，四句体，押脚韵。

（2）小调。哈节中演唱的歌曲，歌手们称为“哈歌”或“唱哈调”。曲调一般结构方整，讲究平衡对称，旋律优美抒情，极富歌唱性。如《赏月歌》的基本歌腔，为分解和弦构成，演唱时鼻音较浓，旋律性强。

（3）叙事歌。多演唱民间故事、神话传说或说唱某一事物。歌词有上六下八结构，也有自由体，多为歌手触景咏情，即兴编唱，略带朗诵性质，口语化，通俗易懂。音乐有上下句结构的，也有较自由的，演唱时鼻音较重。

（4）风俗歌。民间在婚嫁、丧葬时演唱的歌曲。音乐多属小调性质，演唱时根据内容需要，节奏快慢适度，感情变化十分细腻。

（5）儿歌。由儿童演唱或成人为儿童演唱的民歌。内容多具儿童特点，曲调口语化，节奏平稳。

二、民间舞蹈

1. 哈节舞蹈

哈节舞蹈是穿插于哈节中的，由桃姑（表演歌舞的妇女）表演、琴公（操琴司鼓的男人）伴奏的一种民间祭祀舞蹈，由“进香舞”“进酒舞”“灯舞”“花棍舞”和“采茶摸螺”等舞蹈片段组成。每个片断由二或四人表演，内容大部分与祭祀礼仪密切相关。

哈节舞蹈有三角步、躬身碎步等基本步法和转腕、手花等手臂动作，其动律特征是流动中的圆、柔、收，动作呈圆形流动线条，柔美抒情，结尾处都有向里收的感觉，富有浓郁的民族韵味。

表演时桃姑都穿着狭袖紧腰的净色绸料长衫。这种传统服装长及脚背，开衩至胯部，使桃姑显得修长苗条，清秀典雅，更增强了京族舞蹈的风韵特色。

2. 道场舞蹈

道场舞蹈由道公在为死者进行超度仪式时表演，有“火把舞”和“摇船舞”两个片断。火把舞由六位道公执火把表演，表现将领们击败小鬼打开地狱门拯救亡灵的过程；摇船舞由两个道公表演，一个扮艄公在前面拉纸船，另一个扮船妇在后面划船，表示保护亡灵渡河升天等。

3. 竹杠舞

竹杠舞是把两根粗大的长竹杠平行放在场地中间，然后在上面横放长约

3.33米的8条竹竿，分为4对，每对1排，间隔66.6厘米。8个男青年分两排，分列竹竿两端，蹲或坐着，每人双手各执一根竹竿顶端，成4组平行。场中另一人击鼓点作指挥，手操竹竿者按鼓点一敲竹杠，一合竹竿，或者两敲竹杠一合竹竿舞动起来，分合击拍发出有节奏的声响。这时穿着民族服装的姑娘们（一般5至10人）便在竹竿中间左跨右旋地跳起舞来。跳法有单跳、双跳两种。单跳是一人接着一人，按照竹竿的4个空格，随着分合击拍的间歇，依次巧妙地前进后退，往来不歇。双跳则是两人一组，依序向前退后，边舞边跳。动作虽与单人跳一样，但必须配合默契，整齐一致，否则就会被竹竿夹住腿部。

三、民间工艺

1. 防城石雕

防城石雕产于广西防城港，是用当地出产的石头经雕琢加工而成。其石色泽丰富，绚丽多姿，纹理多变，质地脂润，晶莹如玉，软硬适中，宜于雕琢。

防城石雕工艺分两步。第一步是相料，即对石料反复观察揣摩，把石料的纹理分布、走向，色彩位置、变化、脏色、瑕斑、裂缝分布，以及材料体积、形态特征等弄清，并且从各个角度考查比较，找出正侧各面，然后进行题材构思，反复推敲，剔除瑕疵，巧用俏色。最后将构思成熟的方案，画成草图或制成泥塑模型。这一步是决定石雕优劣成败的关键步骤。

第二步是雕琢，即用机械打坯、磨平，再用机械与手工进行雕刻。成型后的石雕典雅别致，色泽自然、造型优美，生动逼真。

2. 葵帽

葵帽也就是斗笠，用草和竹子编成，质轻、透气、防晒及防雨，适宜低纬多雨的气候。京族葵帽的最大的特征是造型呈圆锥状。

据说，葵帽这样设计是为了配合从前农民们的长发。新中国成立之前，京族人无论男女都留长发，外出耕作时为了方便，必须用布将头发缠在头顶上，而可大可小的圆锥横切面，恰好能适应各种尺寸的头，于是这种形式便一直流传下来。即使到了今天，无论农村或城市，也无论男女老幼，这种斗笠仍然广受喜爱。

葵帽原是京族人生活中不可或缺的必备品，不论是外出工作或上街都会戴着它，早已成为京族人的标志之一。葵帽也成为京族人独具特色的艺术品。

京族葵帽的代表作是顺化笠帽，不但做工精细，质材也特别考究。例如必须选择青嫩足岁的叶子，因为若太老色泽易变黄、粗糙且不够柔嫩，有了适当叶片之后，更要有适宜的暴晒时间，然后放在火上烤得刚刚好，才不会让叶片变得斑驳或起麻点。

此外，顺化葵帽在两层叶片之间还会加上顺化古城表征的透明图案，有时也会是一首歌谣或古诗，十分别致。

第五节　传统节日

哈节

（1）时间。京族哈节没有统一的时间，各地过哈节的时间不同。万尾、巫头两岛在农历六月初十，山心岛在八月初十，红坎村在正月十五。

（2）地位及流行区域。哈节是京族岁时习俗中最隆重的民族节日，流行于京族三岛及其他京族人聚居区。

（3）特点。哈节包括祀神、祭祖、文娱和乡饮四项重要活动，举行地点就在各村的哈亭，整个节日活动过程大体分为四个部分。

①迎神。在“唱哈”前一天，京族人集队举旗擎伞抬着神座到海边，遥

遥迎神，把神迎进哈亭。把所养的“象”（也就是猪）赶到哈亭绕行三周，然后留到半夜杀掉，由主持哈节活动的头人组织参加哈节乡饮。听哈的人各养一头大猪，称为“养象”。到了节日，看谁养的猪最大就选谁的。被选中的猪祭神之后，只分8斤猪肉给众人吃，剩余部分的由“养象”户自行支配。

②祭神。祭神的具体时间为节日的15时左右，祭神时读祭文，还要唱“进香歌”、跳“进香舞”“进酒舞”“天灯舞”等。

③入席、听哈。祭神完毕后，入席饮宴与听哈，称为“坐蒙”，每席6至8人。酒肴除少数由哈头供应外，大部分由各家自备，每餐由入席人轮流出菜，且边吃边听哈妹唱歌。妇女只是捧菜上桌，不能入席坐，同儿童一起在哈亭外边听歌。

④送神。唱哈完毕就送走了神灵。送神时必须念《送神调》，还要舞花棍。送神后整个哈节的礼仪便结束了。

2. 中元节

（1）时间。京族中元节在农历七月十五。

（2）地位：京族中元节祭祀祖先和鬼魂，流行于京族三岛及其他京族人聚居区。

（3）特点：中元节这天，京族人早上要煮糯米饭和糯米糖粥供拜祖先，中午宰鸡、杀鸭、煮猪肉等供拜祖先，然后进餐饮酒。民间认为，无人供养的野鬼如果缺衣少食就会侵扰村庄，所以，民众请法师在七月十五施衣食，称为“施幽”。在哈亭前的空坪立起“招魂榜”，两旁铺两行芭蕉叶，放上炒玉米、饭团、饼子、冥衣、冥钞、纸宝，数人戴面具扮饿鬼，一法师于锣鼓声中持法刀上场，喝令四方饿鬼集合在招魂榜前，读榜念词，要饿鬼均分衣食莫扰村庄。然后法师一声令下，扮饿鬼者便与围观的儿童一哄而上，将食品一抢而光，民间认为小孩抢到“施幽”食品为得福。抢罢食品，将一只芭蕉船放入海中，芭蕉船用芭蕉杆拼成，长两米，宽一米，上插红三角纸旗，装几把米、一些冥衣、冥钞、纸宝，芭蕉船入水时，鸣放鞭炮，焚烧招魂榜和冥衣、冥钞、纸宝，将鬼送走。

第六节 民间故事

京族人世代生活在海边，属于一个海洋民族，因此，他们的民间故事便带上了浓郁的海洋特色。流传较广的民间故事主要有《三岛传说》和《计叔的故事》。

1. 三岛传说

很久以前，三岛所在的海域上根本没有岛，只是一片汪洋大海。在这片海域的水底下住着一只蜈蚣精，它倚仗着自己强大的法力横行肆虐，凡是从这里经过的渔民都成了它的口中美餐。附近的渔民苦不堪言。

一天，有户一家三口的渔民出海，饿了好几天的蜈蚣精看到非常高兴，马上吸住船底。蜈蚣精力大无穷，任一家三口怎么用力划船，船也纹丝不动。夫妇俩束手无策，只能坐以待毙。但他们的小孩非常机智，让父母把船上的3个南瓜煮得滚烫，然后丢入海中。

蜈蚣精看见三个大南瓜掉到海里，还以为是船上的人跳海逃生，便张大嘴巴一口吞了下去。三个滚烫的南瓜下肚，当场把蜈蚣精烫死，尸体也断成三段，变成三个岛。尾巴变成的岛叫万尾，头部变成的岛叫巫头，中间心脏部分变成的岛叫山心。从此，不仅蜈蚣精这个祸害被铲除了，京族人也有了自己世代居住的一方沃土。

2. 计叔的故事

计叔是京族人创造出来的一个阿凡提式的人物。他聪明机智，善良正义，喜欢为穷苦百姓打抱不平，是京族人心目中美德的化身，也反映出了京族人同恶势力相抗争的勇气与信念。下面这则故事便是计叔的故事中颇具典型性的一个代表。

一天，村里有个叫张成老的人愁眉苦脸来到计叔家，将满肚子的苦水都倒给了计叔。原来，有个地头蛇看上了张成老家里赖以为生的鱼塘，逼着张成老卖给他。地头蛇有钱有势，成老惹不起，只能找计叔来想办法。

计叔想了想，给成老出了一个主意。

成老依言而行，答应把鱼塘卖给地头蛇，但前提条件是鱼塘里塘角鱼（一种无鳞野鱼，肉细嫩，味鲜美，两广人视为滋补珍品）不卖。地头蛇答应了，并把这个条件写在了契书里。由计叔为他们做见证人，签字画押，买卖成立。

得到了鱼塘的地头蛇知道，成老家的鱼塘十分肥沃，肯定能得到一个好收成。于是让长工细心照料，把鱼养得又肥又大。

转眼到了年底，是干塘打鱼的时候了。这天，地头蛇听长工说成老和计叔已把塘水放干，捉了几大竹箩的大鱼，不禁怒火万丈，连忙赶过去质问，要求成老把鱼还给他。

计叔不慌不忙，拿出契书，说："我们捕的都是塘角鱼，契书上可写得明明白白的。塘中间的我们可一条都没动。"

原来这鱼塘中间浅，四角深，塘水干了，鱼都逃到四个鱼塘角里来了。计叔偷换了一个概念，就让这个欺行霸市的地头蛇无言以对，只能吃个大亏。

第十一章

绽放在山中的民族之花

——广西彝族的民间风情

彝族的历史可以追溯到汉朝时期。汉史中记载的西南夷中的一支便是彝族的先人，因此，后人就称之为“夷族”，而这个“夷”字带有明显的贬义。直到1956年，在破除旧社会的民族歧视称呼期间，将“夷”改为“彝”，意为房子（彑）下面有“米”有“丝”、有吃有穿，象征兴旺发达，故把“夷族”改为“彝族”。

彝族在我国是人口较多的少数民族，但据2007年统计数字显示，仅有7500余名彝族人生活在广西境内。广西彝族最初于明洪武年间（1368—1399年）从云南等地迁入，先居住于百色、凌云一带，后迁居今隆林各族自治县的德峨、克长、者浪、岩茶和那坡县的城厢、百都、下华等地。

第一节　民族服饰

彝族的服饰多姿多彩，风格独具，形态有近百种。历史上，由于彝族支系众多，居住分散，因此，各地服饰区别明显，样式各异，带有浓厚的地域色彩，即使是居住在广西的彝族，虽然人数较少，但因为居住地域的不同，服饰上也有较大的差别。

一、服装

1. 男装

隆林与那坡两地的彝族服饰各不相同。

隆林彝族的服饰原来与四川凉山等地相近，衣色尚黑，布质厚重，男子穿对襟衣，唐装裤，头包布，扎英雄结，身披察尔瓦（“察尔瓦”彝名为“瓦拉”，形似披风，用捻制的粗羊毛线织布缝制而成，一般13幅，每幅宽七八厘米，多染为深蓝色）。现多已改装，与当地壮、汉族服饰相同。

那坡彝族的服饰现在仍带有比较明显的民族特色。其中男装有三种：一种为全黑式（深蓝靛色），从头至脚“上下一身黑”；一种为杂花式，上衣黑白相间；一种为白衣式。三种式样的下身比较统一，都是黑色齐膝的、裤脚宽一尺多的宽脚裤，绑腿赤足，只在下地劳动时穿鞋。不过现在平时也穿上了鞋子。全黑式男装主要为老年人穿，头饰为圆形的黑布帕，上衣着右侧直开襟；中青年穿杂花式，用黑白格布包头，再用黑布在额头上缠绕数圈，上身穿白色长袖右衽直襟衣，外再罩一件黑色短袖衫，扎白腰带；白衣式少年、中青年均可穿，头饰同杂花式或不包头，衣为右衽直襟白衣，襟边绣花。

广西那坡县和云南富宁县芒佐支系彝族男子喜欢穿十六袋衣。这种上衣无袖短身，白底绣边，前后左右16只口袋，以小布带结扣，多穿在长衣外面。相传为三国战乱时期彝族首领孟获遗留下来的用于装多种宝物的上装。逢年过节彝族男子喜穿这种衣服。

2. 女装

女服上衣多种式样，但下身穿着与男子无大区别，都是穿长至膝的宽脚黑裤，黑绑腿。上衣基本式样是白色或浅蓝无领短衣，贴身绣花胸围，两襟窄而无扣，襟边、袖边绣满锦绣，并钉上许多银饰，颈下挂一方形银牌及各种项链银饰，腰间佩一黑而宽的大腰环。年轻的以黑白格布包顶，额围黑帕并有长珠、彩线坠于脑后，年纪大一些的则全以黑帕包头。

隆林、西林县彝族女子下装均为筒裙。筒裙上窄下宽，自腰部长至脚面。膝盖以上为青、蓝、黑色分节筒状，膝盖以下为红白或红黄色分节褶裙，边缘绣花。

隆林彝族的女子穿黑或蓝色右衽绲边宽长上衣，挂围裙，下着唐装长裤或长裙，黑巾包头，穿花鞋。

二、饰品

1. 腰环

腰环是那坡县彝族妇女的装束。在古代，彝族女子同男子一样，需要上战场御敌。为了防止刀剑的伤害，便以铁皮护腰。后改用树皮，并誉为护身符。至今，那坡彝族妇女腰环不离身。

腰环多用榆树皮加工制成，椭圆环状，前后贴身，左右可以各插入一个手掌。树皮宽 10~15 厘米，蓝靛染黑，彝锦套面，色彩艳丽斑斓。

2. 搭肩

搭肩是那坡县彝族节日礼服的配件。搭肩形似宽大的长条巾，白布作底，绣满彩色图案，间贴锡片，两端连着彩须；料价昂贵，制作精细，逢年过节或祭祀时搭于肩膀，以祈祥和吉利。

3. 英雄结

英雄结是彝族男子的传统装束，又称“朝天刺”，曾流传于隆林各族自治县、西林县彝族地区。英雄结竖于头顶，高约 30 厘米。原用棉布包结一撮称为“天菩萨”的头发，表示男子顶天立地，不受邪恶袭击。后来只作一种装束使用，以布结代替。

第二节 建筑风情

1. 瓦板房

瓦板房是彝族最具特色的传统民居之一。每幢瓦板房长约 13 米，宽约 4 米，双坡屋顶，木架搭成。墙的建筑材料分为土墙和竹笆墙两种，宽而矮，屋内隔木板或竹笆，装饰简单的纹饰图案。

室内分三段，进门正中一间相对宽大，设火塘，置锅灶。火塘旁放竹笆、草凳，也摆放生产、生活用具。左侧内室放木架床和箱柜，右侧为储藏室和磨坊。屋顶不用瓦或草盖，而以木板作瓦。木板分两层，里层满铺，上层于两块相接处盖一块。木板不用锯解，而用刀劈成板，以便雨水顺木纹流下，使房屋不受雨水侵蚀。

2. 土掌房

土掌房是彝族先民的传统民居，距今已有500多年的历史。土掌房层层叠落，相互连通，远远看去甚是壮观。后期彝汉混居，土掌房也融合了部分汉族民居的特点，逐步形成具有鲜明地方特色的民居建筑，堪称民居建筑文化与建造技术发展史上的“活化石”。

土掌房是一种夯土筑墙、墙上架梁的平顶土房，亦多为一楼一底，底层隔作卧室、堂屋厨房，楼上储放粮食及一些大的物件。

土掌房的最大特点是房顶的建造。先是搭放圆木梁，梁上铺层松柏枝，然后再覆撒一层松毛，上再摊一层细泥，最后压一层沙土。这样的房顶可做到防晒、防寒、防雨，并由于其铺建结实，又可作为夏日纳凉的阳台和晒粮食的晒台。

3. 干栏

由于彝族有着大分散、小聚居的特点，因此在建筑上多与其居住的环境或与居住地周边民族的建筑风格有关。瓦板房或土掌房虽然是彝族的特色建筑，但在广西并不多见。由于广西彝族人口较少，因此更容易受到其他民族的建筑风格影响。所以，在广西常见的彝族民间建筑是干栏，也就是吊脚楼。即用竹、木、茅草等搭建的竹木楼，人宿楼上，底层饲养牲畜。

彝族干栏的正屋一般为一列三间，由三部分组成：正中为厅堂兼厨房。入门右上方设火塘，习称“锅庄”，以三块石头支承，是全家家居生活的中心。

火塘在彝族居住民俗中占有重要位置，是饮食、取暖、照明、会客、议事乃至室内宗教活动的场所。彝人大都把火塘视为家庭的象征，认为与一家人的命运祸福有密切的关联。尤其是火塘中的火之熄与燃与人的命运休戚相关，故火塘里的火长年不能熄灭，称之为“五年火”。

火塘上方悬挂一行篾方笆，用于烘烤湿粮。过年杀猪时将猪尿泡悬空挂于其上，预示来年丰收，年景兴旺。彝家来客通常环火而坐，但讲究座次，互不逾越。

彝族民居建筑极讲究装饰，大门入口和屋檐是装饰的重点，常常在大门上做各种拱形案图并常有门楣。门楣刻有日、月、鸟兽等图案，封檐板刻有粗糙的锯齿形和简单的图案；屋脊中部及两端有简单的起翘及起拱，山墙的悬鱼、屋檐的挑拱、垂花柱、屋内的梁枋、拱架等也雕刻有牛羊头、鸟兽、花草等线脚装饰和连续案浮雕；室内锅庄石上及石础、石门槛上雕刻怪兽神鸟、卷草花木等彝族传统图案；门窗隔扇及室内有木隔花纹、小花格窗等，极富建筑装饰效果，体现了彝族的审美情趣和建造艺术。

第三节　民间习俗

一、语言文字

1. 语言

彝族的民族语言为彝语。彝语属于汉藏语系藏缅语族，彝族文字是一种音节文字，形成于几千年前。彝语有 6 种方言，有的方言虽然差别较大，但都有明显的共同历史渊源。

彝语的塞音、塞擦音、擦音分清浊两套。许多地区的塞音、塞擦音还有带与不带鼻冠音的区别。

除少数方言外，元音一般分松紧，但只在某些声调的音节里构成对立，如北部方言只在 33、44 两调的音节里对立。韵母一般由单元音构成，没有塞辅音韵尾。

在语法上，彝语的词序和虚词是表达语法意义的主要手段，基本语序是主语—宾语—谓语。名词、动词、人称代词作定语时，在中心词前；形容词、数量词作修饰语时，在中心词后。有些副词修饰双音节中心词时，在中心词的两个音节之间。

彝语的量词丰富，有些方言的量词能直接修饰中心词，起后置冠词的作用。有的方言有标志各种句子成分（包括主语、宾语）的结构助词。一部分动词的自动态和使动态，用辅音清浊交替表示。构词后缀多，前缀少；复合词多，单纯词少；四音格联绵词较丰富。

2. 文字

彝族原有一种音节文字（也有人认为是表意文字），1956 年设计了拉丁字母形式的凉山彝族拼音文字方案。

彝文是彝族文化的瑰宝。汉文史志称之为“爨文”“爨字”“爨书”“倮倮文”“韪文”“夷经”；彝族称之为“诺苏补玛”“乃苏讼纳”“聂苏索”“尼斯”“阿哲苏”“纳苏缩”等。

彝文是一种古老的音节文字，一个字形代表一个意义，其文字总数达万余字。这些彝字从结构上看，有点、横、竖、横折，大致有象形、会意、指事、假借四类。彝文独体字多，合体字少。滇川黔桂彝文古书中的彝字形体，大部分相同或近似。只因彝族居住分散，山川阻隔，方言差别大，各地彝文义随着方言发展，导致读音不一样，用字不统一，再加上辗转传抄，某些字的写法出现差异。四川凉山一带彝文一般由右向左横行书写；云南、贵州、广西一带则由左向右竖行书写。日长月久，自成体系。

二、宗教信仰

1. 彝经

彝经是用彝文写就的典籍。一般认为出现于明代后期。已发现的彝经种类繁多，卷帙浩繁。其内容大多是有关献祭、祈祷、酬愿、作斋、禳祓、咒术、占卜、婚姻、生育、丧葬、祭祖以及火神、雷神、龙王和历史传说等。它不仅反映了彝族宗教的面貌，而且对研究彝族的哲学、历史、文学、医学、天文学也颇有参考价值。

2. 神灵崇拜

（1）天神。据彝经《勒俄特依》记载，宇宙万物皆为天神所造，并为天神所主宰，故而敬天。

（2）地神。彝族认为土地为衣食之源，因此自古崇拜地神。

（3）其他神祇。彝族先人还认为各种自然现象的背后都对应着一个相应的主管神灵，因此，根据各地的风俗习惯不同，还存在着水神、石神、山神、火神及日月星辰诸神的崇拜。

3. 竹崇拜

在广西隆林、那坡的彝族聚居区，每村皆有一块约 6 米见方的土地用来种兰竹，竹丛四周围砌石块，外又绕以高约丈许的竹栅栏，严禁砍伐毁坏。每逢农历四月二十举行祭竹大典，搭建祭台，由毕摩（彝族宗教的祭司）诵经，跳公（领舞者）率村中男女跳祭竹舞。

他们认为，兰竹荣枯有关本族兴衰，故须举行隆重祭典，否则会遭厄运，甚至全族灭绝。他们还相信本族与竹有血缘上的联系，因此，孕妇临产时，丈夫或兄弟要砍兰竹一根，截取竹筒，待婴儿生下后，将部分胎盘和血装进筒内，筒口塞以芭蕉叶，吊在兰竹上，以示他们是兰竹的后裔。

三、礼仪禁忌

1. 礼仪

彝族是一个文武并重、讲究文明礼貌的民族。长幼之间，谁长谁幼，谁大谁小，不仅论年龄，还依据父家谱牒或母系谱牒的长晚来定，不能喊错。在特殊的公共场合里，就座排位要以辈数大小排列，长辈在场时发言不准抢先。

彝族人特别热情好客，有“客人长主三百岁”之俗话，凡有客人来，必须让位于最上方，至少也要烟茶相待。民间素有“打羊”“打牛”迎宾待客的习俗。凡是客人到来，必杀牲待客，并根据来客的身份、亲疏程度分别以牛、羊、猪、鸡等相待。在杀牲之前，要把活牲牵到客前，请客人过目后宰杀，以表示对客人的敬重。

酒是敬客的见面礼，只要客人进屋，主人必先以酒敬客，然后再制作各种菜肴。待客的饭菜以猪膘肥厚大为体面，吃饭中间，主妇要时时关注客人碗里的饭，未待客人吃光就要随时加添，以表示待客的至诚。吃饭时，长辈坐上方，晚辈依次围坐在两旁和下方，并为长辈添饭、夹菜、泡汤。

2. 禁忌

（1）行为禁忌。忌骑马遇人不下马；忌孕妇来往于他人婚礼；未满月的婴儿忌见有狐臭之人；不准用脚蹬锅庄石，更忌从火塘上方跨过；忌用粮食在手中抛玩；忌打布谷鸟；灵牌是祖灵的化身，禁外人挨近或不洁之物摆放周围；忌订婚、过年所杀的猪羊等畜无胆汁或脾脏暗淡翻卷；忌杀牲时未先祭奠祖先，而先被狗、猫、鸡碰着；忌火把节时，在田地中间随意走动，如此会招来虫灾；忌白天点着火把到处走动，忌从屋里相继点着两只火把走出；家中有人出门远行，忌随后扫垃圾出门；忌在屋内弹口弦、吹口哨，夜间不关门；禁砍神树或在神树旁高声喧哗打闹；忌锄、斧一起扛或搁放在一起；忌与人有冤仇时当着对方的面折断树枝、吐口水、打鸡、打狗、砍扫把、拍打头帕；不能随意抓摸男子的“天菩萨”；不许妇女抚摸男人的头，更不准从男人帽子上跨过；忌当众放响屁；到彝家做客，不能坐在堆放东西和睡铺的下方和左方；主人酒肉款待，客人要品尝，以示谢意。

（2）语言禁忌。忌对婴儿用“胖”“重”“漂亮”之类赞词；忌在众人面前直言小便、大便、放屁、生育之类的话，更忌口头禅中带有类似两性生殖器内容的语言；忌翁媳和兄媳之间随意开玩笑；忌随便与毕摩、苏尼嬉笑打闹；忌在家人外出时说不吉利的话；忌在人有病时说死伤之类的话；忌无故恶语咒骂他人。

（3）饮食禁忌。禁食马、骡、狗、猫、猴、蛇、蛙等肉；忌食搅拌时筷子折断的食物；拉羊到堂屋备杀时，羊突然叫者忌食；忌吃粮种；鸡跳过的饭菜忌食；忌用镰刀割肉而食；男子忌食推磨时磨轴折断的面粉；禁孕妇吃獐肉、兔肉，禁小孩吃鸡胃、鸡尾、猪耳、羊耳；禁吃鸡肠；忌烧荞面粑、苞谷粑时从火塘右侧（客位方）放入取出。

四、趣味婚俗

1. 定情

每逢“火把节”“尼遮西节”或热闹的赶街天，彝族小伙子如果把洁白的衬衣塞进蓝靛染成的青布裤子里，勒上一条用各种颜色的丝线绣着花朵、蝴蝶、小鸟的花腰带，表示自己已有了合心意的情人。

这条花腰带是爱情的信物，没有情人的小伙子没有权利系上。彝家青年用花腰带传情别有风趣。当姑娘在劳动中或通过媒人的撮合和小伙子相爱后，就要背着长辈，利用劳动之余或节假日，用各种有色的丝线精心绣制有花朵、蝴蝶、小鸟等图案的花腰带。腰带绣成之后，利用约会的时间，把腰带送给小伙子。小伙子得到腰带，心里踏实了，也把揣在怀里的手镯或耳环给姑娘戴上，表示真诚相爱。

2. 订婚

男女青年相识和相恋后，征得女方父母同意，男方父母就请毕摩选取一吉日，为他们举行婚礼。婚礼举行前几天，姑娘要减饭减水，临出嫁前更是不准吃喝。这种“新娘子饿食饿水”的习俗主要来自彝族“虎妻”的传说，同时也为了避免在迎娶的路上解大小便。

3. 迎亲

举行婚礼这天，男方家喜气洋洋，亲朋满座。院子中间用树枝搭起一座青棚，棚内棚外披红挂彩，正中摆放彝家喜神牌位。彝家歌手不断地演唱富有民族情调的青棚调，亲朋好友欢聚一堂。

男方家娶亲的队伍来到女方家门前时，要接受女方的兄弟姐妹和同辈青年男女的泼水，以示欢迎和庆贺。彝家人认为，泼了水，姑娘到丈夫家后就不会到很远的地方背水，即使天旱也有吃有喝。

娶亲的队伍进了女方家门后，在供桌上点上香，磕完头，接着就开始展示带来的礼物，如衣服、鞋子、包头、钱币等；女方也展示姑娘的嫁妆，如橱柜、箱子、衣物、凳子、被褥、彩电、缝纫机等。这时候，由女方父母请来的歌师开始唱娶亲歌，唱一段，展示一样，且唱到什么就必须展示什么，否则就会受到小小的惩罚。

展示完毕后，女方家招待娶亲的人喝水：先喝茶，后喝糖水，称为“先苦后甜”。接着摆好香槟，请女方的舅辈来说一些吉利的话，然后打开红盒，给新郎披上两匹红彩带。一切完毕之后，女方家盛宴招待娶亲的人、亲朋好友以及本村本寨的乡亲。席间，新郎要到每一桌先作揖，后敬酒。等所有的客人都吃完饭后，才能娶新娘动身回家。如果路远，女方家会热情地招待娶亲的人住下，第二天再走。当晚，女方家院子里或房外广场上，人们通宵达旦地跳左脚舞。如果路近，当天就可以娶亲回家。

当人们进行上述活动的时候，新娘一般在楼上梳妆打扮，做出嫁前的准备。动身之前女方的舅辈带着新郎去女方家祖宗牌位前拜别，新娘则由哥哥或弟弟从楼上背到堂屋门外与新郎一同上路，媒人在后招呼所有女方家的客人去送亲。送亲的队伍以一对年轻夫妇为主，其余的姑娘的同伴或较亲的小辈，他们可以一直送到男方家。

4. 婚礼

娶亲队伍回到新郎家门口，要燃放火炮和鞭炮，请毕摩念进亲经，然后新娘在手持两只火把的少女陪同下，走进大门并一直走到洞房中床上坐下。这时，在一中年妇女的主持下，新郎新娘喝交杯酒。然后新郎走出洞房，来自女方家的女宾则陪着新娘留在房中，按传统习俗，晚饭时，新娘一天不得吃两家饭，由陪娘把女方带来的饭菜热了给新娘，并邀约新郎陪着吃。

接着，男方家大宴宾客，之后，在青棚院中烧一堆火，在家里围着火堆弹弦子、唱调子、跳左脚舞，这时，新郎和新娘也参加到跳舞的行列中，大家围成圆圈，尽情地唱和跳，且往往跳到天亮。

天亮后，新娘去挑两担水到厨房里，同时在灶里烧一把火，表示新娘已经开始在新郎家烧火做饭，从此就在新郎家生活了。

第三天，新娘要回娘家，俗称回门。回门的时间一般为四五天，之后新娘即回到夫家来生活。

五、民族饮食

1. 特点

彝族菜的特色是鲜、嫩、脆、香，既有油香味，又不油嘴，不腻心，味美无穷。彝族主要从事农业、畜牧业，喜种杂粮，以玉米、小麦、荞麦、大麦为主食。蔬菜、猪、羊、牛、鸡、野味是他们的主要烹饪原料。彝族多居住在山区或半山区。山中森林茂密，栖息着许多珍禽异兽，出产熊掌、鹿茸、麂、岩羊、野猪等山珍野味，大小河流又提供了鱼、虾、螺等水产品种。彝族擅长煮、烤、拌、烧、蒸、炖等，尤其长于羊、鹿等皮毛类动物原料的烹制。口味嗜咸、香、辣、麻，嗜酒。

每当过节，彝族的饮食最为丰盛。杀鸡宰猪，煎糯米粑粑，做坨坨肉、羊汤锅、牛汤锅、燕麦面、蒸羊排骨等。彝族在过年过节时都要椎牛打羊，宰猪宰鸡，而平时一般很少宰杀牲畜，除非款待客人。

彝族居家饮食习俗餐制为一日两餐，沿袭至今。一般彝村，人们天明即出早工，九时左右歇工吃第一餐，十时左右吃完。休息一会又出午工，天暗才吃第二餐。

农忙活重时节，正餐之间要有间餐，即随身将粑粑、馍馍、洋芋等食物和臭豆腐、青椒香肠等带到田地，随时加餐。

食俗一般比较简单、随便。以杂粮、洋芋为主食。在春、夏季里，喜用酸菜或干板菜（白菜或青菜白水煮熟后晒干即成）拌豆米煮成酸汤做菜。也有将玉米磨成米粒，去麸皮，与大米合在一起蒸熟作为主食，或是将各种面粉擀成粗面条作为主食。山地还盛产蘑菇、木耳、核桃，加上菜园生产的蔬菜，使得蔬菜的来源十分广泛，除鲜吃外，大部分都要做成酸菜。酸菜分干酸菜和泡酸菜两种。另一种名吃“堵拉巴”也是民间最常见的菜肴。

2. 特色菜肴

（1）坨坨肉

坨坨肉是彝族人逢年过节及招待贵客的招牌菜，其肉为 15 千克以下以非现代饲料喂养而成的小猪为原料，辅以彝族特有的香料、佐料稍做加工而成。

其肉块硕大，一般呈正方形，故称“坨坨肉”，入口即化，肥而不腻，口感细嫩，充分体现了彝族人“大块吃肉，大碗喝酒”的豪放性情。

（2）烤小猪

烤小猪，是一道彝族独具特色的风味菜。选用 10~15 千克重的仔猪，杀后去毛、去内脏并洗净后架在火上翻烤。烤好的小猪，色泽金黄，香味扑鼻。

吃的时候可将小猪切成小方块儿，拌以佐料食用；也可将整只烤猪放在一个大盘内，另放几碟蘸水或其他佐料，然后各人拿刀，自割自吃。烤小猪肉外脆里嫩，酥香可口，味道鲜美无比。

（3）射地

射地是彝族风味菜，即肉冻，是彝族地区较为讲究的一种菜肴。

它采用猪蹄和肘子制作而成。一般做法是将肉放入锅内煮软后捞起，剔去骨头并将肉切碎，放上木姜、生姜、花椒等佐料，有的还放橘子皮或鸡蛋之类的东西，然后放回锅里煮上一阵，以便使佐料渗入肉中，最后放入木钵内，放上一夜即成。肉冻柔软可口，香味独特，是彝族人十分喜爱的一种食品。

（4）辣子鸡

辣子鸡用 1 千克左右的仔鸡，杀后烤好，将肉搅得粉碎，后加上木姜、生姜、辣椒面、花椒等佐料，和冷开水就可以吃了。

辣子鸡原汁原味，味道辣而爽口，肉细嫩鲜美，余味无穷。

（5）堵拉巴

“堵拉巴”是彝语“连渣菜”的意思，是一道很有彝族特色的风味汤菜，将黄豆用石磨磨成浆，放菜叶、加酸水制作而成。堵拉巴可吃原汁原味，不放任何佐料，也可用湖海椒面等作料做蘸水浇在连渣菜上吃。特点是清热解渴，色香味俱全，口感清爽。

（6）洋芋酸菜汤

将洗净的洋芋切成片或丝，按传统的切法，左手握洋芋，右手持镰刀，切成鳞状滚刀片，放入肉汤煮熟并煮出鲜味后，下入酸菜，再下盐、辣椒、木姜面和葱段等调料。

（7）全羊汤

全羊汤主要选用肥壮的黑山羊，宰杀后开膛洗净内脏，用火燎，去羊头、羊脚皮毛，在炭火上烤黄后用锤锤碎内骨，最后连羊血、肚杂、羊肉全部切块一锅煮。

全羊汤无膻味、汤白、味浓、肉香，而且营养丰富。既是彝族人喜爱的风味名吃，又是最大众化的食品。

（8）烧筒鱼

烧筒鱼是那坡县彝族传统食品。将一些小鱼除内脏，装入青嫩竹筒，火上烧烤至熟，用于订婚、娶媳、嫁女等有关婚事筵席，表示这门婚事祥和如意。

六、民间文艺

1. 彝族铜鼓舞

彝族凡年节、建新房、白事等都要敲铜鼓，一般是一面击鼓，一面跳铜鼓舞。据说彝族铜鼓舞是根据流行在云南文山壮族苗族自治州的富宁、麻栗坡、广南、西畴等县彝族聚居区的一种民间传统舞蹈——跳“妻丽”的素材整理加工创作而成的，流传于广西那坡的彝区。

铜鼓的打法有12种，铜鼓舞步也有12种。现常跳的有如下几种打法与舞步：①“拉故作”（音译）式，即手拉手跳。在跳公节、盖新房及白事时均可用此种打法。②“齐隆”式，意为众人自由跳。③“齐说”式，根据不同的鼓点，人们的跳法也不同；“齐说”式的步法，向前踢一步，走两步。④“齐拉”式，跳时脚各向两边摆踩。⑤“齐杂”式，意为防备，跳时前进一步，后退两步。

铜鼓舞是彝族最普遍最流行的舞蹈，男女老少都会跳。人们只要一听到铜鼓声，就会不约而同地随着鼓点起舞。

2. 彝族葫芦笙

葫芦笙是那坡一带彝族地区主要乐器之一。因它由五根竹管组成，当地彝族又叫它“五声”或“五笙”。葫芦笙的使用较为普遍，无论是节日、盖新房或红白喜事，都吹奏葫芦笙。

葫芦笙的吹奏多与跳舞连在一起，边吹边跳。吹葫芦笙的人称为“央巴”。

葫芦笙共有10个调式，分别是：①“卡吴代七”（音译）调，意思为带领众人跳；②“导呐”调，意思是拿着梭镖大刀的卫士保卫家乡；③“旗罗七”调，意思是众人拉开步子跳；④“萨埃”调，意思是亲友来庆贺新房；⑤“其良”调，意思是摆脚跳，避开射来的弓箭，其动作由一种灵拳转化而来；⑥“呢布嗒”调，即两步踏；⑦“角门”调，意思是吹响胜利号角；⑧“得达”调，意即准备粮草武器，搞好防备；⑨“嘎苏”调，意思是准备先攻敌人，乘胜前进；⑩“牙崖七”调，意即哀歌，悼念死难者。这十个调，在四月的跳公节中全部都跳。在其他日子，如盖房、送葬时，则根据当时的情况，吹奏适宜的调式。

3. 彝胡

彝胡是那坡县彝族乐器。近似二胡，但琴筒较大，内径约25厘米，多用凿成空心的枹木制作而成，用羊皮或牛皮作面，牛筋作弦，琴杆高约60厘米。

常用于单独演奏，也配合葫芦笙为舞蹈伴奏。

七、传统体育

广西彝族的传统体育是打磨秋。磨秋由两根木头制成。先用一根长约2至2.5米、直径约为15厘米的硬木竖埋在平坦的地面下，露土部分约1.2至1.5米，顶端用铁或原木做成磨心，另用一根长约6至8米的木头为横杆，中间凿一个孔套在磨心上。为防横木折断，孔的上下夹上两块铁板，距杆头1米处缠着红、黄、绿各色纸并绑上几朵大红花，使磨秋运转起来光彩夺目。打磨秋时，横木可以升降转动，如推磨圆转，似秋千升降，故名磨秋。

打磨秋时，横杆两头的人数必须相等，可以两人打或四人打。活动开始，首先将横杆摆平，双方在横杆的两端推转磨秋，而后先由一方跃爬上横杆。落地一方用脚蹬弹地面，横杆便腾地上升，飞转不停。此时表演者在杆上做出许多惊险的技巧动作，青年小伙子在磨秋上打回环、翻滚；姑娘们爱在磨秋下落时捡花或两手不扶杆向前伸，两腿抬起，腹部贴在横杆上，随磨秋起落。他们能在磨秋上做出“飞燕凌空”“白鹤展翅”“蝴蝶采花”“燕子翻梁”“仙女散花”等动作。

第四节　传统节日

1. 护林节

（1）时间。彝族护林节在农历三月初三和五月十六。

（2）地位及流行区域。彝族护林节是保护林木的节日，流行于隆林与那坡。

（3）特点。节日早上，全寨杀猪，各户领取一份，中午由一位轮值老人作代表，带领一位平日讲究礼节的青年提着礼品（猪肉、鸡、酒、鞭炮等）登山，在一块上书“山林之位”的石头前祭祀，燃放鞭炮，林子里各户听到炮声，也陆续燃放鞭炮，老人将酒泼在地上，叫作“洗山”，表示“土地干净草木茂盛”，然后下山，各家欢饮，庆祝林木青葱。节后各家互相检查护林情况。乱砍滥伐林木者受罚，护林有功者受奖。年年如此，形成制度，所以彝寨地区林木保护较好。

隆林、那坡县部分彝族地区把护林节称作忌欢节。古代彝族靠山吃山，形成花卉树木有灵的观念，每年春夏草木和农作物萌发时，择日敬祭草木和作物幽魂，以示保护它们茁壮生长。那坡县彝族还于节日期间组织象征性的“打猎”活动，数名小伙子分别扮猎人、猎犬和猎兽，在林中嬉戏狩猎。从节日当天起，将铜鼓、葫芦笙和彝胡等乐器封存起来，宣告一年一度的禁忌期开始，直至十月初十才开禁。

2. 跳公节

（1）时间。彝族跳公节时间因地域不同而不固定，最早于农历四月初三开始，最迟于农历四月十二开始。

（2）地位及流行区域。彝族跳公节是祭祖的节日，流行于广西那坡一带。

（3）特点。跳公节源于古代战争。古时一位彝族将领带领子弟兵作战在外，赶不上回来过春节，等到打仗获胜还乡时已是农历四月初。为了欢庆子弟兵凯旋和纪念胜利，就把四月初定为跳公节。

跳公节流传至今至少已有上千年的历史。持续时间一般是三天，主要活动在头两天。内容有祭天地、祭祖先、祭山神，讲本民族历史，劝酒唱歌，跳舞娱乐，加菜团聚等。

祭天地、祭祖先于节日第一天在摩公（为世袭，代表天公）家进行，祭山神则在节日的第三天，到一个指定的山头去祭。但祭祀、祈祷、祝福等内容，又贯串于几天节日里的所有活动之中。

从第一天中午开始，全村的彝族男女老少，个个穿上节日盛装，来到村子的舞坪集中。舞坪的中央，种上两丛金竹，旁边支挂着一对铜鼓，金竹丛的四周，摆着肉、虾米、五色糯米饭、酒、金刺莓（一种野果）等食品，作为祭祀和欢度节日用。

这时以成年男子为主的群众队伍走向摩公家，摩公带领众人祭天地和祖先，饮酒唱歌。然后众人边吹芦笙，边跳芦笙舞，簇拥着民族头领人物来到舞坪，开展赛马、跳舞、绕舞坪游行、表演等各种活动。男女老少载歌载舞，交替地跳着铜鼓舞、芦笙舞各种舞步，舞坪边沿摆满节日食品，大家边饮边歌边舞，还不时穿插有摩公的“喃呟”（口念咒语）、祭祀、祈祷、祝福等仪式。

摩公还向人们讲述祖先的光荣业绩，青年男子表演围猎、杀敌的“跳闸门”“跨断桥”等节目，以表示缅怀先祖的英勇尚武精神。

一个寨子过跳公节，附近寨子的人都会来参加，热闹非凡。天黑以后，以青年男女们为主的跳公队伍就到各家各户去轮流跳舞、祝福，甚至彻夜欢腾。

第二天的节日活动与第一天大体相同，第三天是上山祭拜山神，第三天中午，所有男女老少一同登上山顶，在师公主持下祭祀祖先，然后逐渐离去。

3. 火把节

（1）时间。彝族火把节在农历六月二十四。

（2）地位及流行区域。彝族火把节是彝族最隆重盛大的节日，流行于彝族各聚居区。

（3）特点。火把节起源的说法众多，一说唐代南诏王斩杀另一小国国王，国王夫人燃松招魂，相传成俗；一说彝王孟获为诸葛亮擒纵而归，举火除灾；一说天、地大力士比武，天上大力士败亡，天菩萨震怒而撒下蝗虫，糟蹋人间庄稼，百姓点火烧虫，沿袭成俗；一说彝族撒尼支系不甘忍受土司压榨，深夜把火把绑在上万只羊角上，连夜驱羊围城，土司不知是计，慌忙弃城逃命，于是就有了这个节日。其中，最具代表性的是彝族英雄黑体拉巴和美丽的妮璋阿芝团结民众与恶神、灾害抗争的传说故事。

火把节之前，各家都要准备食品；在节日里纵情欢聚，放歌畅饮。火把节期间，各村寨以干松木和松明子扎成大火把竖立寨中，各家门前竖起小火把，入夜点燃，村寨一片通明；同时人们手持小型火把成群结队行进在村边地头、山岭田埂间，将火把、松明子插于田间地角。远处望去，火龙映天，蜿蜒起伏，十分动人。最后青年男女会聚广场，将许多火把堆成火塔，唱歌跳舞，彻夜不息。

火把节一般历时三天三夜，第一天为“都载”，意为迎火。这一天，每个村寨都会椎牛宰羊杀猪，以酒肉迎接火神，祭祖；妇女还要赶制荞馍、糌粑面，在外的人都要回家吃团圆饭，一起围着火塘喝自酿的酒，吃坨坨肉，共同分享欢乐和幸福。

夜幕降临时，临近村寨的人们会在老人选定的地点搭建祭台，以传统方式击打燧石点燃圣火，由毕摩（祭司）诵经祭火。然后家家户户由家中老人从火塘里接点用蒿秆扎成的火把，让儿孙们从老人手里接过火把，先照遍屋里的每个角落，再田边地角、漫山遍野地走过来，用火光来驱除病魔灾难。最后集聚在山坡上，游玩火把，唱歌跳舞，做各种游戏。

火把节第二天为“都格”，意为颂火、赞火，是火把节的高潮。天刚亮，男女老少都穿上节日的盛装，带上煮熟的坨坨肉、荞馍，聚集在祭台圣火下，参加各式各样的传统节日活动。成千上万的人聚集在一起，组织赛马、摔跤、唱歌、选美、爬杆、射击、斗牛、斗羊、斗鸡等活动。姑娘们身着美丽的衣裳，跳起“朵洛荷”。

在这一天，最重要的活动莫过于彝家的选美了。年长的老人们要按照传说中黑体拉巴勤劳勇敢、英俊潇洒的形象选出美男子；选出像妮璋阿芝那样善良聪慧、美丽大方的美女。

当傍晚来临的时候，上千上万的火把，形成一条条的火龙，从四面八方涌向同一地方，最后形成无数的篝火，映红天空。人们围着篝火尽情跳唱，一直闹到深夜，场面盛大，喜气浓烈，因此享有“东方狂欢节”的美誉。当篝火要熄灭的时候，一对对有情男女青年悄然走进山坡，走进树丛，在黄色的油伞下，拨动月琴，弹响口弦，互诉相思。故也有人将彝族火把节称作是

“东方的情人节”。

火把节的第三天，彝语叫“朵哈”或“都沙”，意思是送火。这是整个彝族火把节的尾声。这天夜幕降临时，祭过火神吃毕晚饭，各家各户陆续点燃火把，手持火把，走到约定的地方，聚在一起，搭设祭火台，举行送火仪式，念经祈祷火神，祈求祖先和菩萨赐给子孙安康和幸福，赐给人间丰收和欢乐。人们舞着火把念唱祝词，祈求家宅平安、六畜兴旺。这时还要带着第一天宰杀的鸡翅鸡毛等一起焚烧，象征邪恶的精灵和病魔瘟神也随之焚毁了。然后找一块较大的石头，把点燃的火把、鸡毛等一起压在石头下面，喻示压住魔鬼，保全家人丁兴旺，五谷丰登，牛羊肥壮。最后，山上山下各村各寨游龙似的火把聚在一起，燃成一堆大篝火，以示众人团结一心，共同防御自然灾害。

隆林各族自治县彝族还于节日当天屠牛，做烤串肉祭祖。男女青年于节日期间到特定山头聚会，给布谷鸟“送饭”，以求吉祥，并开展各种歌舞娱乐活动。

第五节　民间传说

1. 黑体拉巴和妮璋阿芝的传说

中国最大的彝族聚居区大小凉山，关于火把节由来的传说很多。其中影响最大，流传最广，最具代表性的是彝族英雄斗败天神恶魔，团结民众与邪恶和灾害抗争的故事。

相传在远古的时候，天上有六个太阳和七个月亮，白天有烈日的暴晒，晚上有强光照耀，土地荒芜，妖魔横行，世间万物面临着灭顶之灾。就在这生死攸关的时刻，彝族英雄支格阿龙射死了灼热的五个太阳和六个月亮，驯服了剩下的最后一个太阳和最后一个月亮，治服了肆虐的洪水，消灭了残害人间的各种妖魔。从此，天下风和日丽，水草丰茂，彝族人开始过着安居乐业、世外桃源般的生活。

但是，统治天地万物的天神恩体古孜看到人间如此繁荣富足，心怀不满，于是年年派他的儿子大力神斯热阿比率天兵到人间征收苛捐杂税。天兵所到之处，烧杀抢掠，无恶不作。好端端的人间又被天神恶魔搅得民不聊生，人们生活在水深火热之中，苦不堪言。后来支格阿龙的故乡出了个彝族英雄叫黑体拉巴，他力大无穷，智慧超人，英勇无畏，跨上骏马能日行千里，迈开脚步可飞崖走壁。他经常为各个部落排忧解难，除暴安良，深受民众的爱戴。一天，黑体拉巴上山打猎，站在高高的山巅上，陶醉在美不胜收的景色之中，他禁不住引吭高歌，抒发对大自然的爱，对美好生活的渴求。歌声引来了在另一座山上牧羊的姑娘妮璋阿芝悠扬婉转的歌声。他们隔着高山河流对唱情歌直到天黑。从此，二人相亲相爱，山盟海誓。

早就对妮璋阿芝垂涎三尺的大力神斯热阿比听说了两人的恋情，心里交织着愤恨和嫉妒，总想找机会置黑体拉巴于死地。没过多久，忍耐不住嫉恨的斯热阿比下凡与黑体拉巴摔跤决斗。结果在摔跤决斗中被黑体拉巴摔死，天神为此大怒，便放出铺天盖地的天虫（蝗虫）到人间毁灭成熟的庄稼。

聪明的妮璋阿芝翻山越岭，找到了天边的一位德高望重的大毕摩（祭司），毕摩翻看了天书，告诉妮璋阿芝：消灭蝗虫，要用火把。妮璋阿芝和黑体拉巴带领民众上山扎蒿秆火把，扎了三天三夜的火把，烧了三天三夜的火把，终于烧死了所有的天虫，保住了庄稼。

看到这情景，可恶的恩体古孜暴跳如雷，使用法力将劳累过度的黑体拉巴变成了一座高山。妮璋阿芝看着这一切，伤心欲绝，痛不欲生，在大毕摩的祈祷声中舍身化作满山遍野美丽的索玛花盛开在黑体拉巴变成的那座高山上。这一天，正好是农历的六月二十四。

从此，彝族人为了纪念这一天，每年农历六月二十四便以传统方式击打燧石点燃圣火，燃起火把，走向田野，以祈求风调雨顺、来年丰收。人们载歌载舞，普天同庆抗灾的胜利，歌唱黑体拉巴的英勇和妮璋阿芝的聪明美丽。久而久之，便形成了彝家一年一度的火把节。

2. 者巴的传说

很久以前，在天和地接壤的地方有个寨子，寨子里有一个远近闻名的弦子手者巴。

者巴自小酷爱弦子，技巧也十分高超。但成家之后，为生计所迫，再也无暇弹弦。

一天傍晚，者巴路过一个草坪，听到一阵弦子声，一时技痒，但草坪上却空无一人。次日傍晚，者巴路过那个草坪的时候，又听到了弦子声。这次他听得更加清楚，男的在弹弦，女的在拍着巴掌跳舞。但草坪依旧没有人。他连忙回家拿出弦子，来到草坪，和着听的弦子，绕着草坪跳起乐作舞。

这时，听见有人问他为什么没戴帽子，并说，在这弹弦跳舞的事不能让天神知道，只有戴上帽子才能瞒过他们。

接着，者巴发觉有人往他头上戴上了一顶帽子。他突然看见一群英俊的小伙子弹着弦子，跟一群穿着霓裳羽衣的美丽姑娘在跳乐作舞。原来这是神的青年们偷着跑到人间来玩。

者巴同他们一起玩到了天亮，直到那些青年们都返回了天庭。

回到家，妻子对者巴的帽子很好奇，试着戴了一下。者巴发现戴上帽子的妻子马上不见了。原来这是一顶隐身帽。

者巴怕神们来要回帽子，把帽子藏了起来，再也不去那个草坪了。

栽插时节，对门山上有个山官叫姆茨，要杀 60 头大公牛过 60 岁生日，派出一大帮家丁到附近村寨里抢夺了 60 头大公牛。牛就关在他家的牛厩里，有家丁看守。被夺走牛的人们急得团团转。

者巴戴上隐身帽到牛厩门口，打开了牛厩，将牛全放了出去。又用力驱赶，把一群牛驱赶到了山上。看守们拦不回牛，气喘吁吁地回来禀报。姆茨见状也无可奈何，杀牛过生日的事也只好就此罢手。

3. 兹兹尼渣的传说

传说在远古的时候，大英雄惹迪索夫和几个朋友一起去打猎，走进达布络魔神山里。无意间发现山里有一幢高楼。此时天色已晚，他们便前去投宿。

然而大楼内白骨成堆，空无一人，极为阴森恐怖。这时，楼主人陆续回来，长得似人非人，言语行为特别怪异。经过一番询问，才知道这是食人魔王聪者苏阿合家，于是他们也装着食人族的样子，等待时机除掉这个魔王。

为了招待惹迪索夫他们，魔王下令把一个十七八岁的少女当晚餐。为了不引起魔王的怀疑，索夫偷偷把人肉换成自己随身带的兽肉。看见他们吃得津津有味，魔王相信他们是自己的同类。

饭后，索夫发现魔鬼们变成一只只黄蜂飞进屋内侧中柱上的蜂窝里，最后飞进去的是魔王的小女儿兹兹尼渣。

深夜，索夫和朋友们一起堵住了蜂窝口，除了睡在最外面的兹兹尼渣逃了出去，其余的魔鬼全部被索夫他们给烧死了。

死里逃生的兹兹尼渣只好东躲西藏地四处流浪。就这样过了几年，一位叫阿维列库的猎人到深山老林里去打猎，在一棵大树下遇到了美丽的兹兹尼渣。阿维列库对她一见钟情，最终结为夫妻。

时间一久，一个老毕摩告诉阿维列库，他妻子是一个魔鬼，而且她在寨子里死人时吃人肉、啃人骨，必须除掉，否则整个山寨都会遭殃。老毕摩让阿维列库装病，并称这种病只有采来原始森林里的黑熊胆才治得好。他希望兹兹尼渣被黑熊咬死，这样就能救整个寨子。兹兹尼渣毫不犹豫地来到原始森林，变成豺狗咬死黑熊，取来了熊胆。

阿维列库继续使计，但兹兹尼渣却始终毫发无损。他完全相信自己的妻子其实是一个魔鬼了。

无可奈何之下，阿维列库又在大夏天让兹兹尼渣去山上采雪，兹兹尼渣临走时告诫丈夫，说她动身后，万万不要请毕摩来念咒语咒她。

兹兹尼渣前脚一走，阿维列库立马就请来毕摩念咒语诅咒兹兹尼渣。随着咒语声，神座的上方突然掉下一只母山羊，它的身上还粘着一些雪。山羊奄奄一息，样子十分可怜，用祈求的目光望着阿维列库。人们都知道了，这只山羊便是兹兹尼渣变的。

阿维列库请人把山羊丢入河中淹死。当山羊的尸体漂到下游岸边，一群用镰刀砍柴的妇女把它拾起来烧来吃了。结果这些妇女不久之后相继而死，死后都变成了魔鬼。

从此以后，彝族再也不让妇女杀生，也不允许用镰刀砍肉。

第十二章

以衣着多寡鉴贫富

——广西水族的民间风情

水族虽然以“水”为名，但这个民族跟大江大海并没有关系。水族的名字来源于该民族的自称，在本民族的传统语言中称为“suī”，1956年，根据民族自愿原则，将“suī”音译为水，至此始称为水族。

关于水族的起源说法很多，至今尚无定论。大多数人认为，水族是从古代骆越的一支逐渐发展而来的。历史上的水族一直生活在今天贵州省的三都、荔波、独山、都匀一带。到了清末民初，水族地区社会秩序混乱，人民受尽滇黔军阀和土匪的蹂躏。部分水族人不堪忍受，陆续从贵州迁入广西的西北部。据2007年统计数字显示，生活在广西的水族人口总共为1.4万余人，主要分布在南丹、宜州、融水、环江、都安、河池等县、市（自治县）。

第一节　民族服饰

一、男装

在清代以前，水族男子长发绾髻，穿无领无扣长衣，系腰带。到了清代，因清政府强制改装剃发，因此老年男子头戴缎面红顶瓜皮帽，穿大襟无领宽袖长衫，青壮年把辫子盘在头顶，用白色或青色头帕包头，多穿大襟无领短衣。

现代男子穿青、蓝、白色对襟衣，青或蓝色大裤脚裤子。水族男子以穿的衣服多来显示家庭的富有，常有穿五、七、九、十一件等单数的，每件衣服只扣一颗纽扣，以显露出自己到底穿了多少件衣服。水族老翁剃光头包长条青布头巾。老年男子在很大程度上仍保持着近代的服饰，中青年男子基本上着汉装。

二、女装

与男子的服装相比，水族女子的服装还保留着明显的民族特色。

未婚女子的便装喜欢用浅蓝色和绿色，右衽大襟长衫，上衣一般长至膝盖，收腰收袖，显得贴身，衣裤的边缘没有什么装饰，胸前佩戴绣花长围腰。下身穿青色长裤。把头发梳成一个辫子盘在头上，再用白底黑杠方格巾或白色长帕或青色长帕包裹起来。

已婚妇女便装的袖口、肩头、裤脚都缝上一道蓝布花边作装饰，外缘又镶上两道花条。将长发梳成一把从左至右盘旋在头顶，再从左侧插梳子加以固定并作装饰，习惯罩上黑白格子或白色、黑色长条头帕。

水族的女子盛装制作精良，上衣为对襟无领宽袖短衣，袖口绣着白色水波浪花边装饰，左右胸部用压花银片纵排装饰，用银质纽扣点缀，颈部戴多个银项圈、项链，下着青色中长百褶裙，内穿齐膝筒裤，裹绑腿到膝盖以下，脚穿尖勾花鞋，裙外右侧腰间挎长约 30 厘米的银球蝴蝶针筒，腰系长腰带在身后打结，并留 30 厘米的结头飘摆着。

穿着盛装时，水族女子把长发盘绕于顶，用银簪、银梳固定，然后插上各种银花。

三、工艺

1. 水家布

水族的纺织和印染技术水平都很高超。水家布在百余年前便已闻名遐迩。水族妇女织成的水家布纱质细，织工精细均匀，染色深透，耐洗不褪色。除平纹布外，还能织出人字纹、斜纹、花椒纹和方格纹等多种纹样。印染布料图案也深受民众喜闻乐见，有“丹凤朝阳”“双龙戏水”“鱼虾竞游”“春花怒放”等。它们常用于制作被面、被单、毛巾，也是新婚夫妇必备的生活用品，颇有民族特色。水族同胞的服饰大多用水家布缝制。

2. 豆浆印染

豆浆印染是水族人的独特工艺，据说至今已有700年的历史。

水族人先将硬纸板镂成各种花鸟及几何图案，然后将模板平铺于白布上，再刷上特制的黄豆浆。等豆浆干透后即浸入靛液缸中浸染，最后洗净晒干刮去豆浆，即呈现出蓝底或青底白花图案。

3. 马尾绣

马尾绣是水族妇女世代传承的以马尾作为重要原材料的一种特殊刺绣技艺，其起源现已不可考，在工艺上有独特的制作技艺与方法，被称为刺绣的“活化石”，是研究水族民俗、民风、图腾崇拜及民族文化的珍贵艺术资料。

马尾绣工艺十分复杂，在制作时，先取3到4根马尾做芯，用手工将白色丝线紧紧地缠绕在马尾上，让它成为类似低音琴弦的预制绣花线；然后将这种白丝马尾芯的绣线盘绣于传统刺绣或剪纸纹样的轮廓上；再用7根彩色丝线编制成扁形彩线，填绣在盘绣花纹的轮廓中间部位；最后按照通常的平绣、挑花、乱针、跳针等刺绣工艺绣出其余部分。

采用马尾绣工艺制作的绣品具有浅浮雕感，造型抽象、概括、夸张。主要用于制作背小孩的背带（水语称为“歹结”）及翘尖绣花鞋（水语称为“者结”）、女性的围腰和胸牌、童帽、荷包、刀鞘护套等。

马尾绣背带主要包括三部分，上半部为主体图案，由20多块大小不同的马尾绣片组成，周围边框在彩色缎料底子上用大红或墨绿色丝线平绣出几何图案，而在上部两侧为马尾绣背带首，下半部为背带尾，有精美的马尾绣图案与主体部位相呼应，“歹结”成为通体绣花的完整艺术品。马尾绣背带工艺极其复杂、耗时，制作这样一件“歹结”要花一年左右的时间。

第二节　建筑风情

一、木楼

水族木楼大多用杉、松木为原料，全部都用凿、榫为衔接，不用铁钉，屋顶覆盖瓦。一般两层或三层。

水族民居也沿袭了一层圈养牲畜，二三层用来居住的习俗。楼上分为楼梯、堂屋、卧室、走廊、客厅。堂屋占平面面积的比重最大，是民居的中心。它直接与楼梯相连，是通往卧室、客厅的必经之地。

堂屋设有祖宗牌位、祭祀神坛，在牌位前通常设一张供桌。堂屋门口一般有一段短廊，廊的一端连接楼梯，另一端通向晒台。

卧室在堂屋的一边，是家人睡觉的地方，一般外人不得入内。客厅在堂屋的另一侧，设有火塘及客床，是就餐和客人留宿睡觉的地方。神龛背后有一间小屋，通常也作卧室用。晒台一般是房屋的附属品，与居住层一样高，作晒粮食、晾衣之用。

第三层一般是作为储存粮食的仓库。如果房屋没有第三层，粮食就储存在第二层。

厕所建在房前屋后，独立设置，与住房不相连。

二、干栏

水族的干栏民居大致可以分为两种类型：一种是在平地上修建房子；一种是在坡地上修建房子。如果房子建在平地上，要先用粗大的木柱和厚实的木板构筑一个一人多高的平台，然后再于其上修建木结构的一层平房或二层楼房。底层立柱与上层立柱互不连通，成为两个建筑实体，这是与吊脚楼的最大区别。

在坡地上修建干栏建筑，要先砌出一个相当于屋基一半的平台，再于平台较低一侧，用木柱、木枋和木板构筑又一个平台，使两个平台处于同一水平面上，构成整个屋基，然后再于这个屋基上修建木结构的一层平房或二层楼房。看上去像是吊脚楼，但楼上楼下立柱互不连通，其结构与吊脚楼有很大差别。这些水族干栏建筑的坐向，与附近的苗族、瑶族、布依族民居有所不同，主要表现在从房子的背面进屋，形成“面山背水”的独特坐向。这种干栏建筑，不用楼梯，即可上楼。

干栏的室内布局与木楼相同。

除了这两种水族民族特色颇浓的建筑外，水族还有以下几种建筑形式：

吊脚楼：在地势斜度大或一侧临水或临沟的地方，为适应地势扩大居住面积，往往把房舍的一侧临空扩展，让其吊在主室之后或一侧，并在其下安上一根以上的支柱。

杉皮屋：建筑形式属干栏式，面阔了三至五间，有两三层，整体房屋建筑不用一颗铁钉，十分牢固。用杉木皮盖顶。

昂：一种干栏式房屋，多用杉木、松木建成，屋顶用瓦、杉树皮或茅草覆盖；下层关牲畜，上层住人，上层大部分为五间。另外，水族住的平房也称“昂”，一般有三间，中间一间作堂屋，两侧作卧室。

草房：房架由柱、梁、檩、椽组成，顶部用草覆盖。

随着社会经济的持续发展，现在越来越多的水族人也和汉族人一样，住进了钢筋水泥建造的高楼。尤其是在城镇中，已经找不到这些带有民族特色的建筑了。

第三节　民间习俗

一、语言文字

1. 语言

作为一个有着悠久历史的民族，水族也有自己的语言，人们称之为水语。水语属汉藏语系，壮侗语族，侗水语支，是本语族诸语言中声母最复杂的一种语言。

水语的声母在 70 个左右。清塞音声母有不送气和送气的两套；有小舌音；浊塞音有带轻微鼻冠音和带前置喉塞音的两套；鼻音有单纯的、清化的和带前置喉塞音的 3 套；擦音分清浊，还有相当数量的腭化声母和唇化声母等。

水语的韵母由单元音（长元音）或带韵尾的长短元音构成。有 7 个元音；有 6 个舒声调，两个促声调。8 个调分别与汉语平、上、去、入各分阴阳的调类一致。

水语以虚词和词序为主要语法手段。名词前可加相应的量词表示类别；代词可修饰前面的量词或名词。名词的修饰语除量词或数量词组在名词前外，其他修饰语（词或词组）一般在后；副词修饰形容词、动词时，有的在前，有的在后，因不同副词而异；也可同时用两个副词，一前一后；主语在谓语前，宾语在谓语动词后，补语在宾语后。

2. 文字

水族的文字被称为水书，又称“反书”“鬼书”。之所以有这两个奇怪的名字，是因为其一是指其结构，有的字虽是仿汉字，但基本上是汉字的反写、倒写或改变汉字字形的写法。其二就是：在古代，水族先民因受统治阶级所迫害，相传其祖先“陆铎公”创制“鬼书”以反对和报复统治者。水书和汉字是目前世界上使用的文字当中唯一的非拼音文字。

水族古文字的结构大致有以下三种类型：一是象形字，有的字类似甲骨文、金文；二是仿汉字，即汉字的反写、倒写或改变汉字形体的写法；三是宗教文字，即表示水族原始宗教的各种密码符号。

水书的书写形式是从右到左直行竖写，无标点符号。水族古文字的载体主要有口传、纸张手抄、刺绣、刻、木刻、陶瓷锻造等。

水书主要靠手抄、口传流传至今，因而被专家学者誉为世界象形文字的“活化石”。由于其结构多为象形，主要撰写和描绘花、鸟、虫、鱼等自然界中的事物以及一些图腾物如龙等，仍保留着远古文明的信息，在水族地区仍被广泛使用。

不过，在水族聚居地区，能看懂读通和会使用水书的水族人（全部为男性）被人们称作“鬼师”，他们在民间的地位很高，被人们所崇拜。水书是鬼师祖传的极为珍贵的宝物，只传男不传女，一般不会轻易传给外人。水书就是靠一代又一代的鬼师通过口传、手抄的形式流传几千年至今。而如今，汉语和汉字已经成为水族人的通用表达形式，拯救水书文化迫在眉睫。

二、宗教信仰

水族的宗教信仰属于万物有灵的多鬼神原始宗教信仰。它有着水族自己的文化特点。其中最明显的就是鬼灵崇拜所形成的鬼文化氛围。水族人认为万物有灵，信奉多神。

1. 自然崇拜

水族是一个信奉多神的民族，认为万物有灵。其中以霞神为代表。

霞神是水族原始宗教的一种神灵，主宰雨水，使水稻丰收。传说霞神是一个通神性的人形石头，只要是它所停留的地方就会风调雨顺，庄稼丰收。

水族人每年都要祭拜霞神。各地时间不一，一般都选在插秧后吉利的酉日，各个村寨、宗族集体举行，祭堂多设在古井旁，俗称霞井。祭典仪式十分隆重，各村寨或各宗族抬着献祭的猪、糯米饭、米酒、豆腐等供品，敲锣打鼓，来到祭堂祭祀。夜晚，各村寨长者提着酒坛浇酒祭霞神，然后，将霞神秘密收藏起来，以防外人偷去。

水族的自然崇拜意识传承至今，很多方面已渐淡化或消失，但仍然可以发现在水族社会中现在还存在着比较浓厚的石岩崇拜、古树崇拜、古井崇拜等现象的遗迹。在水族地区，随时可以看见在村寨前村口竖立的略似人形的石头，在其周围有燃烧的纸钱和香烛；在村寨附近高大苍劲的“风水树”下，也可以看到同样的供奉现象。

2. 祖先崇拜

水族人认为，人在死后还会左右在世的人的祸福，因此希望先辈死后能够继续保佑后辈人平安。每到年节水族人都要祭祖，让逝去的前一辈人同家人一起过节。在这些特定的日子里，每餐饭前都为先人们准备好碗筷、饭菜、烟酒等。凡祭日、节日甚至日常生活中，在饮酒前，先将筷子蘸酒在桌上点一点，表示让先辈先用或释为托先辈的福，然后才能喝酒进餐。

3. 图腾崇拜

图腾崇拜是自然崇拜的深化，根据现有考古学成果发现，在水族社会中可能存在过鱼图腾和龙图腾。

4. 鬼魂崇拜

鬼魂崇拜是水族原始宗教信仰的核心。在水族的观念里，鬼与神同在，鬼与神不分。鬼有善鬼与恶鬼之分，人死后就变成了鬼。祖先崇拜是鬼魂崇拜的延伸和发展，鬼魂观念和血缘亲情观念使人们相信，祖先的灵魂是会保佑子孙后代的，所以祖先死后会被后人当作善鬼善神来供奉。

水族崇拜的鬼神种类极多，有好鬼类，如保财鬼、保命鬼、送子鬼、保子鬼等，祖先属于好鬼类；也有恶鬼类，如拦路鬼、跌伤鬼、生疮鬼等。鬼神的种类众多，因而生活中祭鬼活动也就众多而繁杂。

5. 神灵崇拜

居住在一些边远山区的水族人有挂兽骨崇奉神灵的习俗。人们猎取到虎、豹、野猪、野牛、熊等野兽后，习惯把兽角或头骨整齐悬挂在墙壁上或悬吊在门上。有的地方宰牛祭祖时也留头角悬挂，使野兽、鬼神望而生畏，不敢进寨侵害人畜，同时也显示家庭的富裕与主人高超的狩猎技巧。

三、礼仪禁忌

1. 礼仪

淳朴、忠厚的水族人素有热情待客的优良传统。

水族村民常用猪肉、豆腐等食品待客，正餐则要杀鸡宰鸭。对远道而来的贵客，还要捕捞鲜鱼，甚至杀一头小猪款待。为表示隆重，主人常常请村寨长老来主持宴客，有时还要请宗族或邻里来陪客。

水族待客必须有佳酿。开宴之前，在长老的带领下，包括客人在内的每个人都要用手指蘸一滴酒洒在桌上，以示祭祀祖先。然后，由长老致欢迎词，主人则双手高高举杯，向客人敬酒。席间，宾主常常依照民族习惯，大家联臂举杯，互喝交杯酒，以表示宾主亲密无间和家族、村寨的团结友爱。

水族最具民族特色的待客之道是喝肝胆酒。主人在杀猪时，把附有猪胆的那一叶猪肝切下来，用烧红的火筷烫烙猪胆的管口，封住胆管后，再下锅煮熟。主客入席后，酒过三巡，主人便叫家人取出这叶猪肝，剪开胆管口，将胆汁注入酒壶，并依次向每位宾客斟上胆汁酒。在声声“秀”的祝酒声中，依序喝下这杯充满主人热情待客诚意、象征宾主肝胆相照、同甘共苦的肝胆酒。

对于刚刚成亲的女婿或远道而来的贵客，水族还有“一家来客，全寨宴请”之俗。这时，新姑爷或贵客会在主人的引导下，挨家挨户去串门赴宴，如果有一家没去，就会被认为是瞧不起这家人。如果是时间有限，无法一一赴宴，客人就要依照水族礼俗去喝上一口酒，尝上两口菜，以示见了面，领了情。对此，水族称之为“见面席”。

对于远道的宾客，主人要热情主动地留其住宿。无论家境如何，水族人家一般都在三楼或二楼设置专门用来待客的客房和床铺被褥。而且，水族忌讳让客人孤身而眠，以免冷落客人，因此，男客由男主人陪宿，女客则由女主人陪住。这样宾主既可消夜叙谈，格外亲热，又便于晚间照顾客人。

当客人告辞时，主人要把留下来的猪头用来祭祖和饯行。祭祖时，先由客人在猪头上掐一点儿猪耳朵，表示开祭。随后客人诵念吉语，敬祀祖先，祝福主人全家幸福。接着，主人也掐一点儿猪耳朵，同样祝福客人一路平安，家庭安康，希望双方今后更加情深谊重。宾主边念诵吉语，边用筷子蘸酒，祭祀祖宗。

在水族的待客礼节中，还有送“扎包”的习俗。凡有女客到来，主人在杀小猪、宰鸡鸭待客时，往往要把其中一只腿煮熟，留下备用。当客人要回去时，主人将这些猪腿、鸡腿拿来，和上糯米饭、糍粑或粽子，包扎妥当，让女客带着上路。

逢年过节，当已经出阁的闺女回婆家时，宗族、村邻都要送一些东西，决不让姑娘空手而归。“扎包”既是归途中的美味干粮，又是到家后给老人、孩子的见面礼物，让家人和邻里也从中分享一份亲友的温馨之情。

2. 禁忌

（1）建房禁忌。造屋动工，忌在水书上的凶日；楼屋朝向，忌朝穷山恶水；砍伐大梁之树木，要使树木倒下时，树梢朝上，树尾朝下；大梁忌被人畜踩踏跨越；盖房以三、五、七间为吉，忌盖双间房屋；忌在大门两侧开窗；开工动土、建房过程以及乔迁新居，均须选择吉日，并切忌说不吉利的话语。

（2）岁时节令禁忌。以前，以农为业的水族百姓，由于生产力低下和科学文化落后，面对干旱、洪涝、虫害等自然灾害时往往无能为力，于是慢慢便形成了一套对岁时节令和自然现象的禁忌。例如，每年立春后第一次听到雷声，在若干天内不能下地干活，有的还要鸣枪放炮。他们还从响雷的方向推测今年的气候和年成，若是西、北、西北方向响雷，则风调雨顺，而响雷来自东、南、东南方向，则谓干旱缺水。水族民间对时日与农事活动也有禁忌。如火日、金日不下秧，怕会干旱烧死禾苗；非鸡日、虎日、马日不种玉米，以避免鸟兽糟蹋庄稼；立夏那天忌天晴，怕干旱无雨。水族对节日的天气与当年的丰歉也有各种说法。如水族地区分批过端节，第一、二批过端节的，希望这节日 3 天皆下雨，认为天晴会带来干旱；而第三、四批过端节的，则希望这 3 天都是晴天，倘若 3 天都下雨，就意味着雨水过多，会使谷子发霉变烂。

（3）婚姻禁忌。水族民间操办婚事，要请水书先生择吉日，忌在水书上的凶煞日问亲、迎娶。水族忌在同一血缘氏族内婚配。迎娶之日，最忌响雷，出阁前响雷，要改日期。若送嫁途中打雷，要迅速赶往夫家，但入门后不坐不喝又立即返回娘家；或者在夫家住到第 13 天后回娘家，而且要杀一公鸡祭祀雷神。迎娶时，还忌讳走同日另一位新娘走过的路，忌讳踩当天被出殡送葬走过之路，以免日后诸事不吉利。新娘入门时，忌踩门槛。新娘进家后，忌讳洞房有人，而应以空室迎候，象征她成为该室的主人。

（4）生育禁忌。孕妇忌在娘家生育，以免给娘家带来不吉。生育后 3 天，禁忌孕妇来家里串门，因而须在门上插挂用茅草挽结的草标或插上三角形的红纸旗。产妇忌吃酸辣食品，忌听到鞭炮及其他怪声。外婆来探望时忌进产房。满月后第一次带孩子回娘家时，要避开水书上的凶煞之日，并在孩子背带插上草标以驱邪。不要称赞孩子长得可爱或漂亮，而要说他长得丑陋，以免让鬼怪听见后摄走或祸害孩子。

（5）禽畜禁忌。水族民间认为，家禽家畜能带来家庭的神气好运，但若出现怪异现象，也会给家人添灾惹祸，于是也有各种禁忌。例如，倘若耕牛从大门进家，或爬楼、开门，则视之为祖先遣使鬼怪，因而要宰杀此牛，念咒驱鬼。还忌讳鸡飞上神龛，猪睡卧在食盆里。买来的禽畜，要象征性地用火燎燎其尾部，以示熏掉其邪秽不吉。此外，岳丈与女婿之间，忌讳赠送狗。

（6）丧葬禁忌。在外死亡的人的骨灰或尸骸都不能抬入寨内，只能停于寨侧。禁戴孝入别人家。给去世的人做的寿衣只能做单数的。丧家及亲戚忌食荤但不忌水产品。

除此以外，水族民间对日常生活和自然界的一些怪异现象也有各种禁忌。

例如，家人出远门那天，忌讳煮饭夹生和摔碗、掉筷，认为对远行人不吉利。倘若没有大风大雨而遇见山岩崩塌、巨树倒下，亦视为灾祸之兆。还有，水族忌讳蛇、蚂蚁进家，忌讳马蜂在家结巢，忌讳飞鸟拉屎落在身上，认为这种种怪异会给人带来灾祸。

四、趣味婚俗

1. 定亲

水族的定亲步骤比较繁杂。当男方与女方感觉情投意合后，通常先托人给对方父母传个口信，使其有思想准备，再托人送礼品去提亲。女方应允之后，才带聘礼去定亲。

聘礼中除现金外，一般还有猪肉、红糖、项圈、衣服、首饰等。女方则根据自己家庭的经济状况而置办嫁妆。一般含有糯谷、生猪、布匹、衣服、箱柜、自行车、电视机等。婚前一两天内，要举行吃媒酒的仪式；男女双方各请两个证婚人，证婚人对饮一碗酒，青年男女的婚姻关系就算正式确立。

2. 迎亲

结婚这天，男方家置办酒席，高朋满座，鼓乐齐鸣，场面十分热闹。新郎在多名同伴的簇拥下，带着礼物和唢呐手，喜气洋洋地去女方家迎亲。有的地方新郎不去迎亲，而请一个未婚女子和七到九个小伙子代迎。迎亲的队伍到达女方村寨后，要分发礼物给前来“围堵”的新娘亲友，才能到达新娘家。

到新娘家后，迎亲的小伙子们还要与姑娘们对歌，用歌声来表达对新郎新娘的祝福。迎亲的人们会受到新娘家的盛情款待，席间还要吃新郎带来的姐妹鸡，新郎还要给厨房参厨钱等。

这时，新娘需要把长发盘结绾于头顶，上面插满银花和银钗，身穿对襟、银扣、宽袖的青紫色短衣，腰系紫色百褶围裙，下穿长裤，颈戴各种闪闪发亮的银项圈，胸佩双龙戏珠、鸾凤和鸣的银压顶，手戴三四对银手镯，脚穿尖钩扎金花鞋。在陪娘、媒人的伴随下，跪拜祖宗灵位，接着向父母、亲人以及送行的人们告别。

临行前，父母和亲人要给新娘磕头钱，亲戚们要给新娘离家钱。新郎新娘还要用一丈多长的红布或红绸缠挂在手上，并系在陪郎陪娘的腰上，俗称“挂红”，以象征吉利祥和。新娘出门时，要哭泣，并唱哭嫁歌。

水族姑娘出阁，必须有亲哥弟或堂哥弟陪同往返。按习俗，新娘出大门两脚不能着地，由弟弟打伞，哥哥背出家门。然后与陪娘一道步行。进入男方家门时，仍由哥弟两人，一个打伞，一个背新娘进门。

新娘来到男方家门口时，要在门槛上放一副马鞍，让新娘从上面跨过去，并请一位老年妇女持一束青竹梢，拂扫新娘以示驱邪。新娘进入男方家后，要先向新郎及家人赠送自己亲手缝制的布鞋。

3. 婚礼

举行婚礼时，新郎新娘要先叩拜祖宗牌位，然后向长辈和亲友鞠躬，新婚夫妇还要向大家敬喜酒、喜糖、喜烟和葵花籽，并向大家致谢，同时接受大家的祝福。

水家人的习俗，新娘出阁不拜堂，也不闹洞房。但当晚男方青年歌手们可以找女方陪娘对歌。对歌时，男方歌手只能在洞房外面唱，女方歌手就在洞房里面唱，一里一外，一唱一答。所唱的歌都是传统古歌，不能乱编乱唱。场面严肃而热烈。唱到深夜，男家摆酒席请歌手们吃夜宵，双方就在酒席边相对而坐，继续对唱，直到天明。

4. 回门

新娘到男家的头一两天要去拜井，这是水家的例规。抽空邀约几个亲戚姑娘一道悄悄地去拜井，一则了解水井的位置和远近，二则为几天后挑水认亲做好思想准备。有的地区新娘去拜井时，必须随身带去两个鸡蛋放在水井里，若两个蛋是相依相靠，说明夫妇白头到老，姻缘美满。待新娘回门归来，就履行挑水认亲义务，由新郎妹妹陪同，挑着水桶给家族伯叔兄弟每家每户送一挑水，表示认亲。

婚后，新娘要回门，小住娘家三五日后便回夫家生活。有的地方则新娘婚后在夫家住的时间很少，一般在娘家住半年以后才到夫家长住。

五、民族饮食

（一）日常饮食

水族以大米为主食，喜爱糯米。此外，水族还种植一些小麦、玉米、小米、红稗、红薯及饭豆等杂粮作辅助粮。

水族农民不善种菜，因而蔬菜品种比较单调，青菜、广菜及大叶韭菜是最常见的蔬菜，此外有酸腌肉、酸腌菜等。水族比较重视养殖业和渔业，因此，各种牲畜家禽及水产品为水族生活提供了必需的肉类食物。

水族喜爱喝酒，家家都会烧制米酒。逢年节、庆典或亲朋来访，都要以酒待客。最喜欢的还是传统佳酿“九阡酒”。

（二）特色佳肴

1. 鱼包韭菜

水族人喜欢吃鱼，吃法独特，水族妇女泡制的鱼包韭菜是端节酒席上必备的佳肴。相传此菜原用于治病，如今已失去了用来治病的意义，保留了祝愿大家身体健康、生活平安的美好心愿。其做法是将鲜鱼从脊部剖开，洗净后涂抹多种调味料，再用韭菜、栗仁填充鱼腹，用米草绑牢后清蒸。

2. 煮活鱼

煮活鱼是将活鱼放入有花椒叶或大蒜的水中促其泻吐杂物，然后将整条活鱼投入配好佐料的滚锅中煮沸，鱼熟后捞出剔除骨刺及内脏。吃时加佐料，鱼味清香，汤汁鲜美。

3. 水族酸汤

水族酸汤极具民族特色，有辣酸（辣椒制成）、毛辣酸（西红柿制成）、鱼酸（鱼虾制成）、臭酸（猪、牛骨熬制而成）等多种。其中以辣酸为最常用。

辣酸用新鲜红辣椒加工制成。将新鲜红辣椒淘洗干净，加水用磨子磨成浆，加入大量甜酒（或糯米稀饭），放入泡菜坛中密封，经发酵，即成美味酸汤。食用时，把白菜、青菜、嫩竹笋、大叶韭菜、广菜等各种蔬菜煮熟，舀适当酸汤放入，煮开即可。以胡辣椒面、盐巴并舀一点儿菜汤调成蘸水，吃菜时就着蘸水吃，其味鲜美，极为开胃。极少有炒菜，一年四季都吃“火锅”，一大锅酸汤加蘸水几乎就是每日不变的菜肴。即使偶有豆腐、肉或鱼，也习惯加入菜中，煮成一锅蘸水吃。

六、文体活动

（一）传统文艺

1. 水族铜鼓舞

水族过端节和卯节时都要打铜鼓跳铜鼓舞。每逢水历十二月（农历十月）过端节的头天晚上（相当于汉族的除夕夜），有铜鼓的人家摆好祭祀先祖的供品后，便会将铜鼓置于供桌前，洒上些米酒，而后用绳索系在铜鼓的一只耳朵上，悬挂在堂屋中的横梁上，男女老少都可以击打。

水族铜鼓舞舞步刚健，舞姿优美，充分表现了水族人的豪迈气概。

铜鼓舞所反映的内容比较广泛，有执戈保卫部落安全的动作，有撒种、插秧、薅秧和收割的舞姿，还有庆贺胜利和欢庆丰收的场面。

表演时，击鼓者左手握槌侧击鼓面，右手持小木棍击打鼓身。在铜鼓后面，一人手持圆木桶对着铜鼓后端的空腔，一进一出，左右摆动，将空气送入鼓腔内，发出轰隆的共鸣声，声如洪钟，数里之内都能听到。

在铜鼓对面有平放的皮鼓，一人双手执木棍，敲打鼓面，使皮鼓声与铜鼓声有节奏地交织在一起。鼓手边击边舞，其他舞者踏着鼓点，轻步而有节奏地旋转、跳跃，表现各种舞姿。鼓点从慢到快，从低沉到高昂，最后急密如雨而霎时结束。

2. 水族铁罄

水族铁罄是水族的一种乐器。端节期间，水族原有以赛马和赛铜鼓娱年的习俗。南迁广西的水族在端节祭祖时改用敲击铁罄代替。铁罄形状像是瓷碗，器顶有小孔，口径 13 厘米，腹深 7 厘米。平时仰放在祖先神台上，祭神时敲击 3 下，声音清脆。

3. 水族民歌

广西水族居住高度分散，与多民族杂居，所以民歌不多，但在融水、南丹等水族稍集中的地方，有山歌和风俗歌这两种民歌流传。

（1）山歌。山歌分大歌和小歌两种。歌词均为不规整的自由句式，以叙事见长。音乐与歌词相对应，也较为自由，采用 6、1、2 三音列行腔，且以级进为主，节奏平稳。

（2）风俗歌。风俗歌分为酒歌和婚礼歌等。酒歌在酒宴时唱，有时边互相敬酒边唱歌助兴，如南丹县“酒味不好不怪米，只怪酒药（即制酒饼用的草药）找不齐，酒不顺喉也要喝，亲家你就莫嫌弃。杯浅情意深，亲家亲家敬给你”。音乐多在五度内行腔，节奏平稳，似吟似唱，唱完全体干杯，十分亲切。

婚礼歌为姑娘出嫁时演唱的歌，内容也颇丰富，如南丹县的《丫头歌》：“迈开右脚离开爸，迈开左脚离开妈。丫头好比瓜离藤，要切要砍由人家。”音乐为四句体结构，五声音阶，乐句结尾稍自由，如泣如诉，这是姑娘对不自主婚姻的哭诉，反映了人们对封建婚姻的不满。

（二）传统体育

水族的传统体育当数赛马。赛马场地一般设在高坡陡岭、密林荆丛、道路崎岖的山地上，这对骑手们的技艺和精神素质都是一个严峻的考验。所以，竞赛者必须勇敢、沉着、敏捷并具备高超的骑术，才能在这复杂环境中驰骋夺魁。

比赛开始前，骑手们首先表演腾空跃马的娴熟骑技。赛马时，起跑的口令由人们推举的族中资历最深、声望最高的“元老”来发出。口令一发，群马便似万箭齐发，沿着指定的路线飞驰而去。

水族赛马要求骑手们所持的缰绳要短，镫也要短，以减少树枝荆棘的牵挂。而技术高明的骑手，干脆持短缰而不用镫，他们双腿夹紧马腹，身体前倾，紧贴马背，转变前进方向时随时调节重心，变换步幅。竞赛以抵达终点的先后排名次。

第四节　民间节日

1. 端节

（1）时间。水族端节在水历十二月（农历八月）至新年二月（农历九月或十月）间的亥日，是水族各寨轮流过年的日子，称为“借端”。

（2）地位和流行区域。水族端节是水族最隆重的节日，广西境内的大多数水族群众都过这个节日。

（3）特点。端节的主要活动是祭祀、吃年酒和赛马等。按照水族的风俗，“除夕”和“初一”相连的两餐（即戌日和亥日相连的两餐）要忌荤吃素，同时还要设素席来祭祀祖先。所以节日之前，就要把家里打扫得干干净净，饮食用器、炊器等要用米糠等物认真地擦一遍，务使其一点油腻不沾，然后用清水洗净备用。不过，水族不认为鱼是荤物，因此不仅不忌鱼肉，而且在祭祀祖先时必不可少。设祭时，祭品除鱼外，还有酒、饭、瓜、果等物。“初一”上午（即亥日上午），同村的水族要到各家去吃新年饭、喝新年酒，而且必须每家都要象征性地吃到。

在水族聚居区，“初一”这一天还有端坡（固定的用于赛马的山坡）赛马等活动。这一天上午，人们穿着节日的盛装，成群结队到端坡去。端坡上的主要活动是赛马和唱山歌。这时候，端坡上人山人海，热闹非常。

2. 卯节

（1）时间。水族卯节时间为夏收夏种之后的卯日。

（2）地位及流行区域。水族卯节是与端节同等重要的节日，流行于南丹、河池等地，又名借卯。

（3）特点。水族人有“过端不过卯，过卯不过端”的习俗。按照水族的族规，凡过端节的村寨，就不过卯节，而过卯节的，就不过端节。因此，卯节的重要性等同于端节。

卯节的前三四天，水族人就像汉族人迎大年一般，开始动手洒扫庭院，打扫卫生，将收集起来的尘土撒放稻田里（水家人认为这种尘土能杀虫）。寅日为年终除夕，这一天要认真清扫房屋院坝，为祭天敬祖摆上鱼、肉、酒、饭等供品，并且要准备丰盛的佳肴款待宾客。这时凡过卯节的村寨，都会敲起铜鼓、皮鼓，或唱起阵阵歌声，入夜不止。

卯日是节日活动的高潮。新年初一的卯日盛行赶卯坡青年男女唱对歌的习俗。卯坡是经过多年遗俗选定下来的，专让青年男女以唱对歌的形式进行广泛社交活动的场所。一般选在一个依山傍水地势较宽、能容纳下数万人的平坦坡顶上进行。

届时，不仅过卯节的村寨青年人要上卯坡对歌，就是不过卯节的外寨和毗邻各县的男女老幼也会赶来参加盛会。

开始对歌前，先由一德高望重的老人当众宣布对歌场上的戒律：只有未婚青年男女方可参加对歌。并预祝对歌的后生们能在对歌声中寻到自己的意中人。于是，青年男女三五成群各自寻找自己唱对歌的对手，在卯坡的树丛中、草地上、山石旁，或站或坐地撑起各色花伞遮住脸唱起对歌来。

过节是促成青年男女婚事的日子，过去水族受到封建礼教的束缚较深，平时男女青年的社交活动受到一定的限制，即便私下里有了相爱的对象，也不能自由往来。只能在必要的时候，托自己的熟人，如家中的姐妹等去暗地传递一定的相爱信息。而在卯节这一天对歌却不受这种限制，青年男女都可自由选择自己心爱的人去对歌。只要两人唱得合心合意，事后由男方家去认亲，选好了婚期便可成婚，一般家中很少干涉。

3. 苏宁喜节

（1）时间。水族苏宁喜节为水历四月（农历十二月）丑日。

（2）地位及流行区域。苏宁喜节祭祀生母娘娘，流行于水族人聚居区。

（3）特点。根据水族传说，苏宁喜节这一天是生母娘娘向人间送子嗣的日子，所以又叫“娘娘节”，节日的主要内容便是祭祀生母娘娘。

节日当天，全寨的小孩提着特制的小竹篮，结队挨家挨户去要象征长寿幸福的糯米饭、鸡蛋、肉片。家家都要热情地接待他们。同时每家都要剪彩色纸人，缠竹条纸须，粘贴在祭桌的墙头上。

节日的祭祀仪式由家中年纪最大的女性主持，这一天妇女和儿童是餐桌上的主客，因此又被称为水族的妇幼节。

4. 借霞节

（1）时间。水族借霞节为农历正月，每隔 12 年过一次。

（2）地位及流行区域。水族借霞节流行于水族人聚居区。

（3）特点。过节时，周边各族同胞会不请自来，共同欢度佳节。水族同胞要杀 12 头猪供在水井边香案上，各村寨、各民族选 12 名代表围坐一起祭祀祖先、喝交杯酒、叙旧等。

第五节　民间传说

一、水书的传说

据说，水族文字是一位名叫陆铎公的先祖创立的。他用了 6 年的时间创制了水族文字。文字多得堆满一屋子，极大地方便了人们交流。

然而有一次，因为陆铎公利用水族文字为一个小孩推算出他与神母见面的日子和方法，惊动了天皇。天皇怕人们掌握了水族文字后便可以知晓天机，威胁到自己的统治，于是派天将把一只装着火药的小葫芦送给了这个小孩。

这个小孩拿着小葫芦玩的时候，一不小心将装有水书的房子给烧了，只剩下压在砚台下的几百个水族文字。

经过一番询问，陆铎公知道了这是天皇干的事儿。他害怕天皇要斩草除根，就全凭记忆把文字装在肚子里，这下无论是谁也偷不走了。从此，水族文字只剩下全靠口传心记的几百个字了。而为了防止天皇的加害，陆铎公开始故意用左手写字，改变字迹，还将一些字反写、倒写或增减笔画，让天皇也看不懂，所以形成了流传至今的特殊的水族文字。

二、端节的来历

很久以前，由于天灾人祸，水族人背着铜鼓、扛着锄头犁耙成群结队地去逃荒。但无论是在广东还是广西，都不适合生活。这时，一群诺仙术（诺仙术是水语中一种传说中的鸟名）带着大家顺着大河向上游走，到了岔河口的地方，诺仙术不见了。这时，左边一条河里有条巨龙，人们就朝着左边的河谷往上走，一路走到三洞一带，发现这里适合居住，便在此安了家。

由于三洞一带地域广阔，人们住得比较分散，于是约定，三年后的水历年底，都到三洞地方团聚。

三年时间过去，人们带着各种各样丰收的果实来到三洞团聚。突然一队人马要抢夺水族人的地盘和财产，双方发生了一场大战，最终以水族人获胜而告终。

但在这场战争中，有不少水族人为了保护自己的土地而献出了生命。于是人们便拿着包韭菜的炖鱼来祭奠，让他们的魂灵安息。

战争胜利后的当天晚上，有人做了个梦，梦中一位白胡子老者告诫他说，打了败仗的那些人准备在明天早饭后放瘟疫来毒害你们。因此，早饭后，你们要全部爬到山坡上去，傍晚回来就没事了。

第二天早饭过后，人们扶老携幼爬上了山坡。战争加上爬山让大家的情绪都很低落，于是大家就一起在坡上赛马，调动人们情绪。这就是端节赛马的由来。

傍晚时分，大家回到坝子上，见没拉走的猪羊鸡鸭都中瘟死了。

从此以后，每逢水历年底，人们都从四面八方抬着果实来三洞地方团聚。祭奠和赛马的传统也流传了下来，久而久之，这些活动就成了水族端节的过节习俗。

第十三章

居集广西最少的民族

——广西仡佬族的民间风情

仡佬族是中国西南地区一个古老的土著民族，诞生在贵州高原，也包括湘西丘陵一带。其先民是古僚人。在唐宋史书中，有“仡佬”“葛佬”“仡僚”“革老”等称谓，统称“僚”。新中国成立后，称为仡佬族。

广西仡佬族于清雍正年间从贵州迁入。仡佬族是广西少数民族中人口最少的。据2007年统计数字显示，共有3000多人。主要居住在隆林各族自治县的德峨、长发、岩茶、者浪、常么等乡，以德峨乡的磨基、三冲等村为最集中。此外，与隆林接壤的西林县也有少量仡佬族聚居点。

第一节　民族服饰

生活在广西的仡佬族人口较少，中华人民共和国成立之后，他们平日的服饰已经汉化，仅在盛大节日或者其他特殊场合时才穿着传统的民族服饰。

仡佬族人善纺织、刺绣、蜡染，历史上因其服饰色彩款式不同而被称为青仡佬、红仡佬、花仡佬、披袍仡佬等。

一、男装

在古代，男子上身多穿对襟短上衣，下穿筒裙。筒裙裙料以染色羊毛线编织，或将一幅料横向连缀两端而成或用两幅横联而就。裙腰无褶皱，穿时以裙自头上贯通而下，故又名为“通裙”。到了近代，则穿青布对襟密绊上衣、束腰带、长裤。

在鞋子上，家庭条件不好的仡佬族男性多光脚或穿草鞋，家庭富有的男性则穿元宝鞋或云勾布鞋、布袜，雨天穿“钉鞋”（俗称鞋爪）。如今，广西仡佬族男性的服装已经同汉族没什么两样了。

二、女装

民国之前，仡佬族妇女的着装为及腰短上衣，袖背上绣鳞状花纹，下穿无褶长筒裙，整个裙子分为三段，中段用羊毛织成，染成红色，上、下两段多用麻织，一般有青、白色条纹，外罩青色无袖长袍，长袍前短后长，均绣有花纹，穿时从头上套下，脚穿钩尖鞋。

到了近代，女子上身穿无领大襟长袖衣，衣服上装饰着层次丰富、题材各异的菱形或长条形图案，制作手法为蜡染和彩绣；下着百褶裙、钩尖鞋、腰系小围腰，也是满饰绣染。

少女喜欢戴一端绣有红、黄、绿、紫等彩色花边的黑色头巾，以银首饰装饰，穿翘尖绣花鞋。也穿右衽大襟短衣、长裤，其衣袖宽短，襟及环肩以宽边装饰，裤较短，裤脚较窄。

在鞋子上，清末民初时，妇女缠足，穿软底内鞋套笼鞋，再套布草鞋，鞋面绣花。

随着时代变迁，缠足这种封建残余逐渐消失。女子以穿布鞋为主，穿线袜者不多。20 世纪 60 年代，城镇盛行穿胶鞋，农村多穿皮草鞋（以旧轮胎制作）。进入 80 年代后，不论城乡，穿胶鞋、皮鞋、塑料凉鞋和尼龙袜、丝光袜者比较普遍。鞋底为布纳千层底，鞋面为黑绒布，与鞋底交接处为紫色布，鞋有系带做固定之用，鞋前端用彩线绣有对花，富有立体感。

三、发型

在清代，清政府强行推行男子剃头留辫的政策，仡佬族男子都蓄长辫。辛亥革命后，又号召剪辫，因此男子长辫不复存在。民国时期，男子多为光头，公务人员、学生中的仡佬族时兴蓄“中山头”、戴遮阳帽或缎帽（俗称瓜皮帽），老年男子戴风帽。改革开放后，发型变化频繁，城镇青年男烫“大包头”“小包头”，农村青年男多蓄平头。

过去，未婚的仡佬族女子梳独长辫，用彩色头绳捆扎在脑后或盘在头上，称“级级”。已婚盘髻，称“毛纂”，束发网（俗称网于），插银管，缠白布帕或青布帕。解放初，青年女子喜欢梳双长辫。改革开放之后，烫大波浪、信子式、卷云式、菊花式等。已婚女子多盘双辫，姑娘多扎双短辫。

四、工艺

仡佬族人民擅长纺织，据文献记载，古代仡佬族的纺织原料很多，野生植物葛、楮，栽培的麻、竹，还有毛、丝等，都可以是纺织的材料。

仡佬族的纺织工具有纺车和织机。传统的织机异常简单，仅由六根木棍组成，俗称“矮机”。明清时期汉族的织机传入，俗称“平机”。

仡佬族的纺织工艺当以丝绸为代表，仡佬族人称为铁笛布。其制作过程为：农历三、六两月，从桑树上取回成蚕，放屋内桌上，让蚕自行绕桌吐丝，布满一桌后即揭取。将所得丝片放锅内煮沸去蚕粪，晒干后用转盘分解为丝。然后用矮机编织。

织者坐草墩或木凳上，用长约30厘米的四根木棍上下贴排于腹前，其中两根裹线，另两根作裹布用。脚蹬约60厘米长木棍一根紧绷经线，手持长30厘米左右细木棍一根穿纬线，交织成布，宽约4米。能织出斜纹、斗纹、蕨纹、菱纹等诸种纹式。非常细柔精美。

第二节　建筑风情

仡佬族大多住在山区。1949年以前，贫苦的仡佬族有住岩洞的，有在树上搭棚巢居的，还有用小树枝编成三角形的千脚棚，以及把千脚棚架在矮小土墙上的塌塌房。因此民谚说：“高山苗，水仲家，仡佬住在岩旮旯。”

一、干栏

仡佬族先民的民居形式，以干栏为特色。

仡佬族的干栏多为二层楼居建筑。中间为堂屋，供祖先牌位及待客。两侧为卧室及厨房，楼上设粮仓。畜栏称“圈藏”，附于正房之后或左右两端，略矮，忌与住房屋脊相接。院落格局，有三合院、四合院，正房两端有耳房，左右侧建厢房。其余的同其他少数民族的干栏式建筑相同。

二、三角形住宅

仡佬族的三角形住宅一般后靠土坎或石墙，也可靠树，在几根树上悬空也可。这种住宅只需两根柱子一条横梁，两根柱子交叉成三角形，横梁在两根柱子交叉的点上向后斜拖至后靠之地，因而，这种住宅又叫拖尾巴茅叉屋。

这种三角形住宅地上的主体建筑由三个三角形组成，梁、柱、地形成的两个三角形斜联一体，构成屋面和墙身，两柱形成的三角形为进出的门，也是通风采光的窗。

现在这种住宅已不用于住人，多用于堆放杂物或作简易厕所。因堆放的杂物常常是用于农业生产的草木灰，所以也被叫作“灰厂棚棚”。

三、拱形住宅

为便于迁居，拱形住宅是在三角形住宅基础上，利用弓的原理创造。其主体建筑底座为六根方形木料结构而成的长方形，形状似床，上部建筑只需四根韧性材料（如竹）加工成薄片，用两根制成内拱，支撑墙身和屋面建筑材料，用两根制成外拱，固定墙身和屋面建筑材料，墙身和屋面的建筑材料就地取材，以轻薄为标准，可以是棕叶、树叶，也可以是用篾片编织的薄席。

单人拱形住宅高度低，面积小，不能满足家庭的需要，经逐步改进，形成两座拱形屋面和墙身，折叠拼装。此住宅现在已不再用于家居，专属于流动养鸭的人们使用，因而得名“鸭棚子”。

四、木结构住宅

仡佬族的木结构住宅分五架房、七架房，也有九架或十三架，均为单数。十三架房一般为 3 层楼。木结构住宅具有三角形住宅的稳定性和拱形建筑有地梁的特性，屋顶面多用人字形两面排水，底部用竹排连接，在离地 60~100 厘米左右铺楼设卧房，也可在卧房外离地 30 厘米左右铺地楼。

木结构住宅的墙体、楼地面均为木板装封，屋顶面盖青瓦。木结构住宅一般中间为堂屋，比两边房间要凹进去 1.5 米左右，外面形成厅口，正中设两扇大门内开，另装两扇半截木栅栏门外开。堂屋不住人，用于供奉祖先、神灵、祭祀和接待贵客，左右两间作卧房和厨房。

屋基一般高出四周地面 30 厘米以上，地落檐四周设 60 厘米以上宽的阶檐，屋内屋外高矮有别，防水防潮，通风保暖。

五、平房

现在广西仡佬族的住房一般为平房。居屋通常为长三间五柱落脚结构。经济条件好的建长五间的。大多数住房仿汉族房屋格局。中为堂屋，两侧为厢房，每间厢房又各隔为前后两小间，除前一小间作厨房外，全用作卧室。前卧室有一个火塘，火塘里终年薪火不绝，是家人每日就餐处。

堂屋与厢房之间均有门互通。堂屋正壁前置方桌一张。磨、桶、犁、簸、盆等常用器具也多放于堂屋内。婚丧、祭祖在堂屋举行。

屋顶下安楼枕，上铺篱笆，一般不住人，做堆放粮食用。屋前为平地，俗称“院坝”，用作晾衣物、晒粮食、放鸡鸭。院坝两侧各为牛、猪圈和堆放柴草的简易房屋一间，与住房构成三合院。

屋后或院坝前为菜圃，三合院四周多有桃、李、梨树或竹丛。住房构造形式及建筑材料则视经济条件、人口多少、地理环境而有所不同。住房修建格式，一般分用三间。中间为堂屋，不住人，是供奉祖先、神灵和接待客人的地方：其余两间作卧室和厨房。中间堂屋比两边卧房和厨房要凹进，形成一个厅口，正中为大门，两扇大门内开，另装有两扇半截栅栏门外开。白天开大门时，将半截栅栏门关上，防止鸡、狗等牲畜进入堂屋。

第三节　民间风俗

一、语言

仡佬语属汉藏语系壮侗语族仡佬语支。分稿、阿欧、哈给、多罗 4 种方言。广西仡佬族使用的是多罗方言。

1. 语音

仡佬语的声母分送气与不送气两类；大多数地区有小舌音声母；有的地方有清化鼻音和清化边音；绝大多数地区都有复辅音声母。仡佬语清化塞音、塞擦音声母分不送气和送气两种，人多数地区有小舌塞音，有清化的鼻音和边音，有复辅音声母。只有两个韵尾。有 4 到 6 个声调。

2. 语法

句子的语序是主语在谓语前，宾语在作谓语的动词后。数量词组作修饰语时在中心词之前。数词和量词组合时一般是数词居前。在个别地区数词 11~19 与量词组合时，个位数居前，量词居中，“十”在后。如“十三个”说成“三个十”。

名词、代名词、形容词、指示词作修饰语时在中心词后。单音节词占多数，合成词除带后加成分的是形容词外，都是名词。有大量的汉语借词。自有一套数词，只有个别数词和黎语同源。

按结构来说，仡佬语的词可以分成单纯词与合成词两类。单纯词是由一个词素构成的词，又分单音的与复音的两种。合成词是由两个以上的词素构成的，合成词分两种，一种是由一个基本成分和一个附加成分构成的；另一种是由两个基本成分构成的。随着社会的发展，出现了大量的新事物、新概念，吸收汉语借词已成为仡佬语词汇丰富发展的重要手段。仡佬语的词根据其词汇意义和语法功能可分为名词、动词、形容词、数词、量词、代词、指示词、副词、介词、连词、助词、叹词等12类。句子从结构看分单句、复句两大类。单句又分简单谓语句和复杂谓语句。复句又分为并列复句和主从复句；从语气看，句子分陈述句、疑问句、祈使句和感叹句。

仡佬族没有自己的传统文字，以汉字为共同文字。目前也只有少数老人会使用仡佬语。

二、宗教信仰

仡佬族的宗教信仰主要是自然崇拜和祖先崇拜。

1. 自然崇拜

仡佬族认为万物有灵，供奉“牛王”“神树”“山神”“灶王”等。除每年逢节要祭祀外，在天灾、病痛时，还烧香、烧纸钱敬供神灵，祈求消灾除病、丰收平安。

2. 祖先崇拜

仡佬族崇拜祖先，敬供办法和仪式各地有所不同。有的地区在家里堂屋内设神龛；有的地区在灶房内放一块木板或在堂屋贴上“古老先人，地盘业祖”的条幅，表示祖先的位置；也有的以村寨附近的小山作为祭祖先的地方；或在灶前默念祖先的名字进行祭祀。在仡佬族祭祀活动中以祭祖为最多。年节，要祭祖；拜树节，要祭祖；吃新节，更要祭祖。

仡佬族信奉的祖先有蛮王老祖（农神）、竹王（建立夜郎国的民族英雄）、宝王（财神）、狐狸祖婆、蜘蛛神等。

3. 祭司

仡佬族有本民族专司祭祀、祈福求寿、退鬼、超度亡灵的巫师，对其称呼各地不一。水城仡佬族称“巴磨”，关岭仡佬族称“濮菲”，普定仡佬族称“果珠”，安顺、平坝仡佬族称“纳汗”，遵义、务川、道真仡佬族称为“道士”或“端公”。

仡佬族还受佛教、道教影响，信仰兼收并蓄，各种宗教互相渗透融合。

三、礼仪

仡佬族的礼仪可分为常规礼仪和特别礼节。

1. 常规礼仪

（1）家庭礼仪。仡佬族人家中男主外女主内，男性掌管主要事务，妇女在家庭也有自己的发言权。分家产时儿子多于女儿，兄弟间一样平分，女儿出嫁都有陪嫁费或嫁妆，父母留有送终田土，哪个儿子给老人送终这份土地就归谁。

仡佬族强调子女孝敬老人，在社交中也有妇女回避男子之俗。在家庭成员称呼上，基本沿袭汉族称呼。

（2）姓名礼仪。在仡乡，人一生要取几个名字，婴儿降生取小名，也称乳名；上学时，请有文化的长辈或其父母起学名，也称书名。起学名必须按姓氏字辈依次用字，一代人一字，不得乱用。儿孙名字中尽量避免与长辈用字相同。

生活中，相互称呼时依辈分，其根据主要来源于名字中决定辈分的中间一字。字辈用完后从头循环，称为“转祖”。晚辈称呼字辈高而年龄却小于自己的，称呼前面必须添加一个“毛”字，如毛公、毛爷、毛娘等。

（3）宗族礼仪。仡佬族人的宗族观念很强，不仅在称呼上马虎不得，而且在宗族中遇重大事情或需要做重大决定时，都要先听本族中年纪最大、辈分最高的人的意见，以示敬重。

（4）祭祀礼仪。仡佬族人的祭祀对象包括祭祖、祭神灵。逢年过节，祭祖多在堂屋香龛下举行。祭祖坟往往在清明节，也可择日而祭。神灵祭拜，主祭玉帝、观音、山王、宝王、土地、灶王、四老爷等神祇，祭品多用酒、鸡或猪牛羊、五谷糕点、香烛纸钱等。

祭祀活动由巫师、祭司、家族长辈或祭祀者本人主持。对昊天、上帝、先王等的祭礼称大祭；对四望、山川、先公等的祭祀称中祭；对山林、川泽、风师、雨师等的祭礼称为小祭。

祭祀时所有祭品应清洁卫生，一般由主持者依次摆好供品、斟酒于杯、点香燃烛、火化纸帛、握香跪拜、念祭语、放炮送神等过程。

（5）饮食礼仪。在仡乡，各种筵席很讲究礼仪。桌子摆放必须桌腿榫头和桌缝与香龛平行，堂屋正中为首席，主人招呼客人，长辈先入席上座，主人紧挨客人便于陪客，幼者居下位。

筵席中，无论饮酒、添饭、吃菜均要先招呼客人，并要陪着让客人吃好先下席，主人才放下碗筷。

（6）行路礼仪。行路中相遇熟人，相互招呼问候，遇陌生人，要主动询问，热情指路、带路；遇老人妇女或小孩，主动让路、搀扶；男女同行，女走前，男行后。

客人来访时，主人要在前带路表示欢迎，进房门时，主人先行一步拉开门，请客人先行，送客时，客人在前，主人在后。凡占道不懂让路者，视为没有家教。

（7）节日礼仪。在仡乡，春节和端午节要走亲戚。春节拜年从初一到十五，俗语说："初一儿，初二女，初三初四干儿干女，初五六七八，亲朋好友该出发"。给长辈要提"条换"，即条肉，给岳父母、干爹娘拜年要提猪腿。长辈要给未成年小辈压岁钱或买新衣服并送其他物品还礼，称"回背篼"。

2. 特别礼节

（1）酒礼。仡佬族人好酒。但要说吃酒不说喝酒，表示在喝酒时，总要找点下酒的食物一道享用。当地吃酒礼俗有几种。

①摊子酒。遇到平时很少见到的乡里乡亲、朋友熟人，要一边问候一边拉扯着在酒摊上每人打上一小碗酒，随意买点儿糕点或糖果，边吃边聊。

②敬孝酒。小辈在场上或其他有酒的地方，碰到长辈或年老的同辈晚辈，主动请酒，表达敬意。

③祭祀酒。各式各样的祭祀活动中，酒是必不可少的。一般在坛案桌上或拜台前，摆上3杯或6杯酒，巫师念法语，隔一会儿斟少许，连斟三次。法事完后，将一杯泼向天，一杯洒向地，一杯浇在正燃烧的纸钱上，意为敬重天地鬼神祖宗。剩下的酒巫师喝一杯，在场的人分着喝。

④喜酒。仡乡喜事的前后三天，每天都可吃饭喝酒。出嫁前一日下午为女方正酒，结亲日下午为男方正酒。坐席时以靠堂屋香盒为上席，按辈分或年龄大小依次入座，上下席由长辈或年纪大的就座，左右为同辈或晚辈。吃饭喝酒时，上下不提壶，左右不开杯。父子同桌不能对坐，父母去世一年内不能坐上下席。正酒席时，主人家要放鞭炮先举行祭祖仪式，然后开席，席间客人可畅怀痛饮或与主人相互敬酒。席后，客人以家庭为单位送礼金或礼品。

⑤丧酒。仡乡办丧事期间，本村人及亲朋好友都要主动来帮助料理后事，不管时间长短，每天都可吃饭喝酒。出殡埋死者之日为正席，以家庭为单位送礼金或礼品。

⑥寿酒。家有高龄老人快满整数岁数时，提前一岁办寿酒，谓之“泡九不泡十”。前后3天，每日饭菜美酒相待亲朋好友。正酒时，全家老小按辈分及年龄大小为寿星跪拜受礼。席间客人也可在当桌按其辈分年龄依次敬酒，席后，可端走寿碗一个，称之为“跟寿”。

⑦请客酒。逢过年过节或亲朋自远方来，仡佬族人都要请客吃酒，讲究的以仡佬族的“三幺台”相待。仡乡吃酒讲究入席先三杯，三杯过后，客人可自便。如果在场有会唱酒歌者，大家就一起叫他唱。酒歌要唱到十杯酒，每唱完一段，大家喝酒吃菜，气氛显得有声有色。

（2）三幺台。三幺台是从古代祭祀活动演变而来的一种地方饮食文化，是仡佬族人民在重大场合接待宾客的一项传统礼仪活动。即席分三台，茶席、酒席、饭席，每席均为九道菜，取“九九归一”之义。时间一般安排在秋收以后的冬季。

①第一台茶席。主人为客人接风洗尘，以喝茶为主，伴以9盘果品糕点。分别是乳白清香的酥食；红、黄、绿糯米，天星米麻饼；百花脆皮，用各色干糍粑切成各种花瓣，放在热河砂中炒泡，再沾成各种颜色花朵；红帽子粑，形为锥体，尖端放上一小撮红米，肚里包有豆腐颗、肉、枣等馅料；核桃；花生；瓜子；干柿花。每人一碗大叶茶，主客同桌，边吃边喝边聊。

②第二台酒席。茶席撤下，换上酒席。下酒菜内容不定，但必须是9盘，酒是自家酿的苞谷烧。凡端杯者，一定要喝三杯，三杯后可自便，不饮酒者以茶代酒同饮。第一杯为敬客酒，由主人发话，说一些欢迎和招呼不周的谦辞后，先干为敬；第二杯为祝福酒，由客人代表说些对主人盛情接待的答谢话及祝福大家之类的话语，然后共同干杯；第三杯为孝敬酒，由晚辈代表为长辈祝福，晚辈必须等长辈喝后再喝。三杯过后，能者多劳，善饮酒者，唱《十杯酒》等民歌相劝，客人亦可唱《谢酒歌》回敬。不喝酒者左右捧场。

③第三台饭席。这是三幺台的正席，所上的菜，当地人叫大菜，数量仍然是9碗，俗称“九大碗”。比较传统的九大碗是登子肉、酥肉、肉圆子、油果豆腐、灰豆腐、扣肉、黄花菜、笋子、汤菜。其中登子肉（又名樱桃肉，以甜味为主，色泽金黄，肥而不腻）、肉圆子、酥肉、油果豆腐必不可少。

四、禁忌

1. 年节禁忌

仡佬族对春节十分重视，因此年头年尾的禁忌很多。

在年除夕和正月初一，忌生气吵嘴和打骂小孩。

仡佬族在腊月时要在山上寻找一个大树仡篼（疙瘩），挖回家来晾干，以备除夕之夜烧“迎新火”，又称为烧“仡篼火”。忌吹拨火炕里的仡篼火。否则来年容易遭口舌是非。

除夕吃年夜饭时，忌吃汤泡饭。据说吃了汤泡饭，来年出门易遭雨淋。

除夕之夜忌串门。

除夕之夜要洗脚，而且洗脚不能洗到膝盖以上，否则来年不容易吃上东西。

除夕之夜和大年初一不能烧糍粑吃，否则容易烧衣服，或被火烧伤成疤子。

大年初一不能见到秤和使用秤称东西，否则来年易碰见蛇。大年初一不能梳头，梳了头梳掉了运气。大年初一不能扫地，扫了地易遭大风；又说“扫穷扫穷，越扫越穷”。

大年初一不能吃米饭，全天只能吃汤圆、绿豆粉、面条和饺子。因为“饭”谐“犯”音，以避免“犯消”（易损坏东西）、“犯事”。

大年初一不能叫人起床。初一早晨睡大觉俗称“挖窖”，意为做梦挖到地下的宝藏，不能惊扰发财之梦。

春分时及三月初三忌上山砍柴，三月初四及逢戊日忌动土，不耕锄。

七月十五忌儿童夜出。

2. 其他禁忌

仡佬族人忌清晨说鬼道神，晚间忌家中嘘声。

背女子过河忌女张腿骑腰。

新婚成礼时忌孕妇在堂。忌未婚女子先坐新郎新娘的床。

妻孕夫忌打蛇和抬丧。

家有孕妇忌砍门槛、忌随意搬动物件和钉铁钉。

忌女儿回娘家分娩。产妇未满月忌跨大门槛、忌串户、忌别人借物。

晚辈取名忌犯尊长名讳。对朋友忌言而无信。忌入别人卧室。

忌打铁匠空砧。忌打石匠空器。忌跨木匠高竿尺。

忌说人短处、隐私和生理缺陷。忌说有妇男子脑壳尖。

请妇女拿瓢忌说瓢（嫖）而说舀。

逢媒人忌说媒（迷），改呼“三百杯”。

翁媳忌耳语。兄与弟媳忌笑谑。老人在灶前忌说烧火，改说燃火或传火。

乘车忌说翻。煮酒熬糖忌说酸。烧砖瓦忌说红。

五、趣味婚俗

仡佬族的婚俗至今保留着许多原始的古俗。

1. 订婚鸡卦酒

仡佬族人订婚时要吃“鸡卦酒”，“鸡卦”谐音“吉利的卦”，指的是杀鸡后用鸡股骨占卜求吉利。当然，现在已不再按原始的“神判”那种形式去讲究鸡股骨上的纹样是吉是凶，而是把吃订婚酒统称吃“鸡（吉）卦酒”。

吃“鸡卦酒”在姑娘家举行，准女婿去未婚妻家认岳父母，向岳父母敬献“鸡卦酒”，第一碗酒必先敬献给岳母，岳父在吃第二碗酒时也要恭维老伴一番。

2. 新娘敲掉牙

仡佬族姑娘在出嫁时要自动打掉一到两颗上颚大齿，说是怕女人伤害夫家而产生的习俗。夫家视处女为一种可畏的东西，需打掉牙然后才敢与之成婚。

3. 把门枋

“把门枋”是新娘离家出嫁时，要双手紧紧地拉着门枋表示不肯离去。这时候，媒人就要过来强行拉开新娘的双手，牵着新娘离开娘家。

4. 追姑娘

“追姑娘”是姑娘出嫁前要放声号哭，唱“哭嫁歌”。出嫁前还要趁人“不备”而“逃跑”，让娘家婶娘嫂子等女亲戚把她找回来。离娘家出嫁前要拜别娘家祖宗，姑娘的父亲要解开她衣领边的扣襻，表示出了嫁的闺女已不是本家氏族的成员而加入夫家氏族中去了。

5. 打湿亲

“打湿亲”则是在新娘娶进夫家之时，一跨进屋就要用夫家准备好的清水洒向接亲的人。传说这样可让清水淋去邪魔求个吉利。

六、饮食习俗

仡佬族的饮食文化以酸辣为特色，以大米、玉米为主食，兼食面食及杂粮、薯类。喜吃糯米糍粑，一般农家饮用泉水，待客用茶。仡佬族善酿酒，著名的茅台酒就是近代企业家开发古老的仡佬族“酒”形成的产品。

1. 日常饮食

仡佬族以玉米、大米为主食，兼食小麦、红薯、洋芋、土豆、豌豆、蚕豆等，喜食酸、辣味。

仡佬族很早就过着以农耕为主的定居生活，生产稻谷、豆类等。明代以后，仡佬族地区普遍种植玉米、小麦、薯类等农作物，稻米、玉米、小麦、薯类成为仡佬族的主要食粮。

仡佬族副食品主要为蔬菜、豆制品和肉类。仡佬族地区常见的蔬菜品种，主要有青菜、萝卜、白菜、南瓜、苦瓜、葫芦、茄子、魔芋、胡萝卜、土豆、笋、蕨、豌豆、胡豆、四季豆、辣椒、姜、葱、蒜等，随季节出产而食用。仡佬族平时多用水煮熟蔬菜，蘸辣椒素食，很少用油炒。

仡佬族民间黄豆很少用来炒食，多加工成豆腐等豆制品。

仡佬族的肉食以猪肉为主，次为羊、鸡、鸭、鱼等。仡佬族农户一般都养猪。改革开放后，仡佬族农村经济有了较大的发展，各种牲畜和家禽养殖都已普遍，肉类不断丰富而且品种不断增多。

仡佬族的饮食在年节丰盛，平时简单；而平时，农忙时吃得好些，农闲时吃得差些。这是人们根据自己经济境况对生活做出的安排。

2. 特色饮食

（1）玉米饭。用石磨将玉米磨碎，筛簸去皮，于簸箕内洒水拌湿，放入甑中蒸熟，倒入簸内再洒水拌匀，至互不粘连为宜，再装甑蒸到熟透。节庆或有亲朋来访。较富裕的仡佬族人家用大米与玉米面混蒸。玉米色黄，大米色白，俗称“金银饭”。由于玉米饭难于吞咽和消化，因而常以酸菜佐餐。

（2）酸菜。仡佬族喜酸食，一般人家都腌制有酸菜，用青菜或白菜，或萝卜放进坛、罐内腌制而成。吃的时候将酸菜切成丝和洋芋片及四季豆、小豆在锅里煮，然后蘸辣椒水食用。酸菜汤既可下饭，又有助于消化，还可以储存蔬菜，保证常年有菜吃。

（3）酿酒。仡佬族喜爱饮酒，也善于酿酒。凡逢喜庆佳节，都须以酒招待客人。仡佬族民间的酿酒多以糯米、玉米、高粱、小麦为原料，酿成白酒和甜酒。“咂酒”是仡佬族民间富有特色的酒类。

①烧酒。一般在 20 度左右，多用玉米酿制，饮不用杯，古代“以牛角饮食”，后改用土碗。

②甜酒。一般用玉米碎粒制作，富裕人家用大米酿造。甜酒制作，是将粮食蒸熟，放于大簸箕内摊开降温至与人体温相同，撒曲药拌匀后，装入坛内，外用破布旧衣包裹，放火边保温，3 天后即可。取其糟、汁一并煮食，汁浓味醇甜，营养价值高，多在春节及产妇坐月期间食用。

③咂酒。用麦子、玉米、高粱等蒸熟，拌以酒药，装坛密封使之发酵，于婚礼期间启用。喝咂酒要将酒坛置于堂屋或大门外屋檐下，插入两三根通心细竹或泡木杆，宾客们围坛扶竹竿轮流俯首咂饮。每吸一轮，加水一次，使酒汁保持满坛。因是用竹竿吸饮，故又称为“竿儿酒”。

（4）油茶。一些地区的仡佬族人家喜欢吃油茶。制法是用猪油放于铁锅内加热，拌以蛋、肉，再掺水，放些盐、糖熬成，以作饮料，配以玉米花、米花、酥食、麻饼、花生、糯米粑，作待客之用。

（5）灰豆腐果。以黄豆制成豆腐，再用桐壳灰、草木灰、荞子秆灰等，用传统方法加工精制而成。质地绵酥，色灰白，鲜香可口。

第四节　传统节日

1. 吃薯节

（1）时间。仡佬族吃薯节为农历正月十五。

（2）地位及流行区域。仡佬族吃薯节祈求当年生产风调雨顺，流行于广西仡佬族聚居区。

（3）特点。为过好吃薯节，仡佬族各家都在头一年的春天就在土质肥松的石缝里或者竹筐玉罐中装上肥土，种上山薯，精心护理，到了冬天，把成熟的山薯挖回来，捆好挂在楼上。过年杀猪时，特地将四只猪脚割下，留着过“吃薯节”。

节日当天，家家户户杀鸡宰鸭、烧猪脚、煮山薯、包粽子或舂糍粑，热闹非凡。傍晚，各家各户张灯结彩，摆好酒菜。上桌后，当家人先夹三次菜，第一次夹山薯以祈当年庄稼颗粒饱满，粮食丰收；第二次夹猪肉以祈当年再养大肥猪；第三次夹鸡肉或鸭肉，祈求今后养鸡鸭不病不瘟，成帮成群。然后男女老少齐端酒碗饮酒，一同祈求当年生产风调雨顺。

2. 捉虫节

（1）时间。仡佬族捉虫节为农历六月初二。

（2）地位及流行区域。仡佬族捉虫节是为了纪念先人，流行于广西仡佬族聚居区。

（3）特点。每逢节日各村寨都杀猪敬祭，嫁到外地的妇女也回娘家团聚。各村寨男女老少聚集在庙前，敲锣打鼓，手执用鸡血染红的旗子，排成长队到田间游行，所经之处，见虫就捉，并插上小旗，以表示对先人的纪念。这个节日现在已经不太流行了。

3. 吃新节

（1）时间。仡佬族吃新节在每年农历七八月间夏收前后的某一天。

（2）地位及流行区域。仡佬族吃新节是喜庆丰收的节日，流行于广西和贵州等地的仡佬族聚居区。

（3）特点。吃新节这天，各家各户都分头去摘新，附近田地里种植的粮食作物，只要达到七成熟，不论是谁家的都可以摘一点。摘新得来的粮食和采回一碗的瓜菜与鸡、鸭、牛肉混煮，之后先用来祭拜“开荒辟地的祖先”，然后家人才能吃新米。

在这一天，仡佬族还要拿着酒肉和新米到田头去祭，祭毕，在田里选三穗最长最大的稻谷和两穗最大的小米，拿回家挂在灶上，以后全家才可以吃新粮。

4. 拜树节

（1）时间。仡佬族拜树节为农历八月十五。

（2）地位及流行区域。仡佬族拜树节是比较隆重的节日，流行于广西仡佬族聚居区。

（3）特点。祭祀祖宗树，要杀一头黄牯子牛，每年轮流由三户人合出，合伙养或凑钱买，周而复始。祭祖的前几天，首先杀牛聚餐，除本族人参加外，还邀请附近寨子的各族人来会餐。会餐只吃牛下水及其他酒菜，留下牛心祭祀祖宗树，牛肉按会餐人数平分各自带一份回家。

祭祀祖宗树时由长房主祭，先将两只半斤重的小公鸡扭断脖子，扯出翅膀、鸡脚同牛心一起等作为祭品。祖公树要放一只鸡头、鸡的左边翅膀和脚；祖婆树也要放一只鸡头、鸡的右边翅膀和脚，均用红纸包好，分别送进祖公祖婆的树洞里，再用纸钱封好树洞，由长房向祖宗树跪下祈祷、敬酒、鸣炮，然后会餐。并将牛心分给本族中各户家长或长子每人一片。

第五节　民间传说

1. 竹三郎的传说

据说，仡佬族人是古夜郎国的后代。夜郎国王笃筒在位的时候，生了 7 个儿子。在传位的时候却犯了难。最后他决定设个骑马射箭的比赛，谁胜出了王位就传给谁。随后，在云峰山设下赛场，选定吉日良辰，诏谕上万山民同去观看比赛，见证新王的产生。

比赛日当天，6 个王子都装束整齐，精神饱满地想要一争胜负。但时辰马上就要到了的时候，还不见三王子的身影。只好让 6 个王子先进行比赛。

6 个王子仅用了一炷香的时间便完成了比赛，而且 6 个人的成绩完全一样。笃筒犯了难——没有分出胜负，又该怎么办？

正在这时，三王子竹三郎来了，表示自己只需要半炷香的时间便可以完成比赛。

结果，竹三郎凭借着精湛的骑术和高超的箭术，果然只用了其他 6 个王子一半的时间便完成了比赛。笃筒大喜过望，当场宣布传位给竹三郎。

笃筒死后，竹三郎继位。在他的领导下，夜郎国日益发展壮大，不仅很多部落归顺，还有许多小国也前来朝贡，年年风调雨顺，人民安居乐业。

好景不长，夜郎国的蓬勃发展引起了一些人的嫉妒。这一年，云南的黑彝部落大头人沙惹带几千人来攻打夜郎。竹三郎亲自率军迎战，他身先士卒，无奈寡不敌众，英勇战死在色底海。

竹三郎死后，仡佬人十分怀念。于是就在每年立春那天，村村寨寨都要举行赛马比箭，选出能手参加部落大赛，大赛选出的能手参加国赛。国赛选出的第一名，就叫“竹三郎”。如连续三年夺得第一名，可在乡里以至全国任意挑选一匹骏马。谁家的马只要被三郎挑上，就是一件大喜事，要请他喝酒吃肉，还要给他挂红戴花。

从此，“赛竹三郎”成为仡佬族人初春的一种游戏。

2. 捉虫节的传说

相传在很久以前，仡佬族地区连年发生蝗灾，老百姓辛苦一年，却颗粒无收，造成严重的灾荒。为了应对蝗灾，全族人共同议定，谁能除掉这些害人精，就赏给谁三头大肥猪。

悬赏告示贴出之后，很多人采用各种方式进行尝试，但仍无济于事。

当年的六月初二,一位名叫甲娘的妇女带着几个孩子回娘家。因为婆家家境贫寒，只得空手而归，非常难过。当他们走到田边坐下来歇息时，几个孩子便到田里捉蝗虫玩。由于蝗虫泛滥，孩子们很轻易地便捉了几袋子。

甲娘看到马上想到了主意，决定拿这几袋蝗虫作为送给娘家的礼物。到家后，甲娘把蝗虫洗干净，用油炸炒熟，吃起来香脆可口，尤其是作为下酒菜，更是别有滋味。

事情一传开，仡佬族群众争相出动捉蝗虫。捉来的蝗虫既可以作为餐桌上的佳肴，又能除虫保苗夺丰收，一举两得。

甲娘死后，为了纪念她，人们在村头田尾立庙安堂，并定六月初二为捉虫节。